AF599766

VIVIR ES UN LUGAR

Néstor Hernández Alonso

Aliar ediciones

Corrección: Inés González Calo
Diseño de cubierta: Jaime Galisteo
Maquetación: Aliar Ediciones

Depósito Legal: GR 1090-2024
ISBN: 978-84-10374-44-7

Impreso en España

Edita
ALIAR Ediciones
www.aliarediciones.es
info@aliarediciones.es

VIVIR ES UN LUGAR

Néstor Hernández Alonso

A Inés y Vera, niñas,
disfrutando de su infancia.

«Pero en la rama, aún verde, de la infancia, canta el jilguero».
Eloy S. Rosillo. *La rama verde*.

«Amar es un lugar».
Joan Margarit.

«Nuestra vida es una noria:
siempre sacando de la misma agua».

La vigencia temporal de la infancia es corta: diez, doce años, más o menos; sin embargo, el hombre, a lo largo de su existencia, la añora insistentemente y vuelve, una y otra vez, a ella, buscando su tierno amparo, porque su poder nunca se agota, dura tanto como la vida.

Comencé a interesarme por la influencia de la infancia en la vida de las personas después de presenciar varios sucesos puntuales:

—Está aquí Aurora —me comunicó Juani por teléfono—. Llegó esta tarde, hacia las cinco, preguntando por sus padres. Yo la he recogido en mi casa y os he llamado porque sé que vosotros estáis pendientes de ella. Cuando podáis, venid a recogerla.

—Espera, que se lo digo a mi mujer —le contesté.

—Hola, Juani. Irá mi marido por ella. Tú, mientras tanto, trata de saber qué le ha pasado —replicó María extrañada, pues era la primera vez que sucedía algo parecido.

En unos minutos me presenté en casa de Juani y recogí a la mujer, quien me miraba sorprendida, como hiciera alguien que no ha entendido nada y me preguntó: «¿Dónde está mi gente?». Buscaba a sus padres, fallecidos muchos años atrás; es decir, regresaba a los años de su infancia.

Subimos al coche y la llevé a la residencia, donde vivía desde cinco años atrás. Al llegar, la hermana Carmen le dijo:

—Pero, ¿por qué nos haces esto?

—Si lo supiera, no lo haría —contesté a la sabia monja.

—Señor, los ancianos mienten más que los niños.

—Ya...

Aurora había vivido más de treinta años en un piso de la calle Renueva, donde había regentado una pensión. Allí había cuidado, con gran fortaleza, de un montón de estudiantes poco adinerados. Carecía de familiares cercanos por lo cual su vida giraba entre las labores de la casa, que le ocupaban gran parte del día, y los vecinos, a quienes llegó a querer como si fueran sus hijos o hermanos. Por fin cumplió la edad de jubilación, la hora de descansar sin obligaciones; pero la suerte del pobre siempre se manifiesta esquiva, dicen los libros, y el dueño de la casa le exigió abandonarla, porque la renta que pagaba apenas cubría los gastos de mantenimiento.

De mala gana marchó a una residencia que una organización religiosa había abierto en la ciudad. No se encontró mal, según contaba ella a las visitas. Además resultaba entretenida, pues a las intrigas de las novelas televisivas añadía otras que sucedían durante la noche con alguna chica del servicio. Tal vez por estos atrevimientos o por otros aconteceres, Aurora hubo de marchar a otro lugar: una casa incómoda, pequeña, y con muchas escaleras, donde Juliana, una señora nacida en la montaña leonesa, dormía junto a un carricoche de niño, en el cual escondía una muñeca. Poco duró su estancia ahí porque el director, de la noche a la mañana, decidió cerrar la residencia quedando los ancianos en la calle, sin más. Aurora, indefensa, se halló sin sitio adonde dirigirse y acudió a vecinos y conocidos, quienes consiguieron, con alguna colaboración divina, una plaza en la residencia de la Diputación, regida por las Hermanitas de los Pobres, y allí se estableció la asustada señora, aun sabiendo que no se iba a encontrar bien, según había oído a otros residentes veteranos. «En las residencias de este tipo te amontonan. La soledad compartida, los horarios tan rígidos y el no hacer nada te van deteriorando hasta convertirte en un ser inútil», le oí comentar a la entrada.

En efecto, pronto lo comprobó en persona. Poco a poco se fue aislando y comenzó a tener lagunas de consciencia. A pesar de las consultas particulares al médico y del cariño y la comprensión de sus amigos, Aurora cayó en poder de la demencia y, aunque de vez en cuando salía de ese pozo negro, nunca logró recuperarse plenamente, quedando en manos del pasado con mucha frecuencia.

El caso de Aurora me permitió conocer las residencias de mayores, esos «almacenes de seres humanos» dejados ahí, esperando la muerte. En un salón grande, entre sillas, mesas y bancos, pasan la mayor parte del día, que para ellos comienza a las ocho de la mañana y acaba a las siete de la tarde. La televisión, algún periódico o revista, agilizan las horas entre las distintas comidas. De vez en cuando les sorprende la llegada de una visita, a la cual reciben como si fuera colectiva, pues rompe la monotonía y el aburrimiento predominantes. «Mi hija vive ahí, a trescientos metros, pero no viene a verme porque no tiene tiempo», comentaba una señora entre lágrimas. ¡Cuánta amargura arrastran los torpes pies de estos viejos! Han vivido para sus hijos, han trabajado de sol a sol para sacarlos adelante y ahora, cuando más necesitan apoyarse en su hombro, ni siquiera aparecen por ahí. No me extraña que muchos deseen la muerte, amargados, hartos de soportar tanta desidia. Esta agitación propicia los habituales enfrentamientos entre los residentes, las riñas, las acusaciones ante la dirección, y es que los años últimos cuelgan en el armario los trajes de la desazón y el nerviosismo. Nuestra sociedad, moderna e hipócrita, ha solucionado el problema de los hijos convirtiendo a los padres en objetos inútiles, recogidos en centros para que no entorpezcan demasiado. Si para conseguir el bienestar de unos hemos de condenar a otros al abandono, hemos encontrado una errónea solución. Para eso no necesitamos acudir a la universidad ni cursar valiosos cursos en Estados Unidos; con un poco de cariño y algo de cercanía hubiera valido, y eso apenas cuesta.

El relato tan cercano del problema de Aurora me trajo a la memoria otro suceso muy parecido. Salomé estaba gravemente enferma, con una dolencia en el estómago en fase terminal. Era una mujer culta, aficionada a la lectura, al teatro, al cultivo de las amistades; sin embargo, la enfermedad la fue retirando de todas esas aficiones e inició dilatados periodos en casa, sin salir primero, para acabar en cama de manera permanente. De noche, dormida, regresaba a su infancia, llamando a su madre y hermanas con verdadera angustia, pues necesitaba su ayuda para realizar cualquier trabajo. En esta ocasión, la acción se localizaba en un pueblo agrícola, en el cual las manos de los hijos colaboraban significativamente en las tareas de los padres. Salomé más de una vez habría ido al campo a realizar las labores habituales de su padre, labrador.

O el caso de Matilde, una anciana risueña, que únicamente recordaba con detalle lo hecho en un día cuando recibió el primer beso de su novio Andrés, «que aún permanece en mis labios», historia que contaba a cada visita, sobre todo si era un hombre joven. O el misionero agustino, originario de un pueblo vecino, quien, sintiéndose muy enfermo, regreso al pueblo llamado por los recuerdos felices de su infancia.

Hechos semejantes me han relatado otras personas, en especial los cuidadores de enfermos o los mismos enfermeros. ¿Por qué? Me he preguntado muchas veces, ¿cuál es el poder de la infancia? ¿Por qué te clava tantas flechas imposibles de extraer? ¿Será, tal vez, la blancura de los primeros años, todavía no mancillada? Porque durante esta etapa no siempre disfrutas, también descubres el dolor y la muerte, aunque reconozco que en la expresión de un niño, en sus ojos, siempre queda sitio para la alegría. ¡Cuántos niños aparecen jugando en medio de un bombardeo!

Defienden los psicólogos que nos pasamos la vida intentando volver a ser niños; es decir, intentamos constantemente hallar de nuevo la felicidad de ese periodo: cantar las mismas canciones, jugar a los mismos juegos, participar en las mismas fiestas, etcétera. Del árbol de la infancia brotan muchas ramas y ninguna se seca; de la niñez mana un manantial inagotable de agua que regará tu vida. En la frente de cada persona vemos escrito este dicho: «Dime cómo ha sido tu infancia y entenderé tu vida».

D. Aurelio, capellán de una residencia de ancianos, me confesó en una de mis visitas: «En la vida, aunque sea larga, caminamos de la mano, ancha y caliente, de la infancia. Nos miramos en su espejo constantemente. Nos señala el camino, si dudamos, o nos recoge en sus aposentos, si hemos perdido el paso. La tenemos grabada a fuego, imborrable tatuaje identificador. Ha llenado de imágenes nuestros ojos y de ellas nos servimos allá donde los vientos nos arrastren».

Estas reflexiones u otras semejantes me agobiaban, me perseguían, sobre todo de noche, exigiéndome que encontrara respuestas convincentes y no he hallado otro medio que narrar mi propia infancia y su posterior repercusión en mi vida, ahora que ya jubilado siento cercano el regreso definitivo. Es decir, os anticipo que a lo largo de mi vida he girado como las viejas norias de los huertos, para sacar en los cangilones agua del mismo pozo. Un pozo profundo, de aguas claras.

Primera parte

Y LA INFANCIA NOS CUBRIÓ CON SU AMPLIO MANTO

Nací en la calle La Fuente, continuación del camino de una fuente de aguas benefactoras, muy apreciada por el pueblo, en una casa grande, de adobe y madera, formada por tres zonas: vivienda —planta baja y parte del primer piso—, corral o patio y pajares y cuadras para el ganado, el modelo habitual de una casa de labradores.

En la planta baja estaba la cocina y dos habitaciones y en la primera planta, otra habitación y el «sombrau», donde guardan una parte de la cosecha de grano, recogido durante el verano. Una escalera de madera conectaba ambas plantas.

Hasta cumplir ocho años habitamos la casa mis padres, mi hermana y yo, junto al abuelo materno, Mariano, un ser especial de quien luego escribiré. Después nació mi otro hermano y la familia se completó definitivamente. La agricultura constituía nuestro medio de vida, a la cual mis padres se dedicaban casi exclusivamente, pues carecíamos de ganado, salvo unas pocas ovejas, mantenidas por tradición, pues en el pueblo siempre habían sido numerosos los ganados, de los que participaban todos los vecinos con algunas cabezas. También mi padre, junto a otro familiar, vendía sarmientos de vid en la comarca, que les enviaban desde Galicia. La renovación necesaria de las viñas y la pérdida de cepas al cultivarlas obligaba a reponer, si no se quería perder cosecha. No debemos olvidar que el vino era parte esencial de la alimentación de estos moradores, de ahí los enormes tinos de cemento existentes en las bodegas, además de las carrales de distintos tamaños. La venta del mismo a compradores venidos desde las montañas en sus carros tirados por vacas colaboraba de manera decisiva en la débil economía familiar.

La vida en Calzada, mi pueblo, al sur de la provincia de León, la gobernaban las obligaciones agrícolas: había periodos en los cuales el trabajo lo ocupaba todo, día y noche, sin tiempo apenas para descansar o comer, como ocurría durante los meses de verano, de junio a septiembre; a partir de noviembre y especialmente en invierno la actividad laboral descendía significativamente pasando largas horas en casa, en la cocina más bien, dedicadas a labores domésticas en las que la mujer llevaba la voz cantante: hacía dulces, tejía, preparaba la matanza, etcétera.

En mi familia, mis padres se complementaban: mi padre ejercía de simpático, de comprensivo y juguetón, mientras que mi madre era más exigente y seria, trabajadora hasta el agotamiento. Buena cirujana, sin paliativos ante el dolor, sacaba la miel de la colmena sin protegerse, ni rostro ni brazos, ante la mirada atónita de los demás, sufridores de los malos humores de las abejas ofendidas por el robo de su alimento. Esa misma complementariedad la ofrecían físicamente: mi madre guapa, ojos azules y labios gruesos —su belleza la convirtió en Virgen en la representación del Auto de los Reyes Magos—, en contraposición, mi padre presumía de su altura, adornada con un bigote fino y un pelo lacio y difícil.

En el corral o patio, en un extremo se situaba la colmena, dentro de un cesto alargado, cubierto de barro y forrado con mantas y plásticos para evitar la humedad o las frecuentes acechanzas de los animales. Fabricaban una miel exquisita, amarilla clara, tan dura que apenas podía separarse con una cuchara, y muy dulce. Durante varios días los «onzones» de cera escurrían su miel dentro de un recipiente de barro, en la cocina, cerca del fuego. Varios tarros formaban la cosecha, que mi madre repartía entre vecinos y familiares, salvo unos pocos que dejaba para el consumo propio, bastante abundante, pues yo acostumbraba a merendar todos los días pan untado con una gruesa capa de miel.

Mi madre se animó a tener una colmena después de contemplar los cuidados que prestaba un cura, don Valentín, a las numerosas colmenas que mantenía en el patio de la casa rectoral. La suya era una elaboración más técnica, con buenos utensilios y una mejor disposición de los cuidados requeridos. El sacerdote, además de la miel, bastante peor que la de mi madre, fabricaba rústicas velas amarillentas para alumbrar la iglesia. «La miel», decía el cura, «es un alimento esencial para el hombre, fundamentalmente de su alma, a la que añade dulzura. Unida al pan constituye la mejor mezcla para la población de estos pueblos tan sufridos: el pan, fruto básico de sus cosechas, fortalece su cuerpo y lo prepara para los agotadores trabajos que exige el cultivo de la tierra; la miel los acerca a Dios, tan presente en la cultura y costumbres de esta buena gente desde su ligazón tan estrecha con los monjes del Monasterio de Sahagún. Nadie que se alimente de pan y miel renunciará jamás a sus orígenes ni olvidará la tierra donde nació».

Con frecuencia mis padres nos dejaban a mi hermana y a mí bajo la tutela del abuelo. Si no estaban lejos, a veces, en la dócil pollina color ceniza, íbamos los tres con la comida y pasábamos unas horas con ellos. Sin embargo, tanto a mi hermana como a mí nos apetecía más quedarnos en casa, con libertad plena para movernos por todos los lugares: habitaciones, cuadras, pajares... A mi hermana le volvía loca la ropa que se guardaba en los armarios. Con ella se disfrazaba y se miraba orgullosa en los espejos; yo prefería las arcas viejas, donde guardaban de todo: ropa, una Biblia que decían prohibida, papeles... En una ocasión, en el fondo de un arca grande, encontré un arma dentro de una funda negra de piel. No parecía una simple pistola, sino más bien una metralleta de mano o algo semejante, pues pesaba bastante y poseía varias partes en su constitución. La curiosidad o el miedo me impulsaban a observarla todos los días, hasta que alguien la retiró. Probablemente mi abuelo me vería o hubiera notado algo en la caótica distribución de los objetos dentro del arca. Nunca he olvidado esa pistola negra que tanto alteró mi conciencia de niño inseguro y temeroso.

El niño —en este caso yo— comienza su infancia con una cámara en el cerebro que va grabando cada uno de sus actos. Algunos con el tiempo los olvida —borramos fotogramas intrascendentes—, pero otros los conserva para siempre, formando con ellos una película. De los miles y miles de metros grabados seleccionaré algunas escenas, las más interesantes y definitorias, fundamentales en la película, las cuales os explicaré para que así podáis comprender mejor el desarrollo de mi infancia y su imprescindible influjo posterior en el devenir de mi existencia, que, como comprobaréis, carece de grandes hazañas, pero sí traslada algún interés.

ESCENA UNO

El abuelo Mariano cuidó de nosotros durante algo más de diez años. Era hosco, callado, casi antisocial, pero chistoso y tierno en la intimidad. «Prefiero dar un rodeo antes que encontrarme con la gente», decía. No fumaba, y en el lugar del cigarro chupaba una hierba o una diminuta rama de negrillo. Había dedicado su vida a trabajar en la conservación de la vía del tren, a cultivar unas pocas tierras y a cuidar de algunas ovejas. Trabajador hasta la extenuación no encontraba momento para descansar: «El labrador debe dormir sobre una traviesa y cuando se caiga, marchar al campo», afirmaba con rotundidad mirando a mi padre, a quien ni le gustaba madrugar ni dormir en camas duras.

Como casi todos los vecinos nacidos a finales del siglo XIX, se había casado pronto y había tenido muchos hijos, hasta diez; sin embargo, únicamente superaron los primeros meses o años, dos, mi madre y mi tío, los demás subieron al cielo en féretro blanco, mientras tocaban a gloria las campanas de la iglesia. Sobre todo el mes de septiembre resultaba especialmente trágico para los niños; raro amanecía el día que no subiera alguno por esa escalera tan larga. Las madres, fundamentalmente, recibían este castigo con resignación, conocedoras de la falta de solución para tan grave problema.

El abuelo, además de la muerte de ocho hijos, también pronto sufrió la de su mujer, apoyo necesario e imprescindible en la vida de un labrador, sin la cual resultaba difícil subsistir. Mi madre ocupó su lugar, quemando con ello su juventud, anulada entre el luto obligado —tres años— y la próxima guerra. Se quejaba siempre del dolor que le producía no poder ir a bailar al salón del Tejero, única diversión de los jóvenes durante esos años.

Poco a poco la soledad fue ganando terreno en la vida de Mariano, hasta el extremo de buscar consuelo en una señora del pueblo, soltera, bastante mayor, y lo hizo según sus propios métodos: saltando tapias y entrando por la ventana como los amantes antiguos. Este amor no duró mucho, porque la sociedad rural nunca apoya a los amantes desesperados que no respetan las normas establecidas por no se sabe quién.

La enfermedad y la demencia le fueron debilitando hasta convertirlo en un ser insensible. Él, que nos había mimado a mi hermana y a mí, no aceptaba a nuestro hermano menor, a quien no soportaba cuando se subía sobre su espalda, sentado a la lumbre en el banco de la cocina con su cabeza próxima a las brasas. Murió el día de Reyes, fiesta infantil por excelencia, que no consiguió anular del todo, pues la pluma estilográfica pedida a sus majestades fue más fuerte que el dolor por su desaparición.

ESCENA DOS

El arma encontrada en el arca ocupó mi mente durante algún tiempo. ¿Cómo había llegado hasta allí? ¿Quién la había traído? ¿Estaría cargada? ¿Podía ser motivo de castigo si se enteraba la justicia? Conocía que la pasada Guerra Civil no había tenido especial relevancia en el pueblo, aunque sí hubo escarceos durante los días anteriores al levantamiento, motivados por los resultados de las elecciones pasadas. Sahagún, que había elegido al alcalde Pamparacuatro, quien había proclamado la República inmediatamente, también dispuso de un grupo organizado de falangistas, los cuales silenciaron la villa muy pronto y la comarca unos días después. La presencia de la Falange en Calzada duró varias décadas. Los desfiles, en los que participaban uniformados muchos jóvenes, e incluso niños, bajo la dirección de jefes provinciales, quienes llenaban los corazones de ímpetu, se reproducen con frecuencia en mi retina. Los cánticos, los gestos, los movimientos marciales alteraban la vida tranquila de la población durante al menos una mañana en la plaza y calles principales.

Iniciada la guerra, varios jóvenes fueron llamados a filas, entre ellos mi tío. La suerte de los mismos no fue uniforme: unos murieron; otros regresaron ilesos, triunfantes; y los demás sufrieron heridas, pasando temporadas en el hospital. Entre estos últimos se encontraba mi tío, herido en combate dos veces, la última de cierta gravedad, que le condenó a reponerse durante tres meses en un hospital de la provincia de Segovia. Tal vez por esta causa no regresó al frente y le destinaron a Trianos, donde el llamado bando nacional había situado un depósito de armamento. Estaba cerca de casa y apenas corría peligro alguno.

Trianos, el valioso convento dominico, centro de preparación para futuros misioneros en América, convertido en un polvorín, la paz y la guerra de la mano, los rezos y los gritos de dolor juntos; es decir, un lugar de meditación ha pasado a ser refugio del odio. Después de la Desamortización, el monasterio pasó por los antojos de distintos dueños, hasta que finalmente se hizo cargo el Estado de sus ruinas. Había sido edificado con materiales débiles: ladrillos, adobes, tapial, piedras, que resistieron mal el abandono de sus despreocupados dueños y el correspondiente deterioro causado por el tiempo. Allí, junto a otros soldados, pasó mi tío el último año de guerra y algunos meses más, terminada esta. La vigilancia rutinaria, sin sobresaltos, ocupaba su misión, por eso venía con frecuencia a casa, sobre todo en época de mayores trabajos en la tierra, verano y otoño, es decir, recogida y siembra.

Cada soldado tenía asignadas unas armas y una munición, a las cuales debía cuidar. Cuando regresó licenciado, le permitieron traer, por un periodo, un arma, la suya, por si era reclamado o debía defenderse de algún ataque inesperado, circunstancia que nunca ocurrió, por lo que el arma permaneció inactiva varios años, sin que nadie la reclamase. Mi tío la escondió en el arca de objetos viejos, donde nadie miraba, y allí durmió hasta que yo la descubrí. Desconozco su final: no sé si la entregó a la autoridad o la enterró, lo cual me parece más probable según me contaron ya de mayor.

El descubrimiento en el monte del tío Calzadín, en el término de Gordaliza del Pino, de una fosa con ajusticiados de la guerra (un corro de flores blancas y amarillas señala su presencia) o la abierta en Joarilla de las Matas, me han incitado a revisar mi visión de la contienda en la zona y a encontrar sentido al arma de mis juegos infantiles. Probablemente, varias familias sufrieran las represalias vengativas de los primeros días o las consecuencias de la victoria, en ocasiones tan crueles e injustas como las anteriores.

ESCENA TRES

Inicié mi recorrido escolar a los seis años, después de dos cursos de preparación en casa de Alejandro, un vecino del pueblo que enseñaba las primeras letras. Calzada tenía dos grandes escuelas: una de niños, la de la izquierda; y otra de niñas, la de la derecha, vistas de frente. En ellas, no menos de sesenta niños y niñas estudiaban baja la tutela de un maestro y una maestra, según ordenaba la estricta moral vigente.

No recuerdo bien la estructura organizativa de la escuela, aunque sí veo una tribuna, sobre la cual se colocaba la mesa del maestro, un encerado grande detrás, un armario donde se guardaban algunos libros, una esfera y las varas de castigo habituales, una bandera y muchos pupitres ocupando el resto del recinto, casi hasta la puerta, más una estufa de carbón que atendían con mimo algunos compañeros, a un lado, y los enormes recipientes de cartón con la leche en polvo y las latas de queso americanos, de difícil consumo para aquellos niños faltos de vitaminas. Destacaban los pupitres de madera, manchados de tinta, alineados en filas, que ocupaban individualmente los niños. En la parte superior poseían un tintero para guardar la tinta, y una hendidura donde se colocaba la pluma. Dentro del cajón guardábamos la enciclopedia, el cuaderno y la pizarra, junto al lapicero, la goma de borrar y el sacapuntas, de triste memoria para mí, pues me acusaron de haber robado uno, lo que me ocasionó un llorado castigo paternal. El *Cara al sol*, brazo en alto, iniciaba cada sesión diaria.

Aunque parezca extraño, no pongo cara a mis compañeros de clase o pupitre, ni recuerdo anécdotas y travesuras afamadas, que, sin duda, ocurrieron. Sí resuenan en mis oídos los números de la tabla de multiplicar, cantados en corro, por el pasillo de entrada. En contraposición, recuerdo bien a mis profesores, para lo cual me he ayudado de mi cartilla de escolaridad, que aún conservo. En ella, debajo de las notas de cada trimestre, aparece la firma del maestro correspondiente. En mi caso, consigo leer la de J. A. Leira, un gallego grueso, padre de numerosos hijos, en los primeros años de escolarización; en el resto, trato de descifrar dos firmas, casi ilegibles, que deben de pertenecer a D. Santiago, un hombre enfermizo, de estancia breve, y a D. José, muy joven, moreno, hasta 1960, año de mi abandono de la escuela.

Analizando la cartilla, encuentro una foto de carné, en la cual visto un jersey de cuello cerrado, debajo de un rostro serio, en el que sobresalen las orejas, de soplillo, y lo bien peinado que me presentó mi madre ante la cámara fotográfica. Por lo demás, la mirada fija, la boca cerrada y la expresión seria anticipan el futuro de un hombre responsable, como me parece que he sido.

En las distintas páginas de la cartilla voy analizando las notas, muy bajas durante los primeros cursos, repetidas cada trimestre, salvo las referidas a otros valores, bastante mejores. En los últimos cursos, se aprecia claramente la mejoría, consiguiendo varios nueves y algún diez. Me llama la atención las numerosas faltas de asistencia no justificadas, que en el curso 59'-60', suman doce, cantidad que me sorprende porque mis padres se mostraban muy exigentes con esta cuestión, si excluimos el día de la matanza del «gocho», auténtica fiesta familiar, la cual, por otra parte, estaba justificada.

En septiembre de 1960 comencé mis estudios en un centro religioso, como alumno interno y, aunque en verano —el mes de junio—, regresaba a la escuela, lo hacía sin formar parte de ella propiamente, más bien como un alumno que estaba de vacaciones y buscaba la compañía de los niños del pueblo, tal vez para ocupar el tiempo o para participar en alguna celebración infantil, como pudiera ser la fiesta del Día del Árbol, solemne y piadosa, en la cual cada niño plantaba un árbol a la vez que rezaba por su crecimiento, bajo la mirada del maestro y del alcalde. El posterior Coto Escolar se formó gracias a nuestras cariñosas plantaciones, junto al camino de Calzadilla, cerca de la vía del tren. Acababa la fiesta con una merienda, probablemente pan con miel, al menos en mi caso. Con esta actividad, cumplía la primera obligación de cualquier hombre de futuro prometedor.

Doña Faustina, la maestra de las niñas, joven y muy activa, había preparado unos versos para animar la festividad, que niños y niñas recitaban de memoria. En ellos se resumían muchos de los juegos, aficiones y obligaciones de cada año. Os los copiaré del cuaderno:

«En mayo cambia todo»,
dice don Juan a Pablito.
«Si no me crees,
compruébalo, niño».

A la plaza un gran mayo
vino desde el plantío.
Tápalo con tus ojos
para que no coja frío.

Con la aurora, a las viñas has de ir
paseando un rosario cantado.
¡Ojalá que el dios de la lluvia
tenga en cuenta tu recado!

En la escuela, ya no cantas
la tabla de multiplicar;
un recreo más largo
necesita los números para jugar.

Al aire de la tarde
tira Julia las tabas;

blancas margaritas, rojas amapolas
caen en su falda.

En el frontón de la era
Luis salta en el castro,
y un eco insistente repite:
«Pierde, lagarto, que ya estás harto».

A las seis, a casa
no tienes que marchar;
hasta las nueve el sol
te permite pelear.
No haces deberes
de Lengua, Matemáticas e Historia.
«Hoy Ciencias Naturales», dice
el maestro en la jaculatoria.

A la hora de la cena
escuchas la radio;

música de colores
llena tu plato de lentejas.

Con un cuento en la mano
vas a la cama,
cambiando buenos consejos
por aventuras de piratas.

Mayo lo cambia todo:
los animales, la naturaleza,
y hasta el corazón del hombre,
si le dejan.

ESCENA CUATRO

De cuatro a seis años asistí a las clases de Alejandro junto a la mayoría de los niños del pueblo. Se consideraba un parvulario o una guardería, según los criterios actuales, que nuestros padres nos ofrecían con la pretensión de acostumbrarnos al rigor de la futura escolarización obligatoria. Nada de pesadumbre ni de temor había en el corazón de aquellos niños, quienes se presentaban en casa de Alejandro sabedores de que lo iban a pasar bien, aprendiendo alguna cosa, pero sobre todo compañerismo con los demás y amor a un hombre que desprendía bondad por todo su cuerpo.

Alejandro vivía en una casa de su propiedad, cercana a la iglesia, cuya distribución de espacios repetía el esquema habitual de las viviendas del pueblo: cocina, habitaciones, corral, pajar y cuadras. Él daba las clases en la cocina, encendida siempre porque allí cocía la comida diaria en un puchero de barro, que alguna vez perdió su asa gracias a los juegos de aquellos niños inquietos e insensibles. Además, un gato grisáceo y algunas gallinas completaban las posesiones del educador. Pasábamos en la cocina gran parte del tiempo pero, a veces, salíamos al corral o ascendíamos al pajar siguiendo las reglas de algún juego, como el «esconderite».

Alejandro había llegado hasta ahí después de una lucha ejemplar, pues desde muy pequeño añoró ser maestro y por ello suplicaba a su padre para que le permitiera ir a estudiar a Palencia, una población más barata que León, bien comunicada con el pueblo por tren. Para demostrar su vocación, Alejandro colaboraba con el maestro titular de la escuela y con el sacerdote: D. Tanis y D. Andrés agradecían su ayuda en la preparación de obras teatrales, profanas y religiosas, con ensayos largos y complejos, o en los festejos de Navidad, cuyo Auto de los Reyes Magos admiraba toda la comarca. Sin embargo, nada de eso servía para su padre, quien se negaba a permitir a su hijo tales estudios, aportando como prueba la escasez de medios económicos y la necesidad de la presencia del joven para realizar las labores agrícolas y ganaderas de la familia. Luchó bravamente durante varios años hasta convencerse de que jamás doblegaría la voluntad de su padre. Cansado, ofuscado por tanta sinrazón, un día decidió ir por su cuenta a la ciudad. Reunió algo de dinero, preparó un hatijo con la ropa imprescindible y de madrugada se dirigió a la estación para cumplir sus deseos. Tal vez el nerviosismo o la mala conciencia por su desobediencia paterna le empujaron al apoyar el pie en el escalón de la puerta y parte de su cuerpo cayó debajo de una rueda del tren cuando iniciaba su marcha. Los gritos de auxilio acercaron al jefe de estación y a otros vecinos, quienes, después de comprobar las heridas del joven, que afectaban a ambas piernas por encima de la rodilla, prepararon dos torniquetes para detener la hemorragia y lo trasladaron al hospital de León.

Pasó tres meses en el centro sanitario, cerca de la puerta de un dormitorio corrido, donde conoció a Macario, un obrero a quien una máquina de segar había cortado un pié. El dolor necesita compañía y ambos jóvenes se apoyaban mutuamente ante la escasez de visitas. Por fin, cicatrizaron sus heridas y con la ayuda de dos prótesis de madera para sus piernas y dos muletas para sus brazos, Alejandro abandonó el hospital y regresó cabizbajo al pueblo. Durante el camino le dio tiempo a hacerse varias preguntas: «¿Y ahora qué hago yo? ¿Cómo me ganaré el sustento? En un pueblo agrícola, sin piernas, estás arreglado, no sirves para nada, un estorbo para la familia, que tendrá que tirar por ti, parásito inútil».

Sin embargo, inteligente, innovador, no tardó en encontrar la solución: abriría una escuela para niños pequeños, en la cual lograría llevar a la práctica su vocación y con los ingresos conseguiría independizarse económicamente.

Dicho y hecho. Preparó la casa e hizo correr la voz de la apertura de la nueva escuela, destinada a niños a partir de cuatro años. Los vecinos, conmovidos por la situación de su paisano, conocedores de las habilidades y actitud de Alejandro, enseguida le enviaron a sus hijos, por los cuales abonaban una pequeña cantidad cada mes. El aprendiz de maestro vio muy pronto su escuela llena, hasta el punto de no poder atender a todas las demandas de ingreso. En Calzada, a mediados de los años cincuenta había muchos niños, como recoge el monje benedictino Antonio Gómez, hijo del jefe de la estación, quien sorprendido por la gran cantidad de niños en el pueblo, escribió un libro cuyo título refleja esa realidad: *El pueblo de los niños*, de lectura tierna y emocionante.

Alejandro, en su escuela, puso en práctica la mejor pedagogía: juega y respeta. De la contraposición entre la inmovilidad, la suya, frente a la máxima movilidad, la de los niños, el maestro resultaba vencedor, porque el niño aprendía a jugar en grupo, a respetarse, pero también a escuchar al profesor y a realizar pequeñas tareas que este les preparaba. Allí, inicié el aprendizaje de los números y de las letras. Sobre la trébede reposaban dos cestos de mimbre, uno con los números y el otro con las letras, los cuales había fabricado en madera el propio maestro, dispuestos sobre un mando bastante extenso, pintados con distintos colores. Cada mañana, un niño levantaba una letra y un número que los demás cantaban primero y luego dibujaban en su cuaderno. Individuales y combinados, al acabar este periodo, todos los niños conocíamos con exactitud los primeros pasos de la lengua y de las matemáticas. Es decir, con Alejandro nos divertíamos, jugábamos y, además, aprendíamos. ¡Qué más se podía pedir!

Fueron años de máxima felicidad, de infancia perfecta, en la cual el cariño de un hombre impedido trasladaba su visión de la vida, muy positiva, a ingenuas mentes infantiles que comenzaban el difícil camino de vivir. Por ello, años después, Alejandro, retirado, vestido elegantemente con su traje gris, recibía el saludo agradecido, la palmada en la espalda, de muchos hombres, quienes aprendieron a distinguir la bondad de la maldad en aquella sencilla escuela de párvulos. Verdaderamente la imaginación tiene piernas largas, tan largas que en unos segundos puede recorrer el mundo.

ESCENA CINCO

D. José A. Leira, mi maestro, iba por nuestra casa con frecuencia. Había entablado una buena amistad con mi padre y, por la tarde, sobre todo durante los meses fríos, inauguraban alguna velada en torno a un vaso de vino y un trozo de chorizo.

—No tienes mal vino —decía el maestro chascando la lengua—, pero no se puede comparar con el de mi tierra. Cuando vaya, en vacaciones, te traeré una botella para que lo pruebes.

—En Calzada nunca hubo vino de calidad si lo comparamos con el de algunos pueblos cercanos, como Joarilla o Gordaliza. Algo conozco de la Rivera Sacra por mis familiares de La Rúa y he probado su vino. De acuerdo, es mejor que este —reconoció mi padre sin aportar razones.

El tema le servía al maestro para ensalzar a Rivadavia, el pueblo donde había nacido cuarenta y tantos años atrás.

—Te aseguro que es un pueblo con mucha historia —afirmaba convencido—, la cual se aprecia en la hermosura de su plaza y en las iglesias, varias románicas, la mayoría, de extraordinaria belleza. Incluso presumimos de un convento de madres franciscanas misioneras.

—No he estado nunca —contestaba mi padre—, ni entiendo de esos temas, porque no acudí mucho a la escuela: por ser el hermano mediano tuve que trabajar para que estudiaran el mayor y el pequeño. Justicia paternal distributiva.

—En Rivadavia me crie y allí cursé mis primeros estudios. Luego pasé a Orense donde los completé. En esta ciudad conocí a Jorge, un compañero de la pensión, militante de la UGT, quien acostumbraba a dejar propaganda del sindicato sobre la mesa de estudio. Un día, en marzo de 1945, vino la policía a la pensión y encontró folletos en mi mesa de estudio. Me detuvieron y pasé varios meses en la cárcel, hasta que gracias a una amistad de mi madre me liberaron, pero, a consecuencia de esto, terminada la carrera, me enviaron a la provincia de Lérida, zona limítrofe con Francia, a un pueblo pequeño, con unos doscientos habitantes, en el cual la nieve nos vigilaba gran parte del año. ¡Qué mal lo pasé allí! El frío, la nieve... para un gallego son dos castigos muy rígidos, incluso paralizantes. Mi patrona, doña Pura, me animaba y merced a sus consejos logré superar los cinco perversos años que permanecí en la montaña. Desde allí me destinaron a un pueblo de Salamanca, cerca de la Peña de Francia, cuyo paisaje contemplé con admiración y, desde este lugar, a Calzada. Como ves, me voy acercando a mi añorada tierra, a la que, si Dios no lo impide, llegaré muy pronto —remató D. Juan, observando la cara de sorpresa de mi padre.

—Lo has tenido que pasar mal —afirmó este—. ¿Y la familia?

—Me casé tarde. Como puedes comprobar tengo hijos pequeños todavía. No obstante, en Salamanca ya estuvimos juntos. A los maestros, la guerra nos castigó duramente, especialmente si había alguna sospecha sobre ti: muchos murieron ajusticiados y otros muchos fueron tratados con saña, moral y económicamente —concluyó el maestro.

De paso, en algún intervalo, corregía mis deberes y me daba consejos de cara al futuro. Una de las noches mi padre me había dictado unos versos:

A la entrada de Calzada
brilla una inmensa laguna,
donde se lavan las guapas
porque feas no hay ninguna.

—¿Los has escrito tú? —preguntó.

—No, me los dictó mi padre. Se cantan en fiestas.

—A mí me gusta mucho la poesía y he escrito varios poemas en mi época de estudiante enamorado. En la escuela, no tenemos libros de poesía, pero yo sí tengo algún libro en casa. Mañana te los traigo —presumía orgulloso D. Juan A.

En efecto, días después, tuve en mis manos un ejemplar de *Canciones y romances*, de Dámaso Alonso, una *Antología* de Rosalía de Castro y *Campos de Castilla* de Antonio Machado.

—Al principio te costará un poco —me dijo—, pero pronto te gustarán. La poesía es el género más bello de la literatura, además el hombre recrea en ella sus sentimientos más profundos. No lo olvides: la poesía te ayudará a ser solidario y tierno.

—Gracias, cuando los lea se los devolveré.

Jamás he olvidado este gesto. Tal vez ahí nació mi amor a la poesía, que todavía hoy mantengo con idéntica ilusión.

ESCENA SEIS

En esta infancia dulce y afortunada no se escondía la muerte, sino más bien, se exhibía ante los ojos de quien quisiera saludarla, incluidos los niños, partícipes junto a los mayores en cualquier acto en el que esta dama burlona se dejara ver. De esta manera podías presenciar la muerte de un animal, rodeado de hombres y de otros chiquillos, cómo se mataba a los cerdos en medio de carreras y esfuerzos por sujetar al animal, que gruñía con desesperación, tirado sobre el banco de traviesas, dispuesto para estos menesteres. Nunca olvidaré esos gruñidos provenientes de las casas, tan habituales durante los meses de noviembre y diciembre. Violencia máxima e insensibilidad plena ante los ojos expectantes de los niños, quienes no sabían para dónde mirar: si para el cuchillo de grandes dimensiones del matarife —generalmente en manos del padre— o para la sangre que llenaba un caldero, destinada para hacer las morcillas. Igual ocurría con el enterramiento de un animal muerto, que se acostumbraba a disponer en el campo, en alguna propiedad, con la ayuda de la cal, o en los velatorios de los vecinos fallecidos, dentro de la propia casa, rodeados de velas, en medio de los lloros continuados de los familiares y amigos.

Muchas veces me he preguntado por qué tanta crueldad. ¿Forma una parte significativa de la cultura rural? ¿Se despreocupaban los padres de estos hechos tan violentos, que podrían dañar a sus hijos? ¿O se pretendía educar a los pequeños en todos los aspectos de la vida en el pueblo, con máximo realismo, para que estuvieran preparados en todo? En verdad, no he hallado respuestas convincentes, solo os diré que jamás oí quejarse a un niño por alguna imagen inadecuada ni protestar a los maestros o sacerdotes. Los niños siempre imitan a sus padres y les gusta hacer o participar activamente en lo hecho por sus mayores, mostrándose orgullosos de la ejecución de actos semejantes. La sociedad de mi infancia disfrutaba con el sufrimiento de los animales: maltrato frecuente de perros y gatos, búsqueda de nidos, la captura de pájaros son ejemplos claros de la presencia de esa crudeza en la vida infantil de las poblaciones rurales. Sin embargo, también había excepciones: Manolo, un niño solitario, callado, se pasaba los días por los valles escuchando los sonidos de la naturaleza. Conocía los pájaros por su plumaje y por su canto, los hábitos de las ranas, dónde abundaban las mariposas, el nombre de las plantas... En sus conversaciones hablaba de ello. «La naturaleza es bella y justa», decía, «respétala, tu vida depende de ella». Había preparado en su casa una pequeña enfermería para recuperar pájaros heridos y unos recipientes de madera que empleaba para sembrar semillas. Desconozco qué habrá sido de él, si su vocación se concretó en una vida dedicada profesionalmente a cuidar de la naturaleza o si necesitó realizar otro tipo de trabajos; pero siempre he visto en él al primer ecologista del pueblo.

Además, las muertes humanas abundaban, algunas de niños, que eran recibidas con dolor, pero también con fría comprensión, como un hecho natural en la vida de estas gentes duras, acostumbradas a sufrir enfermedades sin el apoyo de seguros médicos, todavía en el pensamiento dormido de los políticos de turno.

Nos disponíamos a salir Javier y yo después de haber merendado —en mi caso pan con miel— cuando comienzan a sonar las campanas. «Tocan a gloria», dicen unas mujeres, detenidas delante de la puerta de su domicilio. «Ayer la niña de Pacita no se encontraba bien», replica otra. Pocos minutos después, se comprueba todo lo dicho y se inician los preparativos para ir a consolar a sus padres. En esta ocasión, al tratarse de una niña, parece conveniente que sean los propios niños quienes acudan primero y, además, lo hagan solos, sin la compañía de sus padres. Pasada una hora, comprobada la presencia de la niña por el comentario de otros compañeros, nos preparamos para acompañar a los padres de Genoveva, la niña fallecida a causa de una meningitis. Vivían en una casa cerca de las escuelas, con un patio largo que debíamos atravesar. El nerviosismo ralentizaba los pasos, temiendo la imagen de la niña, la impresión ante algo nuevo acentuada por el hecho de ir solos. Aquella visita, la primera, la recuerdo como una difícil prueba para dos niños que no habían visto la muerte tan cerca ni sabían de su dominio a cualquier edad. En una habitación rectangular, amplia, sobre una mesa de color madera, reposaba el cuerpo de la niña, de unos cinco años, en medio de un silencio agobiante. Me fijé en su vestido blanco, en los zapatos, del mismo color, en sus manos, cruzadas sobre el vientre, en la expresión tranquila de su rostro. Allí permanecían sus padres, sus abuelos y algunos vecinos, pero nadie se atrevía a pronunciar palabra, únicamente miraban o movían la cabeza reflejando la incomprensión de lo que estaban viendo, muestra palpable de la injusticia de la vida.

Nosotros, en medio de la sala, de pie, tampoco dijimos nada, la situación nos pudo y ni siquiera unas palabras de consuelo fuimos capaces de pronunciar. Al cabo de unos minutos, coincidiendo con la llegada de otros niños, abandonamos pesarosos el duelo. Era nuestra primera experiencia de este tipo, aunque habíamos oído a nuestros padres comentarios de casos semejantes en el pueblo. A pesar de la creencia religiosa de que los niños iban directamente al cielo, por eso su féretro era blanco y no se debía llorar, nunca he olvidado la imagen fría de esa niña inocente, a quien la enfermedad no había permitido crecer, madurar, gozar de los placeres de la vida. Hoy, pasados tantos años, todavía me rebelo y le echo en cara a Dios su crudeza.

Ese día no jugamos, ni nos juntamos con otros niños, nos sentamos apoyados en la pared, cerca de mi casa, y apenas hablamos. En su lugar, dibujamos ridículas figuras sobre la tierra de la calle. Cuando ya la noche nos envolvía, nos despedimos:

—Hasta mañana, Javier.

—Hasta mañana —me contestó cabizbajo.

Según me contó mi hermana la mañana siguiente, mientras desayunábamos, había soñado durante la noche gritando: «No puede ser, los niños nacen para vivir, su muerte jamás la mente humana la entenderá». No sé cuántas veces, en sueños, he resucitado a esa niña, la he cogido de la mano y la he llevado a los caballitos, en Sahagún, con el mismo vestido blanco, tan bonito, que las demás niñas alababan. Sin embargo, al despertar, resonaba en mi cerebro la temida frase de mi padre: «Anoche, la abubilla cantaba en el tejado de Ismael», padre de la niña. Cruel destino el de las madres pariendo hijos para el cielo, porque como escuché más de una vez, la muerte llama demasiadas veces a la puerta y casi siempre sale a abrirla un niño de corta edad.

ESCENA SIETE

Todavía estaba reciente la entrada triunfal, ante un montón de ojos curiosos, del nuevo párroco en la iglesia: D. Justo, un sacerdote de poco más de cuarenta años, quien había subido la pequeña cuesta de entrada bajo dóciles palmas, aderezadas de aplausos de jóvenes y mayores. Los negrillos, viejos, en dos filas, acostumbrados a muchos actos solemnes, también colaboraron, permitiendo a los pájaros de sus ramas sumarse al triunfal recibimiento.

Indudablemente, la presencia del cura en el pueblo era importante, trascendente tal vez, de ahí el contento generalizado. Se vivían años en los cuales la religión lo dominaba todo: la educación, la familia, las fiestas... Sin su presencia resultaba complicado vivir, cada instante notarías que te faltaba algo, por eso nadie discutía la autoridad del sacerdote, mayor que la del alcalde o del médico, y los niños lo demostrábamos constantemente yendo a besar su mano siempre que lo veíamos en la calle, aunque, en ocasiones, tuviera que limpiar los mocos del frío.

Residía en la llamada «casa del cura», muy cerca del ayuntamiento. Una casa grande, de madera, con algún siglo sobre su tejado, que presumía de un patio extenso, con diversos árboles frutales. Pronto apareció Juana, una chica del mismo pueblo del sacerdote, joven, en torno a los veinte años, para ayudarle en las tareas domésticas, quien enseguida se identificó con la juventud del poblado, participando en sus fiestas colectivas, si excluimos el baile de los domingos, que solía evitar. Colaboraba en la catequesis diaria y en la colocación y cuidado de los niños en la cabecera de la iglesia, a quienes orientaba en sus movimientos y cánticos.

No habían transcurrido dos años desde su llegada cuando Juana comenzó a sentirse mal y a visitar al médico en periodos muy cortos. Del médico de Calzada pasó al de León y desde este al Sanatorio, donde fue operada. Regresó al pueblo pasadas unas semanas y poco a poco fue recuperando su actividad habitual. Se la veía contenta, feliz, participando como nunca de las actividades festivas, incluso se rumoreaba que salía con un chico del pueblo que vivía al lado. No le duró mucho la alegría ni la tranquilidad, pues antes de un año volvió a sentirse mal y en pocos meses, después de un sufrido deterioro, Juana murió. Había cumplido el mes anterior veinticuatro años. La llamada a luto de las campanas, esos toques lentos, con eco, sacudieron los oídos de los vecinos una y otra vez, organizados para velar por turnos el cuerpo de la joven. El llanto colectivo, el dolor, paseaban por las calles, fueras donde fueras, porque nadie se mantuvo ajeno, abandonando sus tareas diarias para despedir a Juanita. Después de una ceremonia solemne, en la que participaron varios sacerdotes de la comarca, y de un sermón recordatorio de los méritos y virtudes de la joven, el pueblo entero acompañó el féretro hasta el cementerio, a las afueras de la población, perfectamente ordenados según la costumbre: niños, hombres y mujeres, a lo largo de la calle Arriba, llorando desconsolados, como si la muerte hubiera escogido a todas las familias. Caminaban lentos para mantener más tiempo el duelo y la presencia de la joven entre ellos. Recuerdo especialmente el llanto por imitación de los niños (Rafa iba delante de mí en la fila), quienes miraban para todos los lados sin entender nada, porque, en otros casos, únicamente lloraban los familiares, sin embargo, ahora lo hacían todos. No comprendían por qué el cura era distinto y lo que a él le ocurría, de alguna manera, lo sufrían también los demás. ¿Ejemplo de dolor colectivo y solidario o reconocimiento de la autoridad del sacerdote? Para los niños algo nuevo, distinto, que recordarían siempre. Solidaridad, tanto para compartir penas como para ayudar en las agotadoras tareas del final del verano. Eran otros tiempos.

ESCENA OCHO

La estación del tren dista del pueblo unos dos kilómetros, dirección norte. Hasta ella se llega por dos caminos en cuesta, una muy pronunciada y la otra más extendida, las dos bordeando las bodegas y lagares, pues el pueblo ocupa una hondonada, por un lado bastante profunda. No obstante, el paseo hasta la estación o el trabajo en los viñedos, a ambos lados, convertía la zona en lugar concurrido por los vecinos. Las madres, con hijos pequeños, acostumbraban a ir hasta la estación buscando los efectos benefactores del humo de las máquinas de carbón para los niños. Además, las labores frecuentes en los viñedos y los viajes a León obligaban a conocer bien esta vía de comunicación, llamada popularmente Camino de los Carros por la abundancia de ellos por una u otra razón. Se unía a esto las viviendas de varios vecinos, ferroviarios o comerciantes de paja, quienes bajaban al pueblo para asistir a la escuela o para comprar en las tiendas o visitar el bar. Todo junto convertía a este camino en el medio de comunicación más utilizado, a pesar de sus desigualdades, de los habituales baches y de la falta de luz, que le convertían en peligroso durante las noches viajeras del invierno, como fue mi caso un día de tormenta desatada, perdido entre las viñas.

Por si fuera poco, el tren, para un habitante de zonas rurales, poseía algo misterioso que, sin duda, añadía atractivo a su presencia. Acercaba la ciudad, lo desconocido a la mente y a la imaginación de estos pobladores escasamente viajeros, entre quienes se hallaban los niños, tal vez los más necesitados y soñadores. Por eso, cada domingo por la tarde, después del obligado rosario, grupos numerosos de niños se acercaban a la estación con diversas intenciones: preparar los platillos de la cuerda de la «piuca» (peonza), jugar entre los vagones aparcados en las vías muertas, probar la emoción de cortos viajes en trenes de maniobras o visitar a los amigos. Los niños no perciben el peligro, sobre todo si repiten con frecuencia las mismas acciones. Uno de esos domingos, Roberto, el chico más inquieto del pueblo, capaz de tutear habitualmente al riesgo, cayó víctima de ese afán aventurero que le acompañaba siempre. Subido en un tren de maniobras, resbaló y las ruedas, quizás con la colaboración del aire, partieron su cuerpo y segaron, una vez más, una vida prometedora. La imagen del corrillo de hombres rodeando el depósito de cadáveres en el cementerio, callados o llorando en silencio, sigue sacudiendo mi cerebro después de tantos años transcurridos.

Este triste accidente sacudió violentamente el poblado y hasta la comarca, donde la noticia ocupó las conversaciones durante algún tiempo. Jamás regresamos a la estación a divertirnos. La muerte trágica de Roberto nos alejó de ella para siempre, perdió su encanto, la magia que la envolvía, y salvo los viajes obligados, no volvimos a contemplar el color gris de sus piedras ni el verde de sus ventanas y puertas. La muerte colocó el anuncio de «prohibido» en todos los vagones y de «precaución» en cada uno de los pasos que atravesaban las relucientes y tentadoras vías.

ESCENA NUEVE

Aunque parezca exagerado, los juegos, en el pueblo, presentan una organización perfecta, de la cual nadie se consideraba responsable, pero existía. Algunos decían que se heredaba; otros que familias numerosas, en cargos representativos, conocedoras de las tradiciones, sin publicidad, iniciaban el juego correspondiente en la estación del año o en el lugar adecuado. Por una u otra razón, los niños poseíamos un auténtico arsenal de material lúdico escondido en casa, esperando su puesta en marcha, la señal de comienzo.

Dejados a un lado los deportes, especialmente el fútbol, en el que Calzada siempre tuvo un buen equipo, ganador de diversos torneos entre los pueblos de la comarca, y la pelota a mano, primero en el trinquete, sin paredes laterales, de tapial y barro, en la plaza de la iglesia, y el frontón del Hogar después, moderno, de cemento, apto para competiciones oficiales, la variedad de juegos en la población hoy nos asombraría y justificaría la feliz infancia de los niños.

Tres motivos originaban su división: el sexo, la estación temporal y el lugar. Las niñas tenían sus juegos exclusivos, entre los cuales se encontraban las tabas (todas poseían su bolsa con las tabas pintadas de colores), las perras y el salto de la comba, ayudadas en su desarrollo por bonitas canciones tradicionales: «Al milano qué le dan... Al pasar la calle... Uno y dos, los ángeles del cielo...» o dichos apremiantes incitando al jugador: «Pierde, lagarto...». En los juegos de los niños no se cantaba, pero sí se recitaba: «A la una / anda la mula, a las dos / el coz...; Pin, pin, neja / rabo de coneja...». Únicamente el castro se compartía con las niñas y el escondite, en los últimos años de la niñez. Sin que estuviera escrito, niños y niñas marchaban siempre por orillas opuestas, aunque paralelas. No se mezclaban, incluso se apreciaba cierta animadversión entre los dos sexos, producto de la estricta división social predominante y de la influencia religiosa, ambas amparadas por la situación política del momento.

La estación del año también determinaba el tipo de juego: resbalar sobre el hielo, abundante en calles y lagunas, o sobre la hierba, en las eras en cuesta, correspondían al invierno; jugar a la «piuca» o a los cartones exigía terrenos secos, donde se trazaba el corro, sin humedades que imposibilitaran cumplir las reglas del juego, sobre todo los cartones con billetes de tren partidos o las cubiertas de las cajas de cerillas, que se ganaban o se perdían por medio de un tacón de zapato o de zapatilla, debidamente preparado. Las colecciones de cartones ganados por algunos jugadores impresionaban a ojos de los más torpes.

Algo semejante ocurría con el lugar: muchos en la plaza en la que se agrupaban los niños y organizaban el escondite o el juego de los ladrones y policías; otros, en valles y prados, donde se practicaban el pincho, con palos afilados, preparados para penetrar en la hierba, o la navaja, siguiendo unas posturas determinadas en las manos.

Algunos, pocos, superaban estas condiciones y se jugaban durante todo el año, como el aro, difícil de llevar con aquella manilla preparada en forma de U o el «churruburro», un juego bastante violento, en el cual un niño, apoyado en la pared, sujetaba la cabeza de otro, quien, a su vez, lo hacía con otro hasta formar una fila, que otros niños habrían de saltar, permaneciendo sobre los niños de la fila hasta que esta se derrumbaba por el peso o la desproporción de los jugadores.

Cada niño, en el recreo o después de la escuela, a la hora de merendar —en mi caso pan con miel— sacaba del escondite su arsenal y buscaba a sus semejantes para iniciar sin demora las partidas. Los juegos nos convertían en atletas, en ciclistas de velódromo, en jugadores habilidosos y afortunados, que conseguían montones de dinero en casinos, con mesas de tierra, en las cuales distintos guerreros luchaban por imponer su fuerza y dominio, por medio de armas de goma y madera. El niño no siente el riesgo amenazador, en algunos juegos, evidente, porque se cree inmortal. Verdaderamente, aquellos niños vivíamos en la calle, sin importarnos ni la estación temporal o la temperatura. El viento, visitante obligado, o la lluvia no nos recogían en las casas. Los juegos constituían la mejor disculpa para abandonar el domicilio y servir a la libertad, plena, semejante a los pájaros o a las mariposas. Solo la noche, la escuela, la iglesia o las necesidades alimenticias ponían grilletes a sus piernas y a su imaginación. ¿Entendéis ahora la dulzura de la infancia? Y en pantalón corto, los niños, y vestido, las niñas.

Había juegos que despreciaban la edad —niños nacidos en el mismo año— y conseguían convocar a todos los niños del pueblo. Uno de ellos consistía en la representación de una corrida de toros (la fiesta tradicional heredada), perfectamente preparada por los líderes aceptados por el grupo. En la plaza, pisando la sombra del ayuntamiento, se distribuían los papeles: unos actuarían de toreros; otros harían de toros; algunos destacados tocarían los instrumentos musicales; y la mayoría se conformaría con hacer de público entusiasta (a lo largo de la corrida se unirían las niñas). En perfecta marcha, el grupo se desplazaba hasta una era que bordeaba el camino de la estación. Encabezados por los músicos, los toreros, con su cuadrilla y el capote rojo en la mano, dispuesto para la ocasión, a paso lento, la comitiva llenaba las calles con su música y algarabía. Ya en el lugar escogido, se marcaba la plaza sirviéndose de redondel del público y se iniciaba el espectáculo, que habría de conseguir el máximo realismo posible: se esforzaban los músicos, especialmente el batería, con palillos nuevos y con el tambor más sonoro de los conocidos (diversas latas vacías) y el saxo, de negrillo verde, adecuado para lograr las formas del instrumento, al cual se añadía, en ocasiones, un silbato. El músico saxofonista, repitiendo los pasodobles taurinos con una voz grave simulada, retorciendo su cuerpo para conseguir mejores sonidos, arrastraba los ojos curiosos del público expectante.

Así pasaba la tarde, entre toro y toro, entre faena y faena, salpicados por alguna cogida, por lo cual la ambulancia pedestre debía actuar, aunque los aplausos y los gritos descompuestos de las niñas curaban todas las heridas, añadiendo un sabor de autenticidad que satisfacía al público. Hacia las siete de la tarde el espectáculo concluía, satisfechos de la actuación, por lo que, en grupos reducidos de amigos, sin obligación organizativa alguna, los niños regresaban a sus domicilios, haciendo una parada en el bar o en el baile, prohibido para su edad, donde se divertían sus padres o sus hermanos mayores. El esperado domingo había terminado. Mañana, lunes, día de escuela, por lo cual se necesitaba preparar la cartera con los libros y cuadernos, de cartón, piel o plástico, no la mochila, todavía desconocida, y acostarse pronto, después de haber contado en la cocina las noticias de la corrida:

—¿Te escogieron para actuar de algo? —me preguntó mi padre.

—A mí, no. Bueno, para el público —contesté con resignación.

Recordando estos juegos desde el tendido de mis años actuales, admiro la capacidad, casi ilimitada, de los niños para imitar la realidad, que apenas conocían, solo de oídas: la organización, el paseíllo, el público, los toreros, los músicos reproducidos con exactitud; en definitiva, todo el entramado real de una corrida, cuando aún no había llegado la televisión al pueblo. Reproduciendo en mi mente los movimientos corporales del saxofonista, entiendo a la perfección la capacidad innata de los niños para convertir en seres animados cualquier objeto inanimado, como pudiera ser un simple palo. Cualquier cosa en manos de un niño se transforma en algo gratificante, divertido, apto para realizar grandes gestas, lo cual explica la felicidad de esta etapa vital y la huella imborrable que deja siempre. No olvidemos que la imaginación de un niño carece de límites, gracias a ella puede cruzar el mar sin haberlo visto nunca o volar a otro continente sin haber subido a un avión. Nico toreó con Antonio Ordóñez en la plaza de las Ventas, en Madrid, y Luismi tocó la trompeta en el circo Price, de gira por Francia. Ambos se emocionaron con los aplausos del público y tuvieron que saludar desde el estrado y firmar infinidad de autógrafos al final de sus actuaciones.

Esta estrecha relación con los juegos no la alteró la llegada de la televisión al Hogar Juvenil, que cada tarde abría sus puerta para contemplar alguna serie americana bajo la mirada inquisitiva del cura, ampliando con su actitud la censura gubernativa, en aquel tiempo omnipresente.

ESCENA DIEZ

El cultivo del viñedo en toda la comarca goza de gran tradición, al menos desde la época de los romanos, que luego acrecentaron los monjes del Monasterio de San Benito y los propios cultivadores con la creación de empresas dedicadas a la fabricación de carrales o a la destilación de la uva, por eso no debe extrañarnos que surgieran en torno a las uvas y el vino multitud de leyendas y tradiciones. A partir del mes de agosto, coincidiendo con la maduración de las uvas, los majuelos eran visitados frecuentemente por degustadores afortunados, fundamentalmente las malvasías, una clase de uva primeriza en la maduración. Vigilaba los viñedos un guarda jurado, contratado por la Hermandad de Labradores durante todo el año, aunque acostumbraban a renovar el contrato al elegido, por lo cual conseguía convertirse en un vecino más. En Calzada, permaneció durante bastante tiempo un guarda muy moreno, originario de un pueblo cercano, que logró conocer el campo muy bien, por lo que no resultaba fácil engañarle. Además colaboraban con él algunos vecinos mayores escogidos en el pueblo, quienes se repartían los pagos para poder vigilar todas las viñas. Facilitaba su dura labor desinteresada la fabricación de cabañas con ramas escogidas de las vides, las cuales les permitían librarse del sol o del aire, temidos enemigos durante el verano. Estas cabañas eran fijas y se veían con claridad desde los caminos y sendas intermedias, por lo que los habituales ladrones de uva madura las conocían y las evitaban con facilidad.

Con frecuencia se apreciaba una clara rivalidad entre los distintos guardas y las pandillas organizadas de niños y chicos, deseosos ambos de correr emocionantes aventuras propias de ladrones mayores. De esta manera, bajo el mando de algún general, curtido en mil batallas campestres, al atardecer, el ejército de degustadores de uvas se dirigía a las zonas donde el viñedo crecía, que en su mayoría cercaba al pueblo y a las bodegas y lagares. Simulando un ataque en toda la regla, los asaltantes, dirigidos por el jefe, se acercaban a las viñas resguardándose entre los árboles o escondidos por las regueras. Finalmente, cuando la voz sonora del jefe ordenaba el asalto, toda la infantería se lanzaba a coger las uvas buscadas, que solían esconder dentro de la camisa. Terminado el ataque, con el mismo sigilo, la tropa regresaba al cuartel y se disponía a degustar el fruto de la rapiña o a llevarlo para casa para hermanos menores. En más de una ocasión el plan no salió como había sido diseñado y los atrevidos ladronzuelos eran sorprendidos en plena hazaña por alguno de los guardas. Cuando esto sucedía, el general, crecido, ordenaba la retirada, a la que todos atendían sin protestar. Nada de dejarse atrapar. Subido sobre un mojón, señala la dirección a tomar moviendo los brazos o gritando las órdenes. Después de las primeras carreras, individuales, confusas, conseguía agrupar a la tropa deteniéndola lejos del lugar del ataque. Una vez descansados, agrupados, amparados por la noche, comprobada la retirada de los guardas, el jefe ordenaba el regreso sirviéndose de otros caminos, generalmente más alejados. La plaza, lugar de reunión, se utilizaba para comentar el riesgo y para tranquilizar a los pequeños, orgullosos de haberse librado de las multas de los guardas, temidas y respetadas. No obstante, mi padre alguna pagó a causa de mis repetidas visitas a las viñas ajenas, pero no me robaron la emoción sentida ante una acción de estrategia bélica.

Detrás de estas aventuras se escondía la afición a la lectura de los comics, en aquellos años revitalizada en las zonas rurales. En ellos las correrías e invasiones de niños a diversos cultivos abundaban, convirtiendo a sus dueños en objeto de burla, que el líder del grupo acostumbraba a reforzar. Alberto (el capitán Trueno), nuestro jefe, llegó a creerse el auténtico capitán de los niños rebeldes del pueblo, especializados en el latrocinio de las uvas.

ESCENA ONCE

Otro de los juegos preferido era el escondite o «esconderite». En torno a la plaza, donde se situaba la zona de llegada, grupos de niños y niñas se movían por todo el pueblo, incluidos los «atrases» (las afueras), las eras y las bodegas. Se organizaban en la estación climatológica favorable, sobre todo al final del verano, en septiembre, todavía con días de luz duradera, una vez concluidas las faenas más acuciantes y con los padres tomando el fresco en corrillos o hablando con los vecinos. La novena a san Roque, muy popular, a la que asistía con fervor todo el pueblo, todavía con mucha paja en las eras, resultaba la disculpa propicia. A su terminación, se organizaban los escondites más mayoritarios y deseados.

El inicio de la noche obligaba a la niñas a buscar refugio en la compañía de algún niño de su edad para esconderse y evitar las acechanzas de represores y cuidadores en la zona de liberación. Detrás de los viejos negrillos de la iglesia, cuya sombra alargada ocultaba las figuras, resguardados junto a una tapia, dentro de un portal sin luz o echados en la paja de un montón sin recoger, los numerosos componentes del juego diseñaban sus estrategias para conseguir conquistar la plaza sin ser vistos y lograr el propósito exigido por el juego. Parecía admirable contemplar cómo se iban aproximando los grupos, cómo incitaban desde distintos lados a los guardianes de la zona marcada, las habituales salidas de los más rápidos ante el menor descuido, los gritos de aviso, hasta que por fin todos habíamos alcanzado el final, satisfactorio o no. A mí, uno de los guardianes más insistentes, quien me señaló como presa, me alcanzó cerca del palomar. Su desarrollo era todo un espectáculo, en el cual participaban las carreras por las calles, semejantes a galopes de caballos desbocados, libres, liberados de sus dueños, entre la alfalfa y el trigo verde, cubriendo el aire de relinchos de entusiasmo.

El premio te llenaba de satisfacción y la captura te avergonzaba ante los demás, pero no tenía otras consecuencias, al día siguiente se partía de cero y nadie se negaba a colaborar en el papel que se le asignara. En una sociedad tan vigilante en los asuntos relacionados con el sexo, con una moral tan estricta, exigente hasta en el detalle más nimio, llama la atención la permisividad de este juego, con riesgos evidentes, que la oscuridad y la lejanía acentuaban. En él sorprendí los primeros besos, disimulados, algunos apretones buscados, atrevidos toques de manos, sin pasar de ahí, meras tentativas de imitación a las relaciones de los chicos mayores, siempre muy comentadas y vigiladas, pero sin perder el respeto que estos pobladores nunca olvidaban. El puente había sido diseñado para resistir las acometidas de la corriente de agua, sin embargo, un día llovió tanto que el agua lo tapó durante unas horas. Pasada la tormenta, el puente volvió a cumplir su misión. Los niños conocen su cuerpo y saben utilizarlo debidamente, pero si la ocasión fuese propicia, podían ignorarlo durante un instante, víctimas de sus propias debilidades. En las zonas rurales, los niños se miran, se hablan, incluso se burlan y desafían, pero de ahí raramente pasan, y si lo hicieran, la inocencia acaba ganando, hacía de puente. Dicen que el primer beso nunca se olvida, deja tal huella que por mucho que lo intentes sigue aflorando y tus labios lo reconocen. El mío sabe a era y, aunque fugaz, todavía lo recuerdo.

En aquellos juegos nocturnos descubrí por primera vez qué se escondía detrás del otro sexo, por qué las niñas eran tan guapas y por qué prefería jugar con ellas. Una noche soñé que huía del pueblo con María Jesús a una ciudad, con un enorme parque de atracciones, donde se divertían miles de niños, de todas las razas, vestidos de mil maneras, pero todos lucían un jersey de colores, rojo y verde.

ESCENA DOCE

La relación del hombre rural con la naturaleza se manifiesta constantemente y en todas las edades, pero con mayor intensidad en la infancia. El niño, en gran medida, se alimenta de la naturaleza, gusta de probarlo todo, ama el campo más que la casa, no conoce el miedo y se arriesga en multitud de acciones impropias de su edad. En ocasiones, son sorprendidos por la enfermedad o incluso por la muerte motivadas por hechos atrevidos, con riesgo evidente: subir al árbol más alto con la pretensión de contemplar un nido, bañarse en lagunas sin saber nadar, beber agua no potable, no estancada (se hacía una señal de la cruz para evitar que te hiciera daño), comer cualquier producto crecido en la tierra... No obstante, la sabiduría popular se ha nutrido de muchos años de formación y conoce bien lo que la naturaleza ofrece de bueno o de rechazable. Tal vez los frailes de san Benito, expertos conocedores de los productos del campo y de la cocina tradicional, hayan servido de maestros, de modelos a imitar en la selección acertada.

Podemos considerar este aspecto como el más creativo de la infancia: cada niño es un botánico en potencia y organiza su saber individualmente. Selecciona el producto, escoge el lugar donde debe buscarlo, dispone la preparación del mismo y lo consume siguiendo sus propias preferencias. Como consecuencia, la probabilidad de leves indigestiones y diarreas resulta elevada, aunque, en estos lugares, no se le concedía demasiada importancia; gajes del oficio.

De entre los numerosos productos alimenticios he seleccionado algunos, sin duda los más habituales y socorridos, nacidos durante todo el año, desde la primavera al otoño.

Enumero alguno: buscamos mazapanes y pata de gallina (denominación surgida de su forma externa semejante), acederas (por la acidez de su sabor), alverjacas, moras y andrinos, con los cuales se fabricaban dulces y mermeladas, además de sus efectos curativos para los males en los ojos, tallos recientes de zarza, «majoletos», «abellotas» maduras de encina, no de roble, riquísimas con pan, etcétera.

Uno de los alimentos naturales más apetecido y difícil de encontrar eran los «cascabelillos», intermedios entre andrinos brunos y ciruelas, que se vendían en las plazas de Sahagún y Grajal, siendo muy apreciados por los niños, quizás por su origen remoto o por el localismo que representaban, pues se desconocía la existencia de otros lugares donde se cosecharan. Según contaban los hortelanos, los «cascabelillos» habían sido plantados por los monjes del Monasterio de San Benito siglos atrás. Estos frailes, de origen muy diverso, llenaron de árboles frutales y hortalizas toda la vega del río Cea a su paso por la villa, por tanto fueron ellos los primeros hortelanos de la zona, ayudados enseguida por los árabes llegados a Sahagún desde el sur de la península, expertos cultivadores de la tierra. Tal vez fueran ellos los que trajeron este árbol o lo injertaran de otros, porque dentro de la enorme variedad existente en las huertas del monasterio también se hallaban los «cascabelillos», no excesivamente valorados por los paladares exquisitos de los monjes, pero sí consumidos por los obreros y por las clases más humildes, por eso se comerciaban a precios muy bajos o incluso se robaban sin castigo.

Los frailes, expulsados con la Desamortización, fueron obligados a abandonar todas sus posesiones, ofrecidas en subasta pública a vecinos de la villa y de los pueblos cercanos, aunque ante la carencia de dinero de estos pobladores, fueron otros los que se hicieron con las posesiones mejores, entre ellas los huertos, valiosos y productivos, comprados con rapidez, por lo cual se aseguraba el mantenimiento de la fruta, entre la que se encontraban los «cascabelillos». No obstante, las posesiones agrícolas de los monjes, compradas por ricos burgueses y nobles ajenos al mundo rural, poco a poco se fueron deteriorando y los huertos perdieron atractivo y productividad. A mediados del siglo XX, la mayoría de los árboles frutales, viejos, sin podar, enfermos, amenazaban ruina, razón que obligó a cortarlos. Los «cascabelillos» mitad silvestres, más resistentes, consiguieron continuar, y fueron dejados a su suerte o a la voluntad de algún nostálgico.

Uno de los salvados se hallaba en la llamada Huerta del Hospital, extramuros de la villa, cerca del Puente Canto, a la entrada por la carretera de León. Era esta huerta una finca rectangular, de paredes de tapial y adobe, bastante deteriorada, que guardaba en su interior numerosos árboles frutales no excesivamente cuidados, parecía que no tuvieran dueño por su aspecto descuidado. En la esquina derecha, alejada de la carretera, crecía un «cascabelillo» productivo aún, que dejaba ver su fruto por encima de la tapia. Un familiar llevaba en sus bolsos una muestra de su fruto y me orientó de la escasa vigilancia encontrada, por lo cual me animé a visitar el lugar en mi próximo viaje a Sahagún. En la bicicleta, seguro, sin considerar la conveniencia de la hora, llegué a la Huerta del Hospital y encontré con facilidad el árbol buscado. Tenía una buena cosecha y llené los bolsos sin abusar. Repetí varias veces la misma operación hasta que una mañana un señor vestido de azul —podría ser su uniforme—, me llamó la atención:

—¿Tú no sabes que esta huerta tiene dueño? —me soltó de primeras—. Hay que respetar lo ajeno, aunque parezca que está abandonado.

—Tiene usted razón. Perdone —le contesté avergonzado—. Creí que se podían coger; otros también lo hacen.

—Es verdad, chaval. Pertenecen a don Miguel Gómez, un médico madrileño que nos visita de vez en cuando. Esta huerta, con muchos años de historia a sus espaldas, le trae sin cuidado, como otras muchas posesiones del antiguo monasterio. A mí me paga algo por vigilar un poco por arriba, y eso hago. Si algún vendedor de fruta me lo pide, se lo vendo y si no lo dejo ahí para los pájaros, los peregrinos y algún niño arriesgado como tú.

—Gracias —le contesté—. Deseaba llevar alguno para mi hermano pequeño.

En los años siguientes seguí acercándome hasta los dominios del paciente «cascabelillo» de la Huerta del Hospital, pues continuó cumpliendo con su obligada misión: mantener este producto singular, en forma de cascabel, para que los paladares actuales degusten frutos que sus antepasados, muy antiguos, trajeron a estas tierras de conquista. Esta fue una de mis primeras lecciones de niño-hombre.

ESCENA TRECE

La relación de estos pobladores con las viñas es muy intensa, hasta el punto de modificar en distintas ocasiones sus comportamientos. Vestían ropas exclusivas: mantones largos, de gran colorido, para las mujeres; se comían alimentos distintos: bacalao y pimientos asados durante la vendimia; existían juegos propios: la gareta (untar la cara de las chicas con uva); se agrupaban las familias y se vendimiaba por zonas seleccionadas, contrataban orquestas... De todo ello participaban los niños con plena dedicación.

En estrecha relación con la escena anterior se hallan las uvas de mesa, seleccionadas, de gran tradición entre los habitantes de la zona, y aprovechable alimento durante varios meses —de agosto a diciembre—. Por eso se cuidan y se almacenan con esmero siguiendo unos trámites adecuados, heredados de generaciones anteriores. Una vez comprobada su maduración, se organizaban unas visitas a las viñas para escoger los mejores racimos y guardarlos en las casas, en las cuales la presencia de los niños resaltaba con fuerza. Con la autorización de los guardas, los jueves, coincidiendo con el descanso escolar, se disponían las cestas, el animal de transporte y la paciencia de la madre, única conocedora del proceso selectivo. Poseía un encanto familiar especial, incluso vecinal, pues participaban familias y barrios enteros. Al atardecer, una sucesión de familias, con su carga de uva escogida, semejando una reata de pequeños camellos por diversos caminos, entre el contento y el bullicio de los niños, se dirigía al domicilio para descargar las uvas seleccionadas.

Anteriormente, testigos de una tradición heredada, madre e hijos preparan el animal de carga —una pollina, de gran ayuda en casa de un labrador—, para transportar los canastos o cestos llenos de uva —llamada «carga»—, sin sufrir graves contratiempos inesperados, y se disponían a ir a las viñas para escoger los mejores racimos de malvasía y jerez —uva blanca, mejor que la negra, que no se rechazaba del todo—, trabajo realizado con mimo, revisando minuciosamente cada racimo para evitar uvas enfermas o no maduradas. Familias enteras cubrían los viñedos de colorido, de gritos estridentes de contento, de caras sucias y de manos pegajosas por el azúcar de las uvas comidas. Bajo la dirección de la persona mayor acompañante, los niños colaboraban en el corte y en la selección, que iban llevando a los canastos ya cubiertos de hojas verdes para que no se dañaran al contacto con las paredes rígidas del recipiente. Completados las cestas y canastos, tratando de que no fueran muy pesados, se iniciaba el camino de regreso, sin duda más dificultoso para la madre que para los hijos, algunos encima del animal, pero la madre habría de caminar y cuidar de todo. De esta manera, por caminos desiguales y sendas estrechas, conseguían llegar a casa, cumplida, otro año más, la costumbre de escoger la uva que se consumiría hasta la próxima Navidad.

Estas salidas constituían una de las primeras experiencias de los niños con el cultivo del viñedo, de tanta influencia formativa por sus numerosas tradiciones alrededor. Fomentaban la amistad entre las familias y vecinos, resultaban ideales para distinguir los distintos tipos de uva, cuáles eran los preferidos, el interés por algunas uvas negras, de aspecto menos atrayente, el exotismo de las uvas encarnadas —las guindaleras— y la abundancia del mundo animal, repleto de liebres, ratones, pájaros (en cada cepa podía encontrarse un nido) y las peligrosas avispas. En cierta ocasión, llevamos para casa un lebrato, al que alimentamos con leche hasta convertirlo en una bola de carne. Un día apareció muerto por la falta de movilidad, según nos aseguró un vecino entendido. No obstante, había visto muchas veces al grupo de cazadores del pueblo mostrar con orgullo liebres muertas, colgando de su cinturón, por lo cual me alegré de que hubiera muerto, al menos se había salvado de una persecución cruenta entre perros y tiros y de servir de trofeo a hombres amantes de la caza.

¿Qué hacer luego con las uvas escogidas? Existía un ritual heredado, destinado a prolongar su conservación. Con esmero se extendían sobre superficies, generalmente de madera, en el «sombrado» o escondidas debajo de muebles, sobre papeles de periódicos, con luz escasa. Otras veces se colgaban de las vigas de los techos para posibilitar que se conservaran hasta el día de Nochevieja, arrugadas, pero todavía frescas. En todo el proceso, las bajas temperaturas ayudaban mucho. Durante estos meses, el postre único e incluso la merienda consistían, casi de manera obligada, en un racimo de uvas, blanco o negro, según los gustos, con pan. Las uvas habían retirado la miel durante algunos meses. Los niños eran los destinatarios principales de todo este minucioso proceso, por ser los mejores consumidores de las uvas y quienes participaban con mayor ilusión en la recogida del vino, precedida de la vendimia, tan ilusionante; el pisado de la uva en el lagar, en el que los niños se ofrecían casi de forma exclusiva, aunque su peso y sus fuerzas, en ocasiones, les jugaba algún engaño; y, por fin, en el consumo del primer mosto, dulce y peligroso, como afirmaban con severidad los mayores, artesanos del largo proceso vinatero: si bebías mucho mosto, este hervía en tu estómago, deteriorándolo gravemente. Constituía uno más de los dichos que en torno al cuidado del vino recorrían el pueblo, muy atentos al mundo femenino, a quien no permitían pisar la uva ni entrar en las bodegas mientras el vino hervía en tinos y carrales. Más de una niña se rebeló contra estas mentiras y pisó la uva conmigo.

Las últimas uvas se consumían en Nochevieja cuando, siguiendo la costumbre, se ingerían doce uvas, una por cada toque del reloj. Momentos antes, mi padre buscaba las uvas guardadas y mi madre las presentaba en una bandeja para que cada uno cogiera las uvas correspondientes. Frescas, algo arrugadas, verdes, te miraban a los ojos pidiéndote colaboración para el final de su ciclo. Cuando nos desplazamos a León, continuamos colgando las uvas destinadas a Navidad, pero ya nunca conseguimos su aceptable mantenimiento: el traslado, el cambio de luz y temperatura las afeaban, volviéndose negras, carentes de atracción. «Les pasa como al hombre», decía mi madre, «si le sacas de su tierra, del lugar de su nacimiento, pierde alegría y le consume la añoranza y la melancolía».

«Con pan y vino se anda el camino», asegura el refrán que el pueblo sabio ha asignado a los peregrinos, abundantes por los caminos de Calzada, pero que más bien resume una parte importante de la vida en este pueblo, alimentado por las hogazas de pan de trigo (las del Parro, por ejemplo, después de entregado el cupón) y por los racimos de uva blanca o negra, que la imagen de san Roque pasea durante las fiestas en su honor. El vino ha orientado la vida y la cultura entre estos pobladores: primero en sus domicilios —en los sótanos de cada casa guardaban las cántaras— y luego edificando un barrio exclusivo, en la ladera de la cuesta, donde bodegas y lagares muestran su esplendor; después en las visitas diarias, garrafón en mano, o en las festividades —arenque o chorizo con pan— de jóvenes y mayores. Ahí se recibía a la noche o a la madrugada, si la estancia resultaba agradable.

Los padres daban vino a sus hijos en los primeros meses de vida para probar que sin él difícilmente se sobrevive en esta tierra. De ahí su cuidado y su presencia a lo largo de todo el año. «Prefiero que me silbe el pueblo entero antes que lo haga la carral», predicaba Matías, lo cual, traducido a lenguaje comprensible expresaría: «antes convertirme en objeto de burla que vivir sin vino». «Por san Andrés, el vino nuevo viejo es», se recordaba en las espitas entre risas y comentarios de los adiestrados consumidores. Cultura del vino tantas veces comentada. Y es que con pan y vino se puede vivir... y soñar también con un mundo mejor.

ESCENA CATORCE

Enseguida los niños se daban cuenta de que la vida en el pueblo, tan dependiente del cuidado del campo, resultaba muy exigente, a veces extenuante y, por momentos, agotadora, en verano sobre todo; sin embargo, no estaba exenta de festejos y periodos de descanso que los pobladores, incluidos los niños, disfrutaban con alegría, sin pensar en el mañana. De la combinación de fiestas y trabajo se nutría la vida y la cultura de estas gentes entregadas, sinceras, que nunca pedían nada a cambio: se aprovecha lo que toca y no se protesta. Así eran capaces de ir a «acarrear» desde el baile la madrugada del día de san Roquín, si el verano se había retrasado por la lluvia, un grave impedimento a la hora de trillar la mies, e igual ocurría en periodo de vendimias con el baile nocturno, en el salón de baile, después de haber empezado a vendimiar muy temprano y haber soportado el frío, el rocío o el calor, además de las posturas incómodas que los riñones (los «cadriles») no aceptaban de buen grado. Era imprescindible modificar el comportamiento, dejar el cansancio a un lado e ir a bailar todos, casados, solteros y niños, porque así se había hecho desde mucho tiempo atrás.

Durante todo el año se disfrutaba de las fiestas, variadas en el contenido y en las formas. Citaré algunas: entre las religiosas, estaban las novenas, el rezo del rosario, las Flores de mayo, etcétera, profundas y sentidas; las tradicionales, como la Rosca, el Mayo, etcétera, que exigían un proceso preparativo; y las populares, san Roque, san Isidro, con música, más participativas y elegantes. En cualquiera de los tipos, la participación de los vecinos resultaba llamativa, se consideraba obligatoria. En unas, el protagonismo lo representaba la mujer y en otras eran los hombres los impulsores; pero, en todas, la presencia de los niños sobresalía, aunque, a veces, estuvieran lejos por el riesgo o la hora, pues ellos habrían de continuar la tradición, de ahí que los padres se esforzaran para que observaran y aprendieran la esencia del pueblo, lo cual resultaba imprescindible si pretendían mantenerla. La imagen del niño dormido en brazos del padre durante los festejos no extrañaba a nadie.

De las fiestas enumeradas anteriormente, destaco dos: san Isidro y san Roque, de mayor prestigio entre los pobladores. Al primero, patrono de los labradores, se le honraba con una merienda campestre, preparada por la Hermandad de Labradores de la localidad, y baile; al segundo, patrono de la ermita, se consideraba el festejo principal, a nivel religioso y laico, por eso a la misa solemne acompañaban varios días de fiesta y un número de actos especiales, disfrutados también por pobladores de los pueblos vecinos.

Quien más o quien menos gozaba entusiasmado de la festividad, a nivel individual y colectivo. Destaca con fuerza el cordero asado en los hornos antiguos, donde se amasaba el pan, el aguardiente arreglado, que corría por todos los lados (un compuesto muy grato formado con orujo, café y azúcar quemado, graduable para que no hiciera daño) y la quema del carro de la hoguera, el acto de mayor interés entre los vecinos. Aquí, al lado de las llamas, se unían los deseos de hombres y mujeres, reclamando suerte y fortuna para los suyos, que el humo, junto a las brillantes chispas, elevaba hasta el cielo, para que fuera más fácil oírlos. Todo amenizado por los sones de una orquesta provinciana, especializada en la interpretación de pasodobles, corridos y tangos que, incluidos los niños, la población disfrutaba.

En medio de este ambiente festivo se colocaban los niños, siempre dispuestos a colaborar y a participar según sus posibilidades: ellos arrojaban las primeras ramas a la hoguera e iniciaban el baile al lado de los músicos, o convertían la estancia en una competición de carreras entrecruzadas y en dulces visitas a los vendedores de caramelos, entre los que se encontraba Pedro, un hombre de voz gruesa y modales llamativos, con una historia cruenta al final de su vida. De estas iniciales experiencias, juegos inofensivos e inocentes, surgían los primeros amores, alimentados por una ficticia libertad compartida, a esa edad dueña de las relaciones.

Un breve poema resume partes esenciales de estos festejos:

De pie, algo alejado,
el humo en manos del viento,
oyendo el chisporroteo, los quejidos
de las hojas verdes,
contemplaba el rostro risueño del niño,
el sosiego esperanzado del hombre mayor,
mientras recogía sus peticiones
junto a las mías, variables cada año,
que la hoguera, en plenitud, elevaría al cielo
convencido de su seguro cumplimiento.

Había cumplido nueve años cuando realicé mi primera petición. Mi padre se acercó, me entregó una rama pequeña de encina y me dijo: «Tírala fuerte, al centro, donde arden las llamas más altas. Luego piensa lo que vas a pedir y espera a que el humo lo eleve hasta el cielo». Yo me acordé de mi hermano, muy delgado y mal comedor: «San Roque, ayúdale para que crezca y se haga grande». Un torrente de humo blanco subía con fuerza y sonreí: «Ha llegado; estoy seguro».

Contemplando la hoguera ahora, escucho arder el frío, el sufrimiento de aquella gente a la que los frailes negros tenían prohibido coger hasta la hornija, en una población con miles de encinas que veían todos los días, pero ni siquiera acercarse les permitían porque un guarda vigilaba su integridad. La hoguera de hoy reivindica la prohibición antigua y protesta por tanta iniquidad. Escuchad el lamento agudo de las chispas.

Entre los niños —siempre espectadores fieles— la fiesta popular preferida era san Antón, patrono de los animales, el 17 de enero. Esperaban ilusionados la llegada de sus padres, a lomos de borricas y caballos, o llevando perros, pájaros o gatos, todos adornados con cintas y correajes especiales para, en fila, dirigirse al plantío donde se detenían y por orden los ofrecían al santo, recitando alguna oración o dicho tradicional de este tipo: «Oh, glorioso san Antón / que estás en esa tronera / cuida de esta borriquilla / que es de Isidoro Cuesta». Terminado el acto, regresaban a casa confiando en la mano poderosa del santo. No olvidemos que estos animales eran considerados imprescindibles para el desarrollo de sus actividades, profesionales y familiares.

Cierro esta escena con una mención al Domingo Tortillero, muy arraigada en el pueblo. Se celebraba el domingo anterior al Domingo de Ramos y gozaba de prestigio entre niños y mayores, pues se unía a la idea de iniciación en las relaciones amistosas entre los niños y los jóvenes especialmente. Dejando a un lado las reuniones entre chicos y chicas, convertidas en ocasionales citas de diversión deseada, los niños, con la tortilla hecha por la madre, se juntaban en casa de uno de los amigos, quintos normalmente, para merendar y jugar a las cartas u otros juegos. Para la mayoría, esta fecha significaba libertad, el abandono por unas horas de las faldas familiares, autonomía en las relaciones, al amparo de la humilde tortilla de patatas y huevos, símbolo de la alimentación de la comarca y de la cercanía de la Semana Santa, vivida con rigor y religiosidad máxima. En las reuniones de los niños, los diferentes sexos no se juntaban, respetando la estricta moral de la época; no se invitaba al demonio, que siempre andaba vigilando por calles y casas.

ESCENA QUINCE

La religión desempeñaba un papel fundamental en la vida de niños y mayores, en la mayoría de las veces avisando de las graves consecuencias causadas por errores y malos comportamientos. No se gozaba con la práctica religiosa, sino más bien se sufría, se temía la mano justiciera de la divinidad. El niño, un ser libre por naturaleza, amigo de participar en todo, sin límites, pronto aprendía a distinguir comportamientos en materia religiosa: también en ellos, la libertad estaba vigilada. En los años cincuenta, alguien reprendía, castigaba, ponía frenos, te obligaba a sentirte culpable con frecuencia, y ese temido guardián provenía de la religión o de sus representantes. Ellos dominaban la existencia individual, la escuela, la familia, las fiestas, los juegos...; semejaba un reguero caudaloso al que debías saltar si pretendías seguir adelante.

Se había introducido tanto en la vida de los ciudadanos que desde el nacimiento sentías su mano poderosa, que deseaba guiarte hasta el final. En este tipo de sociedad, los niños constituían el objeto deseado por excelencia que el sacerdote, omnipresente, respetado, temido y escuchado, a quien el niño tenía que besar su mano si le encontraba por la calle cuantas veces fuera necesario, transformado en centro de autoridad máxima, guiaba desde su nacimiento, como si fuera su dueño. La religión vacunaba contra la maldad, contra los deseos reivindicativos, contra la ruptura de las normas establecidas. Prestaba a los ciudadanos un velo que cubría su rostro impidiéndoles ver en la lejanía.

Para mantener esta situación tan favorable, se celebraban actos litúrgicos constantemente, desde la catequesis, obligatoria desde los primeros años, pasando por la misa, donde los niños, en primera fila sufrían la vigilancia del propio sacerdote, y el rosario de todos los días. Indudablemente, los padres colaboraban, pero lo hacían sobre todo por miedo a las consecuencias, para evitar críticas y, tal vez, sanciones. Esto convertía a los pueblos en lugares propicios, idóneos, para la práctica religiosa y para el nacimiento de futuros servidores de la religión, de ahí que muchos niños y niñas fueran incitados a formar parte de alguna orden religiosa, en esta época relucientes, atractivas para las familias por su prestigio social y económico. Decían que los padres buscaban tener un hijo cura «para asegurar la vejez».

El plan preparado para cumplir con la religión comenzaba pronto, a los cuatro años, con la asistencia obligatoria a la catequesis antes del inicio del rosario, todos los días salvo el domingo. Hacia las siete de la tarde, en periodo escolar, el sacerdote titular de la parroquia hacía sonar un pequeño campanillo, de voz chillona, que servía para convocar a los niños y niñas del pueblo. Uno a uno íbamos ocupando dos bancos corridos de madera, situados en un local anexo al edificio de la iglesia. Era un local largo y estrecho, oscuro, edificado con adobe, bastante deteriorado, que se utilizaba para mostrar los primeros pasos en el tortuoso camino religioso. Ahí, según llegaban los niños, ocupaban los primeros puestos en los bancos, uno para niños, el izquierdo, y el otro para las niñas, el derecho. La colocación la marcaba la edad, que se respetaba escrupulosamente: siempre estaría delante el mayor, aunque hubiera acudido después, de tal manera que podías llegar el primero y acabar el último de tu fila, desplazado por niños de mayor edad, como acostumbraba a ocurrirnos a mi hermana y a mí, amonestados por nuestra madre nada más escuchar la llamada del campanillo, y favorecidos por la cercanía de nuestro domicilio, a unos pasos de la iglesia.

En el salón, el cura explicaba algún tema, con frecuencia tratado en la escuela o publicado en la prensa, ante los oídos atentos de aquellos niños, asustados y obedientes, sorprendidos por los personajes. Algún docente se ayudaba de un mechero de metal que dejaba caer sobre nuestra cabeza no de forma amistosa, o se mofaba de las respuestas con hirientes chistes. También servía para rendir cuentas del comportamiento en los actos litúrgicos anteriores. Concluida la catequesis, el tropel de niños asistía al rezo del santo rosario en la iglesia, junto a otras personas mayores.

Recuerdo algunas salidas atropelladas, temidas, en invierno, con escasa luz pública, de la mano de mi hermana, subiendo la cuesta de la Casa de la Villa, corriendo como locos por miedo al zureo de las lechuzas, escondidas en la trasera de la iglesia, amenazantes, con sus ojos brillantes, llenos de misterio, que únicamente la Virgen visitante de las casas, cuando descansaba en el barrio, conseguía acallar, según la opinión autorizada de Rosario, la vecina.

El protagonismo de los niños en los actos religiosos se acentuaba especialmente durante la Semana Santa y la Navidad, hasta convertirse en parte fundamental, quienes animaban cada cita. Ellos preparaban el nacimiento de Jesús colocando sus figuras en la iglesia o asistían a la recepción del aguinaldo en casa del cura, el día de Reyes, e igual ocurría en Carnavales, con las cencerradas después de las Tinieblas y con la colocación del grandioso Monumento, en Semana Santa. Recuerdo una anécdota significativa, protagonizada por un vecino de mis padres, autoridad en el pueblo, quien viéndome merendar —pan con miel— un viernes del ciclo cuaresmal, me reprendió diciéndome: «Los viernes ayunan hasta los pájaros». Avergonzado no supe qué responder. Entré en casa y me fijé en la higuera, frecuentada por los gorriones, pero, en ese momento ninguno picoteaba sus brotes e igual ocurría con el trigo de los comederos de las gallinas. «Será verdad», me dije, «he de confesarme».

Por si no fuera suficiente el adiestramiento continuado en la temática religiosa, acudían con relativa frecuencia algunos frailes en misiones, u otros originarios del pueblo, ejerciendo su misión lejos, especialmente admirados por los pobladores. El hecho de servir como monaguillo me ayudaba en el conocimiento y cercanía con estas nuevas personas, distintas, quienes a veces hablaban de manera diferente, empleando giros de significado desconocido, diminutivos cómicos, o una entonación más pausada, con descansos excesivamente marcados al hablar.

Uno de esos misioneros era el padre Marcos, nacido en la provincia de Valladolid, pero que ejercía en Venezuela desde hacía cinco años. Pertenecía a la Orden Franciscana y nos extrañaban sus tupidas barbas negras y las sandalias en sus pies, morados por el frío. Le gustaba hacerse acompañar en sus paseos por el pueblo, que aprovechaba para explicar conceptos religiosos, a los cuales, luego, debíamos corresponder. Si la respuesta fuera acertada, nos regalaba una bonita estampa de la Virgen o de san Francisco (todavía guardo una). Él nos habló por primera vez de la Peregrina de Sahagún, antiguo convento franciscano, al servicio de toda la comarca desde el siglo XIII al XIX. Nos describía el edificio, románico mudéjar, de ladrillo, con una bonita iglesia y una sillería de gran valor artístico, aunque no eran especialmente ricos, como ocurría con otros conventos de la zona; a ellos les interesaba la formación de los niños, por lo cual colaboraban con las parroquias y la atención a los peregrinos, presentes durante muchos siglos. De sus aulas salieron numerosos misioneros, quienes llevaron la palabra de Jesús por todo el mundo.

Otro fraile que mi memoria recuerda con especial cariño fue el padre Eloy, nacido en el pueblo, agustino y misionero en Estados Unidos. De él conservo un rosario de cuentas de madera negras que me regaló la tarde anterior a su marcha y alguna anécdota de su participación en los actos litúrgicos en el pueblo, en concreto del consumo de vino en las vinajeras de misa, las cuales él llenaba, al contrario que el párroco, quien apenas cubría un dedo del recipiente. Este gasto desmedido no lo aprobaba el sacerdote titular, acostumbrado a ahorrar también en vino.

Dicho misionero se hospedaba cerca de casa, en el domicilio de un hermano y gustaba de acompañar a los vecinos en sus conversaciones de final de jornada. Contaba sus experiencias con las gentes muy distintas, en un país enorme, con multitud de razas y desigualdades. «Allí la religión no está asentada como aquí, por eso, además de las explicaciones en las misas, hay que ir a buscarlos a sus casas, conocer sus problemas, ayudarlos, darles confianza si quieres que, finalmente, te acepten», decía convencido el padre Eloy. Alguien le preguntó:

—¿Te acuerdas del pueblo, de la familia, de la gente desde tan lejos?

—Mucho —respondió—. No hay día que no añore volver. Respiro vuestro aire y estoy hecho de la misma tierra, y por ello siento constantemente su llamada. Sin embargo, mi vocación me pide seguir allí y me castiga a vivir en el pueblo desde lejos, pero con el mismo amor que vosotros. No lo olvidéis: los ojos son los mejores fotógrafos.

Jamás olvidaré una historia que contaba antes de los actos litúrgicos: a finales de los años cuarenta, el párroco decidió arreglar la iglesia; cambiar el piso, pintar, reparar las ventanas, etcétera. Al levantar las baldosas, comprobaron que allí se hallaban multitud de sepulturas, perfectamente organizadas, pertenecientes al antiguo cementerio de la población. «Mirad, niños», decía el misionero, «este pueblo posee un don especial, pues permite asistir a cada acto litúrgico a los pobladores vivos y a los muertos. Yo mismo, el día de Todos los Santos, en el rezo de unas preces, he escuchado respuestas provenientes de abajo».

Sin saberlo, estaba visitando el pueblo por última vez. Muchas de sus palabras todavía escarban con fuerza en mi corazón.

ESCENA DIECISÉIS

En los dominios del pueblo —bastante amplios— abundaban los valles, las fuentes, los regueros, los plantíos y alamedas, los montes y dehesas, con predominio del chopo, la encina, la palera y el negrillo, árbol de madera dura, muy empleado en las construcciones y en la alimentación de algunos animales, especialmente su hoja. Señalaban caminos y sendas, y también las huertas o cercados, siempre cercanos al poblado. No predominaban las plantaciones privadas, pero sí había algunas, tapiadas, en la mayoría de los casos heredadas de periodos anteriores. Esta naturaleza, no excesivamente bella ni variada, rodeaba la vida de estas gentes, quienes mantenían un sentimiento de amor y de odio hacia ella: por un lado la culpaban de sus necesidades y por otro les enorgullecía su presencia. Un ejemplo lo protagonizaba cada año el «mayo», plantado en la plaza en el mes del mismo nombre. Pues bien, en dicho mes o en la celebración de un acto especial —cantamisas—, los hombres del pueblo buscaban el chopo más hermoso, alto y recto, («El novio admirado del valle, el que primero sonríe al sol y más tarde despide a la luna», decían) para plantarlo de nuevo en la plaza, una vez cortado del valle, con un claro valor simbólico. Para lograrlo, se recuperaba el plan de las generaciones anteriores, cuyos dirigentes —vecinos maduros— colocaban a los demás alrededor del chopo, y con unas cuerdas atadas al tronco del árbol conseguían sujetarlo, con el propósito de que no cayera violentamente, rompiéndose sobre todo en su terminación (la «picuruta»), con lo cual se afearía su aspecto y no serviría para la ocasión. Pocas veces fallaba, por lo que habitualmente lograban cumplir el plan previsto, arrastrándolo luego con la ayuda de animales hasta la plaza, entre el caño y el ayuntamiento, donde era plantado en un pozo excavado con la colaboración de cuñas de madera para que quedara bien sujeto, evitando probables amenazas del viento o de la lluvia. Durante todo el mes de mayo —triunfo de la naturaleza y de la vida— el «mayo» guiaba los destinos de la población. En su origen, era una fiesta pagana después aprovechada por la Iglesia como prueban distintos cantos tradicionales. Se consideraba un canto a la exuberancia de la naturaleza, a su colorido y a la ligazón del hombre con ella.

En todo el proceso de ida hasta el valle y de vuelta con el «mayo» a la plaza participaban activamente los niños, imprescindibles en cualquier actividad colectiva de carácter popular. Contemplaban extasiados la actuación de los mayores y observaban sus viejas mañas que ellos, algún día, debían emplear. Durante el mes de mayo, ahí, junto al «mayo», se centraban todos los juegos, hasta el 1 de junio cuando se derribaba y se dejaba en la plaza durante unos días, periodo que aprovechaban los niños para cortar su corteza, chuparla y sentarse sobre él, el gigante derribado, ahora a sus pies. Sendo, un escultor aficionado, conseguía hermosas figuras con la corteza, sirviéndose de su navaja. Alguna de las cuales aún guardo en casa y cada vez que mis ojos chocan con ellas no puedo por menos que sonreír ante el torrente de imágenes que acuden a mi cerebro.

Todavía con pocos años dormía en una habitación del primer piso, cuya ventana miraba para la plaza. A través de ella veía el caño y los pilones para abrevar a los animales, y el «mayo» en su tiempo. En verano, abría la ventana y observaba los movimientos de la luna, caprichosa, grácil, de un lado a otro. A veces, se introducía en los pilones y se lavaba la cara o se peinaba; el polvo, los días ventosos, manchaba su vestido y ensuciaba su rostro, que ella cuidaba con esmero, especialmente en luna llena. Una vez se detuvo en el «mayo» y me guiñó un ojo. Yo le sonreí orgulloso.

ESCENA DIECISIETE

En la sociedad rural, muy limitada en la década de los cincuenta, las salidas del pueblo escaseaban pues únicamente se producían por razones especiales: una enfermedad (con dos años caí por una escalera rompiéndome la muñeca izquierda, que me escayolaron en León, mi primera visita a la ciudad), la compra de ropa, la asistencia a una boda... El resto de las actividades se realizaban en el propio pueblo, al cual acudían profesionales especialistas en multitud de trabajos: afiladores, hojalateros, trilleros, comediantes, etcétera, siendo los niños quienes se encargaban de divulgar su presencia pregonando por las calles su venida y el lugar donde se encontraban por el módico precio de una peseta, a veces acompañada de un silbato, como acostumbraba a regalar el hojalatero. En las representaciones de los comediantes, había sesiones para todos los públicos, cómicas, en las que los niños colaboraban a petición de los actores, y otras reservadas a mayores. Del numeroso grupo de profesionales, asiduos visitantes, recuerdo con simpatía a Duarte, un afilador gallego que cada junio se hospedaba en casa de la señora Inés con la misión de poner a punto las cuchillas de las máquinas de segar y otros objetos domésticos. Afilaba en la calle, donde situaba su aparejo de pedal y pesadas piedras redondas. Mientras ejecutaba los encargos, gustaba de hablar de su tierra, en la provincia de Orense —tierra de la chispa— insistiendo en los días de lluvia y niebla y en la abundante vegetación que propiciaba la excesiva presencia de montes y arbolado. Allí viven manadas de caballos en plena libertad y familias de meigas bajo chozas móviles. «Yo no he visto a estas señoras de pelos largos y amplios vestidos, pero sí las hay como dice el dicho», comentaba con gracia el afilador. «Suelen aparecer los días de fiesta y en los funerales, aunque no participan de los actos colectivos. Cumplen sus horarios y realizan sus prácticas, escondidas, por temor a ser detenidas, apedreadas o ajusticiadas, como ha ocurrido con frecuencia a lo largo de la historia. Estas mujeres heredan un don que a su muerte traspasan a sus hijas, nunca a los hijos. En los días de niebla y lluvia se sienten seguras y salen de sus escondites para cantar o fabricar sus productos de conjuro», se extendía con placer el hombre ante el numeroso público. «Si alguna vez viajan a Galicia, háganlo de día, nunca de noche, no solo porque la oscuridad esconde la exuberancia y belleza de su paisaje, sino porque les pueden asaltar estas mujeres, que acostumbran a ser aguerridas con los forasteros, a quienes ahuyentan al no formar parte de la cultura gallega». Así concluyó su plática aquella mañana, que debía afilar las cuchillas de la máquina de mi padre.

Gracias a los amenos comentarios de Duarte, he leído a escritores gallegos, enamorados de su tierra y de su naturaleza y tradiciones, como Fernández Flórez, Álvaro Junqueiro o Valle-Inclán, y he visitado numerosas veces esa tierra, no tan hermosa ya por los constantes incendios. No me he encontrado con ninguna meiga, aunque de noche mis ojos me han alertado de fenómenos extraños en la carretera. Hoy las meigas están en las playas o se disfrazan de peregrinos como parecen defender los medios de comunicación más atrevidos.

***

Concluyo estas escenas, que pudieran ser más, con la certeza de que los niños en la sociedad rural, sienten un placer especial imitando a los mayores, probando sus fuerzas, ejecutando acciones ajenas a su edad, y lo hacen por admiración, adelantándose a un futuro cierto, por eso montar a caballo, conducir un carro de mulas, manipular la máquina de segar desde el asiento, arar o pujar por un cesto de uvas hincha su pecho de gozo y su espíritu vuela, de una actividad a otra, como un personaje divino. Indudablemente, de niño aprendemos a ser felices, porque no nace un niño cuya infancia no transmita felicidad, fortaleza, seguridad en sí mismo. El sentimiento de compañía aparece en la infancia ligado al placer del juego. Los niños contemplan el mundo con los ojos abiertos gracias a que la atención que han recibido trasporta amor y cuidados.

He narrado mi infancia —más o menos—, tal vez abusando de vuestra paciencia lectora, pero lo he hecho conscientemente, para que entendáis mejor mi vida, la cual se resume con estas palabras: «Todos regresamos a la infancia, buscando la felicidad perdida», porque los adultos hemos sido expulsados de ella, pero sigue permaneciendo en algún lugar en forma de experiencia sin palabras. Y añado: «Tus ojos se llenan de un paisaje único, distinto, que te sirve para comparar y rechazar otros; tus pulmones exigen el mismo aire para respirar; tu cuerpo, alimentado con determinados alimentos, se niega a sustituirlos por otros. No olvides nunca que es la tierra quien te ha hecho, y se nutre de esos ingredientes».

Estas palabras se las escuché una vez a Julio, un periodista maduro, palentino de origen, al concluir una conferencia en torno a la llamada Escuela Leonesa, que el conferenciante difundía en un salón de actos de la Casa de León en Madrid. No las eché en saco roto, sino que con frecuencia las utilizo en mis réplicas, aportando ejemplos ligados a mi persona. Insistentemente me digo que mi vida ha sido un regreso continuado a la infancia, un querer recuperar lo perdido de esa etapa. Vives lejos, te relacionas con gentes de otros países, conoces distintas culturas, pero, al final, vuelves a lo tuyo, al agua que sació tu sed cuando crecías en aquel pueblo seco, rodeado de robles y encinas, de extensas parcelas sembradas de trigo y centeno, cuya harina constituía la base del pan blanco o moreno, en el cual tu madre te esparcía la miel.

«He de escribir una novela», me dije, «una novela de amor a una tierra en la que transcurrió mi infancia, el periodo que con insistencia me exige explicaciones». A veces, cuando he pasado temporadas lejos, motivadas por mi trabajo, casi siempre me he sentido un huérfano, a quien han robado a sus padres. Sin embargo, cuento con la ayuda de los recuerdos, imborrables, y de la imaginación, que posee la capacidad de trasladarte allí donde quieras: a una fiesta, a un funeral, a la procesión del Viernes Santo cuyo recorrido alumbran las hogueras... La infancia posee un atractivo especial: engrandece la libertad, alimenta la inocencia, sacia la alegría, la satisfacción. No esconde el dolor, algunos preceptos incomprensibles, castigos y privaciones; pero sabe orillarlos, convertirlos en algo insustancial, como si no hubieran existido. En una palabra, la infancia exalta el presente, carece de pasado y no piensa en el futuro.

Hasta aquí os he contado mi primera infancia, hasta los once años. En las páginas siguientes, os narraré la segunda, su conclusión, y los continuados intentos de recuperación habidos a lo largo de mi vida, siempre en alerta ante nuevos aconteceres. Ahora que soy mayor puedo hacerlo porque mi visión de los hechos llega lejos. Espero no defraudar, incluso, tal vez, alguien se identifique conmigo y se convierta en un niño viejo, como yo. La infancia tiene un espejo enorme en el cual se miran muchas acciones, también tú. No lo rompas, ni siquiera lo rayes.

Han sido los poetas quienes mejor han escrito de la infancia, quizás porque ellos buscan la felicidad de lo bello, que existe con mayor intensidad durante esa etapa vital. Lorca, Cernuda, Francisco Brines, Leopoldo Panero se han acordado de su niñez a la hora de concebir sus libros, ahí han encontrado la fuente de aguas cristalinas donde necesitaban beber para saciar su sed creativa. Contemplan ese periodo como si fuera el paraíso terrenal, que cada uno sitúa en un lugar concreto, allí donde se ha desarrollado, al cual ni el desgaste del tiempo ni la necesaria madurez de la persona logran olvidar. En la conclusión de la niñez sufrimos la expulsión de ese paraíso, sin embargo, la esencia, lo fundamental perdura hasta el final de la vida. Ese lugar exacto, localizable en los mapas, lo recordamos desde la lejanía y a él regresamos constantemente. En la cultura árabe era habitual que cuando alguien abandonaba su país de nacimiento para emigrar a otro lugar escribiera en distintas partes de su cuerpo, sobre todo en los brazos, la palabra griega «nostos» (regreso), con la finalidad de que fueran reconocidos a su vuelta, a pesar del deterioro causado por el paso del tiempo.

Durante nuestra niñez nos sentimos inmortales, razón por la que la añoramos tanto. El resto de la existencia humana arrastra con ella una segura degradación y la pérdida de la felicidad infantil donde se apoya la vida del niño. Recuperar la satisfacción de cada instante de la infancia explica los deseos del regreso. Recuerdo el caso de Reme, una anciana en una residencia, siempre con una muñeca en su regazo: «Mi primer juguete, con un vestido nuevo», afirmaba a quienes se acercaban a su silla de ruedas. Viene a ser lo que Freud denominó «el eterno retorno», basado en las teorías filosóficas de Nietzsche.

Son muchos los que se refieren a la infancia como un jardín en el cual crecen multitud de árboles y flores, todas olorosas, cuyo perfume no se acaba nunca, por lo que vayas donde vayas siempre te acompaña, únicamente tienes que detenerte y oler tu ropa o tu cuerpo, seguro que lo reconocerás con facilidad, porque es intenso, único, incomparable a cualquier otro perfume. «¡Qué bien huele!», dirás, y ahí querrás permanecer, repleto, feliz, como en un sueño infinito. «¿La infancia? Alguna vez habrás visto un campo nevado: inocencia, pureza... que pronto un bostezo del viento, el pico de un pájaro, el pie del hombre —la vida— mancharán, convirtiéndolo en algo desigual, feo, sucio; pero que siempre lo recordarás como refugio de la hermosura, donde te gustaría quedarte», le oí a don Arturo, un hombre de más de noventa años.

Como os anuncié en las páginas precedentes, durante la infancia, nuestro cerebro graba una extensa película, con muchas escenas y multitud de fotogramas que a lo largo de la vida visionamos constantemente. Algunas escenas, con el tiempo, se borrarán, pero otras las volverás a ver una y otra vez, hasta rayarlas y convertirlas en imágenes apenas perceptibles. Estas escenas son las que os he enumerado, sin orden, ni temático ni temporal; solo he tenido en cuenta que se ven todavía, aunque para visionarlas precise de unas condiciones favorables (una habitación y una sábana blanca). En las páginas siguientes, comprobaréis hasta qué punto persisten en mi cerebro, cómo han tirado de mi existencia, cuántas veces he recurrido a ellas a lo largo de mi vida, porque como afirma Ana María Matute: «La infancia es más larga que la vida». Espero no aburrir ni incitarte a bostezar, como sucede con los pesados libros que se te caen de las manos.

Segunda parte

ALUMNO INTERNO EN UN COLEGIO RELIGIOSO Y UNIVERSITARIO EN MADRID

Pasé once años ininterrumpidos en el pueblo (salvo para hacerme una fotografía en León vestido de primera comunión) y fui feliz, niño afortunado, a pesar de desplazarme en bicicleta, dando pedales bajo la barra, para ir a coger «pajas», idóneas para chamuscar el «gocho»; de convivir con el frío durante muchos meses, incluso en la cama, paralizado por mantas de hierro que no te permitían mover y de vestir pantalón corto, porque los largos no estaban bien vistos; de asistir a múltiples actos cruentos con los animales; a pesar de la escasez de juguetes, de la monotonía de la comida, siempre la misma, que la madre, con manos tiernas, aderezaba con algunos postres de azúcar; del acoso del barro, del polvo, del agua de lagunas y charcas; de la esclavitud de moscas y mosquitos por la proximidad de los animales domésticos; a pesar de otras muchas dependencias que no lograrían romper el cristal limpio de la niñez, por el cual veíamos el mundo de colores atrayentes. La infancia nos domina, somos sus hijos, y a ella volvemos como si fuera nuestra madre. Sin embargo, en mi caso, sufrió un corte brusco, aunque resistieron sus poderosas vigas.

En la primavera de 1960, mi infancia fue sacudida por una tormenta inesperada: «El cura me ha pedido que hagas el examen de ingreso para ir al seminario. Él se compromete a ayudarte en la preparación de los exámenes», me dijo mi padre. No se me había pasado por la cabeza. Aunque sí existía un ambiente favorable en el pueblo, pues niños de mi edad o algo mayores ya se habían comprometido con algunas órdenes religiosas. ¿Por qué a mí me ofrecían ir al seminario? Nadie me lo ha contestado aún. Pudiera ser que la cercanía de la casa familiar con la rectoral facilitara el tema; o la amistad de mis padres con el sacerdote; o el hecho de que hubiera ya otro chico del pueblo en el seminario. Lo desconozco. Probablemente ayudaran todas. Pero me sorprendió, y más cuando el coste de la estancia con los curas resultaba más oneroso que si lo hiciera con los frailes.

Es de justicia aclarar que fueron las órdenes religiosas de todo tipo, masculinas fundamentalmente, quienes sacaron a muchos jóvenes de la miseria y de la incultura. Por muy poco dinero, conseguías cursar el bachillerato y ver el futuro con mayor claridad sin tener que emigrar a las comarcas industriales con una mano sobre la otra. Dudo que todavía hoy la sociedad reconozca este esfuerzo a estos hombres, a los cuales, a menudo, ni escuchan, solo critican sin considerar los tiempos especialmente rígidos de la España de la época. Es verdad que sus métodos hoy nos parecen arcaicos, alejados de los principios educativos básicos, de la psicología juvenil más elemental, pero ellos tampoco eran conscientes de sus errores, porque vivían encerrados en una cápsula infranqueable, en la cual la Iglesia no debía rendir cuentas con nadie, sabedora de que sus métodos sobresalían sobre los demás. La soberbia de quien se sabe dominador, sin necesidad de escuchar a otros, te convierte en un ser egocéntrico. Jamás he renegado de la educación recibida, es más, con frecuencia la he entendido y disculpado cuando alguien se acercaba con el propósito de criticarla con dureza, olvidando el contexto en el que se utilizó. Errores, muchos; descalificación, ninguna. Si tuviera que escoger qué aspectos negativos influyeron más en mi formación, destacaría: la competencia, mal entendida, entre compañeros, especialmente en los primeros cursos, fomentada por el propio sistema educativo, y las críticas hirientes a la difícil labor de los educadores, quienes parecían cercanos a los policías en la búsqueda de posibles delincuentes más que superiores en disposición de ayuda. De la primera participaba la colocación por puestos en varias clases, que te disponía a buscar el fallo del compañero para conseguir mejor lugar; la selección para participar en acontecimientos públicos, como procesiones o veladas; y la asignación de algunas tareas en las clases o estudios. Todas, unidas, convertían a los alumnos en competidores, que luchaban por ser favorecidos en la lucha diaria. La diferencia de edad traía como primeras consecuencias estaturas y cuerpos diferentes, física e intelectualmente, lo cual se apreciaba claramente en los primeros cursos. Esta desigualdad propiciaba frecuentes humillaciones, diálogos despectivos, rechazos, y también algún complejo de inferioridad y temor. El segundo aspecto se heredaba de los cursos superiores. Una buena conducta y actitud resultaban fundamentales, por lo que se buscaba por todos los medios no ser sorprendido en falta o error culpable, que bajara la nota del trimestre. Esta situación dividía la estancia colegial en dos grupos: quienes vigilaban el comportamiento general de las normas y quienes, por su edad, deseaban saltárselas cometiendo pequeños fallos. La relación entre los dos grupos, a veces enfrentados, fomentaba un ambiente de desconfianza, de lucha por imponerse. En las conversaciones diarias la palabra «fiche» aparecía una y otra vez para referirse a los apuntes por parte de los superiores de los fallos de los alumnos. Esta sensación de vigilancia constante, junto a algunos castigos físicos, convertían la convivencia en causa de recelo y desconfianza, que, sin duda, alteraba la idónea relación entre alumnos y superiores. Para amortiguar lo escrito anteriormente, añadiré un aspecto especialmente positivo en mi visión de la vida: formé parte de un curso con aires renovadores, que no temía enfrentarse a situaciones dramáticas, como expulsiones colectivas o el enfrentamiento habido con un profesor que nos obligaba a traducir, todos los días, cien versos de la Eneida, sin tener en cuenta las demás asignaturas. El quinto curso resultó especialmente duro, pues la negativa se inició antes de Navidad y trajo como primera consecuencia la expulsión de un compañero de mayor edad, el cual se atrevió a exponer las razones de nuestra actitud. A pesar de varios intentos de mediación, la relación no mejoró en todo el curso (el profesor rechazó una colección de libros de arte, que después sorteamos, siendo yo uno de los afortunados), y el suspenso, en junio, fue la nota predominante. Esta pequeña huelga en un centro religioso, parecía impensable. ¿Cómo un grupo de alumnos se atrevía a cuestionar los métodos educativos de un profesor? Para aquellos alumnos y profesores resultaba imposible de aceptar y por ello nos marcó a nivel grupal e individual. Nuestro curso pasó a ser temido en el devenir posterior, analizado con desconfianza por superiores y profesores futuros; sin embargo, aquellos adolescentes que sufrieron la incomprensión de un profesor inamovible, alejado de la didáctica más elemental, superaron con éxito la afrenta y comenzaron a saborear la dulzura de las reivindicaciones justas. En verdad, la vida en un centro religioso tiene mucho de novela picaresca, nutrida de múltiples personajes con características dispares.

Pasé varios meses preocupado ante lo desconocido, estudiando, escribiendo dictados, hasta mediados de junio, mes en el cual me desplacé al Seminario Menor, en la carretera de Asturias, para realizar el examen de ingreso. El miedo, los nervios, la falta de confianza respondieron por mí, según recuerdo; sin embargo, a los pocos días llegó una carta con mi aceptación como alumno y con las condiciones exigidas para ingresar el día 29 de septiembre. Tuve a mi madre y a parte de mi familia preparando mi equipaje, propio y de la cama, durante el verano. Marcaban mi ropa con las iniciales del nombre y apellidos, y además debía preparar un colchón de lana, con las mantas y sábanas correspondientes. Todo ello sin disponer de medio de transporte para llevarlo a su destino, porque debíamos servirnos del tren y del autobús de Genaro, el cual realizaba los viajes desde la plaza de la catedral hasta el Seminario Menor. Si lo analizamos con ojos actuales, parecía una costosa aventura familiar.

Pasado el verano, con el desasosiego acostumbrado, en esta ocasión más acentuado, llegó septiembre, el mes señalado para la partida, momento decisivo en mi vida como iréis comprobando. Entre maletas, bolsos, el colchón, nos faltaban manos para transportar tanto bulto, primero al tren y después hasta el autobús de Genaro. Los colchones irían en la baca, sujetos por cuerdas laterales, semejantes a las migraciones desde los pueblos a la ciudad, habituales a comienzos de los años sesenta. Ya avanzada la tarde, quedé solo en aquel edificio enorme, ocupando una de las camas de un dormitorio largo, con dos filas de niños a los lados, próximos a la ventana, vigilados todos por las dos poderosas torres de la entrada. Para mí, que apenas había salido del pueblo, y por supuesto nunca solo, verme allí, sin conocer a nadie, intentando vencer mi timidez, sin saber a dónde dirigirme, me resultó paralizante. Acudió en mi ayuda la lista de alumnos: el siguiente niño había nacido en un pueblo cercano al mío, bastante conocido por las fiestas, a las que íbamos por tradición, y con él venían otros tres, por lo cual la repetición de los mismos puestos en todas las actividades solucionó mi problema, porque me uní a ellos, quienes me acogieron con comprensión y con cierta ternura, al ser todos algo mayores en edad y bastante más curtidos en las costumbres de un centro religioso. No obstante, los primeros días fueron duros, desafiantes en grado sumo. Alguna vez me arrepentí de haber dado mi consentimiento y haber preferido el riesgo de lo desconocido a la tranquilidad de lo tan sabido. Quizás los deseos de mejora o lo iniciado por otros chicos de mi edad me arrastraron a comenzar una aventura cuyo final estaba tan lejano.

El primer desafío sobrevino con rapidez: debía estar una semana sin hablar, salvo una hora después de comer, para introducir en mi mente algunas reflexiones mediante unos ejercicios espirituales programados. El esquema se repetía día tras día, sumando charlas, actos litúrgicos y paseos de recogimiento y meditación a través de unos pasillos largos y estrechos, en los que podías mirar al compañero, pero no sonreír ni chocar. Todo un aceptable ejercicio de la mejor pedagogía puesto en práctica con niños de once años, pensaréis, y no os equivocáis porque me di cuenta de que estaba solo, lejos de la sombra alargada de mi familia, y de que debía espabilar, como Lázaro, si quería mantenerme. El segundo desafío llegó unos días después: una gripe primeriza me obligó a guardar cama, con fiebre. Por primera vez sufrí las consecuencias de la soledad en aquel dormitorio corrido, en el cual se sucedían las camas, pero al que no venía nadie, salvo al final de la jornada, cerca de las diez de la noche. Únicamente D. Lesmes, el cura enfermero, de aspecto extraño, hosco en el trato, que se sentaba en mi cama y me hablaba sin descanso, hasta que, por fin, me introducía un supositorio salvador. Sin conocer mi enfermedad, se presentó mi padre para visitarme. Era sábado, el día señalado para visitar a los internos por los familiares. Al no acudir a recibirle, un superior le llevó hasta el dormitorio:

—¿Qué te pasa? —me dijo intranquilo.

—He tenido fiebre algunos días. La gripe, según me comunicó el enfermero.

—Venga, vamos para casa.

—No, ya estoy bien. Probablemente me levante mañana, domingo. Además me acaban de traer los libros. Mira qué bonitos son. Para cada asignatura tenemos uno distinto; aquí no usan enciclopedias.

Marchó más tranquilo, aunque no las tenía todas consigo. Desconfiaba de la atención médica.

—Cuando te levantes, escribes a casa. El mismo día, no te olvides.

—Sí, ya sabes que lo haré. Marcha para casa tranquilo y dile a mi madre y hermanos que me acuerdo mucho de ellos. Supongo que me guardarán algo de miel; aquí dicen que es buena para la garganta y la memoria.

A la hora de la comida, el chico encargado de repartirla me dijo:

—Me parece que mañana te dan el alta. Tendrás ganas, ¿no? Aquí las horas se eternizan. Bueno, algo has aprendido muy importante: a defenderte de la soledad, una mala compañera casi siempre.

Es verdad, de nuevo la soledad envolviéndome. En este lugar debe de vivir de forma permanente, pensaba mientras me servía los platos.

—También viene D. Lesmes y las chicas de la limpieza, que gritan y ríen al mismo tiempo, y alguna vez se oyen los coches de la carretera —contesté.

—Con poco te conformas —me replicó—. Mañana te quiero ver en misa. Los domingos, a veces, sirven chocolate en el desayuno.

—Hasta mañana. No te defraudaré.

Hoy, contemplando la abundante biblioteca que he logrado formar, recuerdo con una sonrisa la anécdota de los primeros libros, gracias a los cuales no abandoné los estudios, sino todo lo contrario inicié un proceso de relación amorosa que he mantenido hasta ahora, cuando ya apenas compro nuevos ejemplares porque carezco de espacio en casa. Pronto hallé la disculpa perfecta para adquirir libros, primero en la Judía, en la calle La Paloma, un cuchitril de mala muerte regentado por una mujer rubia, con muy malas pulgas que vendía, baratos, libros de segunda mano. Allí compré mi primer libro de literatura, que aún conservo: *El Lazarillo de Tormes*, en una edición de Austral y un diccionario de latín. No olvido la «recadería», un lugar donde se vendía de todo, especialmente material escolar, regido por un tal Merino, y en la cual Tiburcio y Cogollo, héroes del comic, de Trapiello, llevaban la voz cantante.

César Trapiello, el bondadoso profesor de dibujo, era el autor de la colección de Tiburcio y Cogollo, de cuyas hazañas todos los colegiales participábamos. Siendo periodista en el *Diario de León*, encontré varios artículos de D. César, además de profundas poesías de temática religiosa. Trapiello, perteneciente a una numerosa familia de artistas y escritores, estaba muy ligado a la figura de la Virgen y de sus múltiples apariciones en las ermitas dedicadas a ella. Con gran fervor y ternura, el cura narraba cada una de estas apariciones, que posteriormente el pueblo cristiano recordaba en fiestas y novenarios. Intrigado por estos textos, me dirigí a un sobrino, pintor famoso, de tendencia realista, a quien conocía personalmente por sus exposiciones en la ciudad, para preguntarle por su tío. A él debo las siguientes revelaciones: «Poco a poco, tal vez sin darse cuenta, D. César inició un proceso resbaladizo en torno a la figura de la Virgen María, que él veía con frecuencia en distintos lugares; bastaba un simple resplandor, una luz en la lejanía para que su mente reprodujera a la "Señora", como él la nombraba. En uno de sus viajes, encontró una ermita abandonada, en medio de un descampado, perteneciente a un pequeño pueblo burgalés. Contrató unos albañiles, restauró el tejado, colocó puertas y ventanas nuevas y mandó tallar una imagen de la Virgen de los Remedios según un boceto ideado por él. Finalizada la obra, organizaba excursiones desde León para rezar en la ermita y pedir a la "Señora" su ayuda para solucionar los problemas de cada devoto. La fama de las curaciones, la enumeración de los milagros, que el cura relata en sermones y escritos, impulsaron las excursiones, cada año más frecuentes y concurridas, hasta que el obispo intervino prohibiéndolas porque temía una vulgarización de la devoción a la Virgen. Mi tío no entendió la prohibición y su cerebro se fue debilitando paulatinamente hasta conducirle a la muerte, eso sí, con el rosario en la mano, como aseguraba mi madre, una de las creyentes más fieles y asidua colaboradora del bueno de D. César».

Ese amor primerizo a los libros me incitó a conocer y saborear el olor tan atrayente de las bibliotecas, en las que he pasado muchas horas, sobre todo en invierno. En el colegio conocí dos: una reducida, con escasez de libros, y otra enorme, espaciosa, pasillos y pasillos repletos de estanterías y mesas de estudio. En la primera, aprendí a perseguir aventureros, héroes, militares henchidos de valor, piratas, grandes marinos... en una colección de novelas cuyo nombre, el Roble, permanece grabado en mi memoria con letras de oro. Aquí saludé a Emilio Salgari, a Julio Verne, a Andersen, a los hermanos Grimm y a otros destacados escritores, capaces de impulsar la imaginación de un chico por lugares extraños y desconocidos, y varios números de la revista *Selecciones del Readers Digest*, en los que, además de artículos, aparecían algunas páginas dedicadas a recoger noticias, deportivas sobre todo, mi primer contacto con el periodismo deportivo escrito. En la segunda, una extraordinaria biblioteca nutrida de libros de todas las especialidades, leía en horas libres y recreos colecciones de arte y de naturaleza. Me atraían las láminas de cuadros de pintura italiana, flamenca y española, las vírgenes de Rafael, de Murillo, los borrachos y niños de Velázquez, los desnudos de Goya, de Botticelli, anunciados por la mano represora de algún lector anterior con el aviso de «no mirar», que incitaba a desplegar la cubierta y a detenerte más en la contemplación de los bellos cuerpos femeninos. En los libros de naturaleza me fijaba especialmente en la vida de los animales africanos y asiáticos, temidos por su agresividad, que excelentes y grandes fotografías divulgaban. Solo hace unos días que he visitado por última vez esta biblioteca con la pretensión de investigar sobre una publicación de los años cincuenta de D. Antonio G. de Lama. Apenas ha cambiado: mantiene el mismo olor, a sabiduría de la buena, que otros jóvenes recibían ensimismados.

Enseguida me introduje en la dinámica del colegio, regida por una campana chillona colgada en una de las paredes del patio. Clases, estudios vigilados y recreos se sucedían sin cesar día tras día. Me costó igualar el nivel de mis compañeros, la mayoría algo mayores, originarios de lugares donde preparaban el ingreso durante un año, curso que yo no había realizado, alumno de una escuela unitaria con muchas carencias. Esta dificultad curtió mi carácter y me obligó a dedicarme al estudio con ahínco y amor propio, lo cual ha sido esencial en mi vida estudiantil. No obstante, jamás conseguí entender la costumbre de organizar la clase por puestos, que se lograban compitiendo entre los alumnos, usando todos los trucos; ni la lejanía de algunos profesores, faltos de preparación, más preocupados de los castigos que de la explicación adecuada para la comprensión imprescindible.

Todo se olvidaba en los recreos, especialmente en los más duraderos en el tiempo, durante los cuales jugábamos al fútbol en la explanada, con varios balones, que se cruzaban entre sí facilitando los choques continuos, las heridas en rodillas y piernas y algún sangrado de nariz. No importaba, esas leves lesiones no dolían, por eso al día siguiente se repetían los mismos partidos, con los mismos jugadores, corriendo detrás del balón de goma que alguien tenía.

Poco a poco me fui dando cuenta de que la infancia se me escapaba entre los dedos, como el agua de la fuente de la Copona, aunque yo dificultara su huida, simulando un recipiente con mis manos. La soledad del dormitorio o de las largas horas de capilla, la ausencia de los padres en el ordenamiento de la vida diaria (cada semana me faltaba un pañuelo en la lavandería, que mi madre había bordado con cariño), los horarios tan estrictos, el frío sacudiendo los dedos de mis manos y mis piernas, todavía en pantalón corto, la competencia egoísta entre los compañeros, las migas de pan que estudiantes mayores tiraban a tu paso acompañadas de la palabra «pipi», alguna lágrima escondida detrás de la puerta en los baños... En estas condiciones resultaba complicado seguir siendo un niño, aunque únicamente tuvieras once años. Existen fuerzas superiores, a pesar de que te resistas a aceptarlo y a la mínima oportunidad regresaras al pueblo, donde nadie entorpecía el desarrollo infantil. Un día viste un reportaje de los niños de la guerra: esqueléticos muchachos, encorvados por el peso de un fusil sobre su espalda, y aquella tarde no pudiste estudiar.

Las vacaciones de Navidad rompieron esta rutina, recuperando la vida en el pueblo y la infancia, de la cual todavía me sentía miembro. Volvieron los juegos acostumbrados, las fiestas acompañadas del turrón duro, imposible de romper si no se hacía con un martillo, los piñones, las cajas de dulce con una culebra amasada en las confiterías de Sahagún, el aguinaldo del cura, en Reyes, y el regreso lloroso, pues abandonabas la felicidad por la incertidumbre; la familia, el pueblo, por la soledad, por los lugares inciertos, aunque ya tuvieras amigos y conocieras el panorama colegial. Indudablemente, para un niño de once años el cambio no traía ninguna ganancia.

El resto del curso, más extenso y difícil, transcurrió con los obstáculos consabidos de la estancia en un colegio, organizado con criterios disciplinarios y en el que los castigos, incluidos los físicos, eran frecuentes, a pesar de mi buen comportamiento habitual. Pero como todo pasa, acudió junio, y en los primeros días nos fuimos de vacaciones: casi cuatro meses a nuestra disposición para olvidar y para recuperar lo perdido. Lo primero que hice fue coger la bicicleta y darme un paseo por el pueblo: nada había cambiado significativamente, por lo que no me resultaría complicado introducirme de nuevo en los juegos y costumbres, dejados a un lado durante un periodo, pero no olvidados, del mismo modo que la ayuda a mis padres en las tareas estacionales del campo o en el cuidado de los animales, apacentarlos sobre todo.

Recuperada la infancia plenamente, me olvidé en pocas fechas de los consejos recibidos en el colegio y comencé a participar, como anteriormente, de las iniciativas dispuestas en el pueblo: regresaron los deportes, las fiestas en los pueblos cercanos, los comentarios con niños de otros lugares... hasta la llegada de san Roque, la fiesta más deseada por todos, fundamentalmente por los niños, en la cual podías participar en muchos actos, incluso trasnochar. En ella el baile gozaba de preferencia, pues vecinos de cualquier edad participaban, incluidos los niños, a su manera, como hacía yo con una niña de mi edad, de quien todavía recuerdo su nombre. Para nosotros, niños inocentes, el baile era un juego más, probablemente incitado por ese afán de imitación natural hacia los mayores o porque, en esa fecha, siempre se había hecho. En medio del baile, rodeado por otros niños, alguien se acercó y me dijo: «Esto no es para ti». Me separé de la niña y me retiré avergonzado, cual ladrón al que hubieran sorprendido robando. Constituía una prueba de que algo sí había cambiado y que la infancia se había terminado; así lo habían decidido otros, quienes no conocen de verdad a los niños ni velan por su felicidad, aunque crean lo contrario.

Fue una acción inesperada, que no protagonizaron mis padres, la cual evidenciaba mi atrevimiento, mi falta de compromiso con las normas establecidas, sin entender que para un niño de esa edad aún no existe el pecado, ni mucho menos los relacionados con el sexo; obraban así porque en san Roque siempre se había hecho, un juego más, era el comportamiento esperado de un niño durante la fiesta. No me rebelé ni comenté nada, preferí callar, ocultar mi vergüenza, pero sentí un dolor agudo en lo más profundo de mi alma, que incluso hoy sigue escarbando en mi interior, sin haber encontrado justificación para olvidarlo. ¡Cuán ingratos somos a veces sin darnos cuenta!

Otra fuerte sacudida se unió a la anterior: me hallaba cuidando de los animales en el valle común junto a otros chicos, de ambos sexos, como se acostumbraba a hacer habitualmente. Entre todos se buscaba una sombra y se iniciaban algunos juegos o simples conversaciones intrascendentes, que servían para acelerar el tiempo de retirada. En medio de estas circunstancias, hacia las doce de la mañana, apareció mi hermana con un buen trozo de pan de hogaza untado de miel, que yo solía comer a la hora del almuerzo. Al verla, una sonora carcajada surgió del grupo obligando a mi hermana a responder airada:

—Prefiere esta comida. Mi madre me mandó que se lo trajera al estar tan cerca de casa. No sé por qué os reís, cada uno almuerza lo que quiere.

Nadie le contestó. Cogí el trozo de pan tan querido, me separé unos pasos y acompañé a mi hermana hasta la entrada del pueblo. Al regreso, noté que algo habían hablado pues me miraban de forma desconfiada, como a un ser extraño. «De nuevo el colegio», pensé, «haciendo de las suyas». No pregunté nada, pero sí tenía la certeza de que mi infancia había concluido (otra prueba más), al menos como la había vivido hasta ahora. Sin buscarla, había comenzado otra etapa, en la cual la espontaneidad no cabía; debía dejar entrar a la malicia, a la suspicacia, a la crítica, a las diferencias (cada persona ha de velar por lo suyo para que le crezca, como proclama el dicho popular). Había cumplido doce años.

A finales de septiembre, como el año anterior y los siguientes, ingresé nuevamente en el colegio más seguro y decidido, pues conocía bien el funcionamiento y me esperaban un grupo de amigos, numeroso, que me ayudarían si lo necesitaba.

La vida rutinaria de un internado no ofrece importantes innovaciones, pero sí alguna, las cuales van forjando la personalidad del alumno, modelando sus preferencias y aficiones. En lo que a mí se refiere, tres aldabonazos sacudieron mi estancia: la música, el cine y los medios de comunicación, todos bastante desconocidos para mí y que gracias al colegio llegué a amar con pasión. Antes os haré un resumen general de la vida en un colegio interno para que la narración sea más certera.

Cualquiera que haya vivido en un colegio como alumno interno conoce que en él se participa en muchas acciones de carácter general, que afectan a todos los alumnos, junto a otras particulares, exclusivas de cada uno. De ambos tipos seleccionaré algunos ejemplos. Generales eran las fiestas, la rivalidad deportiva y hasta la visita inoportuna de una meningitis, que durante un tiempo cubrió nuestra vida de pastillas de distintos colores y de temor ante una enfermedad grave, que D. César, el médico, de quien, con el tiempo, supe de su compromiso democrático junto a otros compañeros de profesión en tiempos muy difíciles, vigiló con acierto. Recuerdo con pavor las batallas entre los ejércitos de alumnos mayores frente a los pequeños los días de nieve por la explanada. No envidiaban la lucha de los pueblos primitivos en crudeza y violencia, pues las bolas de nieve, debidamente apretadas, golpeaban las partes del cuerpo dejando doloridas huellas entre los soldados (algunos pasaban por la enfermería). También acude a mi mente, con cierta tristeza, la huida de las chicas de la limpieza ante la llegada de un grupo de alumnos internos. Las pobres chicas, vestidas con ropa cercana a los harapos para que no tentaran cual demonios, asustadas, desaparecían corriendo, era la lucha contra el mal, producto de la deformación mental de la época, como si Dios se hubiera arrepentido de crear dos sexos opuestos.

Las pequeñas historias individuales añadían variedad y casuística a la vida rutinaria consabida. Cito las salidas nocturnas de Félix, un chico que se levantaba de la cama e iba a tocar el piano, sin despertarse; o la astucia de Núñez, quien escondía la almohada dentro de la cama cuando se ausentaba del dormitorio; o la habilidad de Chema para preparar «petacas» a los vecinos de cama; o el ejemplo de paciencia frente a un profesor que enseñaba su asignatura por medio de castigos físicos continuados, lo cual costó más de una lágrima y muchos kilos de humillación; o las vivencias amorosas entre Luis y una monja novicia, que le dejaba recados bajo el plato... Indudablemente, cada internado desarrolla vida propia, exclusiva, que va convirtiendo a sus miembros en hombres alineados en una dirección, a la cual el tiempo corrige o apoya.

Un alumno de un colegio religioso sabe por experiencia que cada curso le aleja un poco más del mundo exterior, el cual se va convirtiendo en algo peligroso, que en él se acumulan todas las trabas que dificultan el necesario progreso espiritual. Son cuantiosas las horas en las que el flexo te ayuda a reflexionar sobre tu situación actual y acuden las dudas, los retrocesos junto a minúsculos avances, porque, a menudo, vives en medio de una niebla imposible de eliminar.

En ocasiones te salva la soledad, dulce y tierna casi siempre, pero en otras necesitas la compañía para apoyarte en el hombro del compañero, más musculoso que tú. Sin embargo, lo que nunca te falla es el regreso a tu tierra, allí donde aún pasea tu infancia, a la cual asiste la memoria cuando el collar aprieta tu cuello y apenas te resta aire para respirar. Esto explica por qué, junto al nombre de pila, en los internados se nos conociera por el pueblo donde nacimos.

De las tres aficiones citadas, la música apareció pronto, en primer curso, y con intensidad, pues abundaban las clases y los ensayos, si las cualidades de tu voz así lo permitían, como era mi caso, tiple seleccionado. Hasta este momento mi relación con la música había sido nula, a pesar de que en casa una radio con un ojo verde «por el cual nos miraban los locutores», según creía mi hermano, llenaba desde la mañana la cocina de música y palabras, pero especialmente por la noche para escuchar las noticias del Parte, de audición obligada. No recuerdo que los niños cantaran salvo la tabla de multiplicar en la escuela, a diferencia de las niñas que sí lo hacían en sus juegos o en la iglesia, como cantoras, ni mis padres fomentaban los cánticos en casa, aunque mi madre no lo hacía mal. Tal vez sin explicación, pero la música me ganó enseguida, me deslumbró su belleza, su delicadeza, los sentimientos que sugería me parecían únicos, dignos de imitación. ¡Cómo me hubiera gustado ser un buen músico, un compositor más que un intérprete, capaz de introducir en unas notas lo que sacudía mi interior o lo que dictara la naturaleza, sentimientos de alegría, dolor, la furia del mar, la violencia de la tormenta...! Meditaba con frecuencia sobre todo en los periodos de reflexión, orientados a otros temas, pero que aprovechaba para cultivar mis preferencias. «Indudablemente, la música, a lo largo de la historia, ha curado muchos corazones atormentados», repetía en clase D. Leandro, uno de los directores a quien más debo, a pesar de su temida mordacidad.

Tal vez resulte significativa una anécdota que me contaba mi padre: «Los días de fiesta había baile en el pueblo, en un salón redondo, cuya columna central servía para que las parejas giraran en torno a ella con maestría y habilidad, sin entorpecer el giro de otras. Mi padres, amantes del baile, me sentaban donde los músicos con la orden de no marcharme de allí. La cumplía a rajatabla, encantado, contemplando los bailes y escuchando con atención la música y los movimientos de los simpáticos músicos de la orquesta. Al final, mis padres me recogían y regresábamos a casa. Ellos habiéndose divertido; yo ganado por la música, dueña de muchos corazones».

Nunca fui un virtuoso, aunque sí tenía un buen oído y una voz cálida, grata de escuchar; no obstante, no aprendí a tocar ningún instrumento, su coste me convenció para no pedírselo a mis padres, cuyos gastos yo comprendía bien. Esta ausencia la he lamentado toda mi vida: «Ojalá supiera tocar algo, aunque fueran los platillos», he proclamado una y mil veces ante músicos especializados en instrumentos musicales. Sin embargo, esta deficiencia no me alejó de la música, sino que me orientó hacia la participación en grupos corales, en la adquisición de discos, en la asistencia a diversas manifestaciones, acogidas con gratitud por un espíritu necesitado de emociones. Todo este cúmulo de satisfacciones se lo debo al colegio, a muchos profesores, a compañeros habilidosos, quienes nos ayudaron en nuestro progreso.

Allí conocí a Jero, poseedor de una voz prodigiosa, comparable a cualquier tenor reconocido; a Boni, un bajo de voz profunda, capaz de bajar a los infiernos; a Sebas, intérprete de preciosas melodías originales en el órgano... A veces, visitaba sus habitaciones y clases o escuchaba las audiciones preparadas, muy didácticas, útiles para educar la sensibilidad musical, imprescindible en conciertos de música clásica. Algo semejante ocurría con la música religiosa, en fichas, en libros, fundamental en los actos litúrgicos, llenando la inmensa capilla del colegio de sonoridad; o con la música tradicional y popular, más ocasional, pero asequible y apta para las celebraciones festivas de carácter profano. De esta última conservo un recuerdo de final muy amargo, cuando nos había acompañado desde las primeras horas de la mañana, impregnando nuestro ánimo de una alegría compartida. Cada mes de mayo, el colegio organizaba una excursión en tren a la montaña cercana —Matallana o La Vecilla—. A primeras horas de la mañana subíamos eufóricos al tren en la estación de la Estrecha, dispuestos y preparados para pasar un día distinto, con características propias, muchas fuera de las reglas del internado. Enseguida surgían las canciones ensayadas, de las que participaban todos los alumnos. Melodías llenas de gracia, desenfadadas, pegadizas, conocidas, que cubrían de alegría y buen humor los vagones hasta llegar a la estación de destino. Los chicos, en grupos de amigos, se desplegaban por el campo con la intención de experimentar nuevas sensaciones: unos contemplaban el río cantarín, la espuma de su corriente, las burlonas truchas; otros se sentaban a la sombra y comenzaban a fumar los cigarros comprados para la ocasión; algunos preferían andar, descubrir caminos y sendas desconocidas; y solo unos pocos, los más arriesgados o imprudentes escogían escalar las cumbres accesibles. Para un novato como yo, ver las montañas de cerca más que placer suponía asombro, miedo, precaución, ante aquellos gigantes de cuerpos tan voluminosos, que te miraban con desprecio, conocedores de su dominio, seguros de su victoria. Mis ojos, acostumbrados a perderse en la llanura, a chocar contra el cielo, a pintarse del marrón de la tierra, difícilmente se adaptaban a detenerse en espacios pequeños, impedidos por las enormes masas de piedra gris con botones verdes, altas hasta tocar las nubes, donde únicamente el viento limpiaba su rostro granulado. Por ello, prefería mantenerme al margen, sobre todo porque carecía de la ropa apropiada y además había oído hablar del estricto código de las montañas, al cual debías respetar siempre, si no querías ser castigado por tu osadía y atrevimiento. Así pasábamos la mañana y la tarde, con el intervalo del bocadillo preparado. A la hora fijada, cansados, tal vez ya aburridos, nos acercábamos a la estación para participar en el recuento de partida y regresar al colegio. Atrás dejábamos los cánticos, las novedosas experiencias, los cigarros y alguna trastada en los campos sembrados de los labradores nativos. Efectuado el recuento, los educadores comprueban que falta un alumno de primer curso, Elías, a quien sus amigos perdieron de vista después de comer cuando decidió probar en una de las montañas cercanas. «Le esperamos hasta casi las seis, le llamamos a gritos, pero no nos contestó», decían asustados sus amigos, no entendiendo la ausencia de Elías, un niño originario de la rivera del Esla, desconocedor de los peligros habituales de las montañas: un resbalón, una ráfaga de viento, un mareo... Subimos al tren preocupados, temiendo la tragedia, callados, sin movernos de los asientos. Los superiores se pondrían en manos de la Guardia Civil y solucionarían el problema. A la mañana siguiente, lo encontraron con numerosos golpes en la cabeza, abajo, en el prado, junto a unos arbustos. Se había despeñado, probablemente por intentar escalar una montaña cortada sin el calzado apropiado. Otra vez la montaña se había hecho respetar, como dama que vigila su intimidad ante atrevidas amenazas.

Mi estrecha relación con el cine nació también aquí, en el colegio, a pesar de las graves deficiencias existentes en su programación. Había ido una vez al cine, en Sahagún, invitado por un tío junto a unos primos. Vi una película polaca para niños, cuya protagonista era la luna vestida de varias formas y colores. Me gustó tanto que jamás la he olvidado, aunque no recuerdo con certeza su título: *La luna polaca*, quizás. Sin duda el cine posee un encanto especial, capaz de dominarte hasta el punto de que no puedas zafarte de él, te ata con lazos fuertes, de cuero, irrompibles.

En estas ataduras influyó una vieja máquina de cine que un año, con buen criterio, me dejaron los Reyes. Aún duerme entre mis juguetes infantiles después de haber distraído a muchos niños, quienes se acercaban a casa para contemplar tres películas de dibujos animados sobre una pared blanca. Adquirían movimiento al manipular una manivela, en la cual había enrollado una cinta plastificada con los dibujos grabados. La atmósfera creada en la oscuridad del recinto, con los dibujos moviéndose en la pared, llenaba los ojos de los sorprendidos espectadores, paralizados por aquella innovación mecánica tan entretenida y original.

Cuando anunciaron en el tablón de anuncios la exhibición de una película cómica de la conocida serie de El Gordo y el Flaco, me alegré y esperé la hora con evidente entusiasmo. A esta siguieron otras muchas en el amplio salón de actos los fines de semana o vísperas festivas, recibidas con risas generalizadas de un público entregado. En escasas ocasiones veíamos películas de géneros distintos a las dramáticas, históricas, del oeste, siempre antiguas, con frecuencia cortadas o ensombrecidas por la mano poderosa del operador cuando aparecía alguna escena escabrosa. Todo nos servía con tal de disfrutar con las historias imaginadas del cine que te incitaban a soñar, a hacer valoraciones, a comentar acciones e ideas novedosas. A su sombra surgió un grupo de alumnos que se encargaba de preparar pequeños debates, gracias a los cuales contrastábamos pareceres e informaciones que, luego, serían valiosas para entender otras películas en vacaciones. De los descubrimientos cinematográficos de esta etapa surgió mi afición por el cine, atrapado por su magia que luego, con el tiempo, se convertirá en dependencia cuando ya el cine se desarrollaba con plena libertad.

También visitaban el colegio con cierta frecuencia los magos, hombres vestidos de negro, con frac y sombrero de copa, quienes nos sorprendían con trucos en apariencia imposibles: juegos de cartas, el pañuelo, las palomas, el conejo, etcétera. Asistíamos sorprendidos ante sus habilidades, habitualmente serios, convincentes, que llenaban el salón de suspiros de admiración y de suaves risas inofensivas. Servían para acortar la tarde lluviosa y fría de un invierno cualquiera con una sesión intrascendente, pues no conseguían penetrar en el cerebro de aquellos muchachos deseosos de conocer realidades más que falsos trucos ilusionistas. Recuerdo que uno de los magos se llamaba Riki y había nacido en Australia, el continente de los canguros. «Puedo aumentar el valor de los billetes: los de cien pasan a quinientas y los de quinientas a mil. Los de mil los dejo con su mismo valor para no tener problemas con el banco de España», decía entre sonoras carcajadas. Su traje descolorido, de hechuras amplias, delataba su precariedad económica. Únicamente presumía de bonitas fotocopias sin valor.

Aún mantengo en el recuerdo, con especial cariño, las charlas de los sufridos misioneros, algunos participantes en hechos muy dramáticos, aunque había de todo: desde el jesuita que presumía de haber dictado dos mil conferencias (dos conferencias pronunciadas dos mil veces aclaraba nuestro profesor de filosofía), hasta el sacrificado misionero italiano a quien, en China, habían cortado su lengua o ¿se la había cortado él por algún motivo?

Para un centro religioso, los misioneros son los héroes a imitar, esos hombres valientes, entregados, poniendo su vida en infinidad de peligros por extender la doctrina de Cristo, por eso acudían con frecuencia y las charlas con ellos abundaban durante los cursos. Por otro lado, entre los alumnos corrían de mano en mano entretenidas revistas, como *Mundo Negro*, de los padres Combonianos, publicaciones de los obispados, de grupos seglares, que habían conseguido crear un ambiente favorable entre los alumnos, dispuestos a colaborar en actividades de divulgación misionera o incluso a abandonar el centro para ingresar en otros exclusivos de esta orientación, como ocurrió con varios compañeros, entre los que se encontraba José Antonio, nacido en un pueblo cercano, quien ha decidido sembrar las tierras africanas con sus hermosas palabras, impregnadas de alegría y esperanza para millones de personas viviendo entre escombros y montañas de basura.

De las múltiples visitas de misioneros a las que asistí, selecciono dos: la de un claretiano vasco en una misión de Brasil y la del comboniano citado anteriormente. El primero, además de relatar su experiencia, comentaba la obra de un misionero catalán dotado de unas cualidades excepcionales, que le convertían en un ser muy atractivo para los nativos y en un peligro para los políticos de turno. El conferenciante se ayudaba de revistas para que pudiéramos analizar la situación de esta zona del mundo, dotada de una belleza natural extrema, pero, al mismo tiempo, olvidada de todos, sin medios, cuya población era condenada a vivir como animales. «Este misionero catalán les está poniendo en el escaparate para que el mundo conozca su situación», aseveraba el claretiano. «Además lo hace con una sensibilidad extraordinaria, de tal manera que esas gentes, desconfiadas, han visto en él a un salvador, al hombre que les puede sacar del pozo de aguas fecales donde viven. Fijaos en estos versos y pensad:

Al final del camino me dirán
y tú, ¿viviste? ¿Amaste?
Y yo, sin decir nada
abriré el corazón
lleno de nombres.

Remataba con voz entrecortada el pobre misionero emocionado.

Del misionero italiano, un hombre grueso, bajo de estatura, me sorprendió cómo superaba las graves dificultades articulatorias motivadas por la carencia de la mayor parte de su lengua, cortada con una cuchilla de afeitar, añadidas a las propias de expresarse en una lengua extranjera. Explicaba en medio de un silencio impactante la variedad de torturas sufridas en un país con tradición en este campo, que pretendía extirpar de raíz cualquier atisbo de práctica religiosa. Recuerdo con escalofríos su paseo entre las filas de los oyentes mostrando el corte de su lengua y el aplauso de admiración contiguo a la conclusión de su estancia. «Otro héroe», pensé.

La tercera afición —que con el tiempo se convertirá en mi profesión— nació también en el colegio: el conocimiento y el amor a los medios de comunicación, sobre todo a la radio y al periódico. En aquellos tiempos tan precarios no disponíamos de aparatos de radio, pero sí abundaban las artesanas galenas, gracias a las cuales conocíamos las noticias importantes, entre las que destacaban las deportivas, para nuestra edad fundamentales. Este descubrimiento aún pervive en mí con fuerza, modificando con insistencia mis hábitos, pues habitualmente cambio las horas de televisión por la radio, sobre todo de noche.

Enseguida me atraparon sus tentáculos y dieron a mis vacaciones unos amigos fieles, en especial la radio, de la que conocía las emisoras y los programas de mayor audiencia, en Radio Nacional y Radio Intercontinental como emisoras nacionales, y Radio León y Radio Popular como locales. La antena de emisión de esta última vigilaba nuestros recreos desde el pinar donde la habían clavado. Mi dependencia era tal, desde la mañana a la noche que, en una ocasión, estropeado el aparato de radio, comprobada la tardanza de mis padres para arreglarlo, yo mismo lo llevé a Sahagún y pagué su arreglo con el dinero de mis propinas, no abundantes, por supuesto. Programas musicales, el Parte, y la información deportiva cubrieron durante años la cocina de notas, de mítines, de gritos emocionados en la narración de los partidos de la selección española de fútbol o de las hazañas de los ciclistas en el *Tour*. Persisten algunos nombres de mis locutores favoritos, como Pedro Ruiz, el gran humorista posterior, en este tiempo serio trabajador de Radio Nacional, leyendo las noticias o los resultados de los equipos de fútbol, aunque ya en la década de los setenta comenzara a escribir textos originales, una mezcla de humor y de clara intencionalidad crítica, o el maestro del relato épico, Antonio Blanco, enviado al *Tour* por una cadena de emisoras, o Joaquín Prat, simpático y entretenido siempre... Cuánto le debo a aquella radio del ojo verde y cuerpo de madera que aún decora una estantería en el pueblo.

Algo semejante ocurría con la prensa escrita, periódicos y revistas, aunque con menor influencia. Siempre había algún compañero que conseguía hacerse con un ejemplar, ya fuera porque había ido a la ciudad, porque se lo habían traído las visitas o incluso el peluquero, un excelente colaborador para la prensa deportiva. Por otro lado, disponíamos de una reducida sala donde dejaban periódicos censurados, atrasados (molestaba comprobar las hojas cortadas simulando figuras geométricas) y revistas de temática religiosa. En una de mis visitas a la sala conocí a Joaquín, un alumno mayor, muy interesado por los problemas políticos, quien se sorprendió cuando le comenté las deficiencias de los periódicos:

—No hay quien los lea. Parecen un rompecabezas —protesté.

Joaquín me miró con extrañeza, respondiéndome con ironía:

—En este colegio debes leer lo que encuentres e imaginar lo que han cortado. Si lo haces así, podrás leer el periódico entero. No es tan difícil.

Le observé detenidamente y acepté su consejo. Era verdad: los educadores pueden censurar un medio, pero nunca podrán acallar la imaginación ni la capacidad de leer entre líneas, tan recurrida en todo el país.

Llevé al pueblo, en vacaciones, la necesidad de conocer y comprar la prensa, bastante más asequible que en el colegio, pues en Sahagún existían varios quioscos donde se vendían periódicos y revistas nacionales y locales. Compraba la *Hoja del Lunes*, periódicos deportivos y el especial del diario *Ya* los domingos, con muchas páginas dedicadas a noticias y a reportajes atractivos, exóticos, con bellas fotografías, que recortaba y guardaba en carpetas, alguna de las cuales todavía conservo, descolorida y amarillenta, pero que me resisto a tirar.

Mucho le debo al colegio a pesar de sus fallos y le estoy agradecido, pues gracias a él he hallado mi sitio en la vida. Ellos me descubrieron la belleza de la música, la creatividad del cine y la enorme influencia de los medios de comunicación. A cultivarlos o a seguirlos, con mayor o menor acierto, he dedicado mi vida, que a grandes rasgos os iré contando. En las páginas siguientes comprobaréis cuántas horas les he dedicado y hasta qué punto mi existencia ha girado en torno a ellos.

Cada curso aprobado se completaba con las vacaciones correspondientes en el pueblo; no obstante, algo había cambiado, sin duda, ni yo era el mismo ni los demás me veían igual. Yo andaba por un camino en el cual me encontraba con otros viajeros parecidos, alumnos de otros centros religiosos, con obligaciones programadas y con vigilantes en los cruces y los demás conocían nuestra situación, que nos alejaba de sus preferencias, por lo que debían evitarnos, no molestarnos, andando por diferentes caminos o sendas, en dirección contraria.

Según fui cumpliendo años y aprobando cursos, mi colaboración con el sacerdote del pueblo en los actos litúrgicos se acentuó, hasta convertirme en un actor principal, especialmente en lo referido a los cantos religiosos, de los que el cura ignoraba casi todo. En el magnetófono recién comprado grababa las canciones que ensayaba posteriormente con el pequeño coro de cantoras. De esta manera fueron apareciendo villancicos nuevos, cantos de difuntos, plegarias a la Virgen, etcétera o recuperábamos cánticos antiguos, de épocas pasadas, todavía conocidos por alguna familia de la población, quienes los conservaban en cuadernos amarillentos, escritos a mano, con letra poco legible, casi borrada. Volvieron a sonar los cantos de la Semana Santa, de las numerosas novenas, de la Navidad, de las Flores de mayo, del Rosario de la aurora... Yo procuraba ayudar con mis fichas del colegio, de las cuales hacía fotocopias y entregaba a Elsa, una chica morena, de pelo corto, con quien muy pronto trabé amistad. Con más voluntad que acierto, el coro creció en componentes y en el conocimiento de nuevas canciones, en torno a cien en dos años. Convertíamos los actos litúrgicos en momentos atractivos y amenos, que los pobladores acogieron con gratitud, por lo que abundaban las felicitaciones y el cura rebosaba de satisfacción, complacido con su labor pastoral.

Mi participación en el coro abarcaba únicamente el periodo vacacional; en mi ausencia, las chicas se organizaban solas, sin problemas. Yo procuraba conocer su evolución a través de familiares y amigos, quienes me comunicaban que Elsa ponía mucho empeño en los ensayos y actuaciones. «Vete tranquilo, el coro marcha. Su directora vale mucho», me decían. Esta situación duró unos años: durante las vacaciones aprendíamos nuevas canciones y en el resto del año se nutrían de ellas, siempre con la dirección de Elsa, cada día más entusiasmada con su papel de directora, labor que yo agradecía porque simplificaba mi trabajo posterior. Esta estrecha colaboración nos permitió un mayor acercamiento, cumplimentado en visitas a uno y otro domicilio, a bebidas en el bar a la conclusión de los ensayos, a paseos por los plantíos cercanos, a excursiones colectivas... Sin darme cuenta o dándomela sin reconocerlo, la figura de la chica fue ganando mis ojos y mi corazón vacío. Buscaba su presencia, inventaba disculpas para verla, le compré algún regalo por su trabajo desinteresado, etcétera, hasta que las miradas comenzaron a repetirse y las sonrisas también. El último día de vacaciones —ya había cumplido diecisiete años—, después del ensayo tomábamos una Coca Cola en el bar y hablábamos durante bastante tiempo de diversos temas, religiosos sobre todo. Ella parecía añorar algún trabajo en organizaciones sociales como Cáritas o Manos Unidas que, según ella, realizaban una labor sacrificada, pero muy eficaz. De noche, al regresar a casa por una calle poco transitada, oscura, le cogí las manos y la besé. Ella se quedó paralizada, los colores subieron a su rostro y me sonrió.

—Adiós, Elsa, hasta Navidad. Gracias por tu estupendo trabajo —le comenté nervioso.

—Adiós, estudia mucho —me contestó.

En ese momento no me daba cuenta de que el amor es un sentimiento peligroso como los años venideros me demostraron en abundancia. Marché a casa sin saber bien lo que había hecho ni las consecuencias que podría tener. Para un chico interno en un colegio religioso las vivencias amorosas se analizaban de lejos, a través del cine o de las imágenes observadas en la calle, pero sin comprender su significado. Coger las manos a una chica no debía resultar sencillo e igual ocurriría con un beso, más difícil según comentaban algunos compañeros. Sin embargo, había realizado ambas acciones y, por tanto, debía corresponder al compromiso adquirido. No hacerlo, supondría burlarse de la chica, no valorar su moralidad, y yo conocía la integridad de Elsa, por lo cual, en adelante, tendría que comportarme de acuerdo al simbolismo social de ambas acciones. Estas reflexiones ocuparon parte de mi descanso y, con el tiempo, marcarán mi existencia y mis relaciones futuras.

Iniciaba mi último curso en el colegio; al final debía aprobar la prueba de madurez si pretendía ir a la universidad como era mi deseo. Fue un periodo tormentoso, difícil, en el cual la lucha interior entre mis obligaciones de alumno interno en un centro religioso chocaban con mis deseos de abandonar, de participar en otras actividades más atrayentes, sin imposiciones, libre, propias de jóvenes con inquietudes. Recordaba el dicho de Joaquín: «Tienes que aprender a compaginar obligación y deseo». Me costaba estudiar, me distraía, con frecuencia me marchaba de clase, como una vez me señaló D. Julián y, sin embargo, el curso parecía complicado y tenía que aprobarlo si pretendía salir y no perder un año. Parte de las horas de estudio, de los momentos en la capilla, se los dedicaba a Elsa, quien, poco a poco, se había adueñado de mi corazón y de parte de mi mente. Imaginaba sus ensayos en la iglesia, los paseos por el camino de la estación, la búsqueda de moras y andrinos con ella, bailes en Sahagún o en los pueblos cercanos, conseguida una estrecha relación, satisfactoria para ambos. Aunque pueda parecer exagerado, no podía cerrar los ojos sin que ella estuviera dentro. Pero una cosa es la imaginación y otra muy distinta la terca realidad. Vivir durante muchos años en un centro religioso crea rutinas de las que resulta complicado desprenderse. Poco a poco te va dominando el horario, las repetidas actividades, la convivencia con tus compañeros, sin darte cuenta que al mismo tiempo pierdes capacidad de decisión que, en la práctica, no eres libre y allí continúas, triste, apocado, temiendo salir a la calle porque no entiendes a la gente ni su comportamiento. A mí de esa cárcel mental me sacó Elsa, quien se acercaba cada noche a mi habitación para acompañarme al lugar donde había decidido marchar. Así una noche asistimos a una sesión de cine y nos agarramos de la mano; otra íbamos al baile, a un club recientemente inaugurado, que ella conocía y nos besábamos; o paseábamos por Papalaguinda o por La Condesa... Las posibilidades del sueño son infinitas, gracias a él puedes alterar hasta el recorrido del sol o detener los giros de la tierra. Sin pretenderlo, Elsa me ayudó a salir del colegio y a iniciar otro camino, con cerradas curvas y desigualdades también, que aún recorro.

Todo se vino abajo cuando en las vacaciones de Navidad alguien me comunicó que Elsa y su familia se habían trasladado a Cataluña, tal vez a Barcelona o a uno de los pueblos cercanos. Nadie me había comentado nada y no lo esperaba. Para un chico inexperto como yo este tipo de noticias resultaban especialmente dolorosas, imposibles de digerir ni aceptar y lo acusé durante un tiempo: «Toda la ilusión en el suelo. Cuántos sueños sin cumplir», me decía en mis ratos de desesperación. No prepara la vida a los amantes primerizos, son las decepciones las que endurecen los sentimientos. Por primera vez sentí en mi cuerpo las cuchilladas de la frustración, la sequedad del vacío; había soñado con hallar un tesoro y únicamente había una caja llena de papeles. Desde muy jóvenes hemos oído hablar de la dulzura del amor, de sus artimañas envolventes, del goce que propicia en cada encuentro, ocultándonos la otra cara: la del abandono, la de la lejanía, la del agotamiento. Por eso no estaba preparado para enfrentarme con la ausencia de Elsa. Ingenuo, creía que me estaría esperando con los brazos abiertos, después de haber madurado la relación iniciada (mi mensaje había sido claro), y al sucederme lo contrario, todo se me vino abajo, me quedé sin sujeciones, a punto de caerme. Me cayó encima una tonelada de tierra la cual me impedía ver ni respirar, hasta que la mano del tiempo fue apartándola y conseguí salir a superficie para continuar cargando con próximas decepciones.

«Espera, tal vez mañana lo veas de otra manera», me dijo el viento a la puerta de Elsa. Si persistís en la lectura, lo comprobaréis.

Por fin me repuse y continué en el coro, aparentemente con idéntico ánimo y espíritu de colaboración; sin embargo, yo sabía que fingía y que lo hacía más por egoísmo que por convicción. Elsa continuaba llamando en mi corazón y no conseguía silenciar su llamada, cada día más insistente. El tiempo todo lo cura, proclaman los expertos; pero no estoy muy convencido de tal aseveración. El tiempo solo nos comunica cómo evolucionan los males. Los sentimientos no acostumbran a morirse de frío fácilmente.

Cursaba tercero de filosofía. Hasta este curso, mi estancia en el colegio la marcaba la rutina, como una noria, llenando los cangilones y esparciendo el agua por los surcos, sin interrupciones inesperadas. Sin embargo, aquel año me detuve ante una barrera con un cartelón de prohibido el paso; es decir, si decidía seguir debía pedir la llave al guarda y si no retroceder y esperar. Pensaba en mis compañeros ausentes, más decididos que yo, en mi futuro incierto, desconociendo lo que me esperaba fuera, sin duda difícil. Apenas conseguía dormir acosado por la incertidumbre y el miedo a lo desconocido. Hasta ahora todo había resultado sencillo, únicamente nadaba a favor de corriente, no necesitaba pensar, nadar y todo resuelto; pero ese recorrido había concluido y era imprescindible detenerse en medio del río y asegurar los pies para no resbalarse si pretendía dominar la fuerza del agua. Paseaba por los pasillos cabizbajo, confuso, buscando la soledad que me ayudara a decidirme de una vez. No obstante, nada parecía estar a mi lado, ni compañeros, ni educadores, ni profesores. Batallaba en una lucha en la cual cada uno usaba armas propias, sin poder pedir auxilio al soldado cercano. Por si fuera poco, la familia se colocaba enfrente, con armas viejas pero eficaces, con ellas habían ganado muchas guerras anteriores. Este ambiente asfixiante perturbó mi carácter, que se volvió cortante, agrio, preparado para cualquier enfrentamiento, porque todos se habían convertido en enemigos. Sin darme cuenta me había quedado sin ilusión, sin preferencias, sin aficiones, todo me daba igual: monotonía, aburrimiento, torpeza, hasta los libros parecía que me rehuían. Finalmente llegó el verano y abandoné el colegio, primero de vacaciones y después de forma definitiva. No sé dónde encontré las fuerzas necesarias. Tal vez en el cambio de ambiente, en el consejo de algún amigo, en las fiestas, abundantes, tan gratas. Algo había ganado mi interior de tal manera que aparecieron nuevas ilusiones, imprescindibles para caminar por otros caminos, cubiertos de cardos y piedras, pero seguros, rectos en la consecución de una felicidad que merecía como los demás.

Acabé el curso, aprobé la prueba de madurez y llevé mis cosas del colegio entre alguna lágrima suelta, no propia. Regresé al pueblo curado, con la pretensión de convertirme en un chico más; atrás quedaría la marca, el grupo de los distintos que dificultaba identificarme con los demás. Participaría en todo, sin sufrir la vigilancia de nadie o sus correcciones. En teoría, muy bonito: bailes, salidas nocturnas, juegos, conversaciones con las chicas, alguna bebida de más... No obstante, a su conclusión, durante varias jornadas, sentía un profundo vacío en mi interior, no me llenaban. Ya en casa, mi mente se inundaba de remordimientos y me prometía no repetir en diversiones tan superficiales. La mala conciencia, sin duda, que me ha acompañado gran parte de mi vida y que ha limitado frecuentemente mi libertad. Quizás una de las herencias de la formación religiosa recibida, como oía con frecuencia. Elsa seguía ahí, oía su voz dulce y delicada exigiéndome mi espera, pues muy pronto volvería y se pondría en contacto conmigo. «Esperaré, te lo prometo», le dije una noche al regresar a casa de la fiesta en un pueblo vecino. Conocía de oídas el caso de un hombre que esperó pacientemente varios años a su amada, pero se hizo mayor y a su casa no llegó nadie. ¿Sería el mío un caso semejante?

Muchas veces he vuelto al colegio, unas veces me he conformado con contemplar sus muros desde fuera, pero otras he traspasado la puerta y he recorrido las distintas estancias: los estudios, el salón de actos, los dormitorios, las habitaciones... y han estallado los recuerdos como fuegos artificiales, de todos los colores. Allí pasé bastantes años, en él concluyó mi infancia y se inició mi juventud; sin embargo, algo pasa (no sabría decir por qué), no comparable a mi etapa en el pueblo, carecen de aquella dulzura, ni poseen esa belleza tan auténtica ni su fuerza. Fueron años de despertar, de hacerse mayor, aunque tu cuerpo se negara a ello, de descubrir la soledad, el abandono, la competencia envidiosa, la lejanía de los seres queridos, aspectos que no habitan la infancia, por eso lo recuerdas, sin negar su influencia pero, sin duda, otra etapa se había iniciado, más larga, más individual, a la cual sonríes con melancolía.

Salimos de la infancia con una nueva piel, por ello perdemos la sensibilidad más exquisita que, sin embargo, recobramos ante cualquier recuerdo. Al final de la infancia quedamos huérfanos y esa orfandad, convertida en memoria misteriosa, hace que la vida, más tarde, sea más de lo que parece. La experiencia se vuelve profunda cuando lo infantil emerge. Los niños atraviesan la infancia sin conciencia de lo que tienen y cuando por fin la hallan, ya es tarde para volver atrás; no obstante todo permanece, cualquier experiencia oculta, un rostro escondido, un aire nuevo, respirado anteriormente, porque hemos tenido infancia. Y a ella recurrimos cuando el crecimiento natural nos lleva lejos, a otros lugares quizás. La huella seguirá ahí para siempre en el cerebro, imborrable, como la vacuna de tu brazo izquierdo. Lo que Freud denominó «el eterno retorno», basándose en las teorías filosóficas de Nietzsche.

Una beca del Estado para cursar los estudios de Periodismo en la Facultad del mismo nombre, en Madrid, Universidad Complutense, tuvo la culpa de mi llegada a la capital de España, al término de los años sesenta, en el siglo pasado. Me instalé en un piso por la zona de Princesa, junto a cuatro estudiantes, también de letras, la mayoría originarios de la provincia de León. Para un alumno formado en un centro religioso, siempre muy conservador, el choque con lo hallado los primeros días en el campus universitario me resultó paralizante. No sabía dónde me había metido ni entendía nada, mis opiniones no eran respaldadas y comenzaba a oír apelativos poco cariñosos: «retrógrado, franquista, meapilas...». En verdad, se vivían tiempos muy difíciles, de luchas continuadas, de manifestaciones, de rápidas carreras delante de los «grises», de asambleas eternas en la Facultad, de pérdidas de clases; más que un centro docente semejaba un campo de batalla que numerosos policías a caballo cuidaban con esmero. A mí todo esto me desbordaba y durante un tiempo pensé regresar a León o cambiar de especialidad, sobre todo como consecuencia de una detención policial que jamás he conseguido justificar, pues la policía me sorprendió dentro de un portal, adonde me había resguardado para evitar las carreras de los manifestantes. El policía, al contemplar mi cara de susto, lo pensó y se alejó. De la tentación de abandonar, me salvó D. Juan, un profesor de mi antiguo colegio, ahora impartiendo clases en Periodismo, *Redacción Periodística*, en primer curso de carrera. Me llevó a su casa y me aconsejó que tuviera calma. «Es más el ruido que las nueces. No temas. Los jóvenes deben luchar por un mundo mejor», me dijo entre bromas.

Vivía D. Juan en una casa antigua en el barrio histórico de Madrid, rodeado de libros, sus mejores amigos, como él anunciaba nada más abrir la puerta. Allí, además de poder consultar cualquier tema, los alumnos asistían a reuniones para discutir los textos escritos o tratados en las clases. Bastantes veces estas clases particulares sustituían a las oficiales, que no se impartían por motivo de huelgas o manifestaciones. Yo presencié varias, extraordinariamente productivas, amenas, cultas, envueltas en la ironía y humor ácido del profesor, porque D. Juan, además de un buen profesor, era un destacado escritor, un inquieto periodista y un hombre de convicciones cristianas profundas, de ahí que siempre encontraba una salida para solucionar cualquier cuestión planteada. Después de cada clase, terminado el coloquio, me quedaba un rato con él o le visitaba los fines de semana para hablar de León, del escaso ambiente cultural existente en la ciudad, de la influencia dañina del obispo Guillot, de su salida inexplicable de León impulsada por la incomprensión de su labor en el colegio, en la revista *Claraboya*, en Radio Popular, en el *Diario de León*, en la orientación de grupos de jóvenes, junto a sus publicaciones en poesía y novela. ¿Se puede servir mejor a la Iglesia y a la cultura leonesa? No. Arriesgó y se vino a Madrid sin nada, pero pronto encontró su sitio como periodista en el diario *Informaciones*, en el cual escribía una breve columna en su primera página, fundamental para el periódico, y como director o impulsor de revistas de orientación cristiana. Completó ese trabajo aprobando unas oposiciones en la Facultad de Periodismo de Madrid como profesor de *Redacción Periodística*, profesión a la que entregó su vida y a la que amó con todas sus fuerzas. Con él, en su casa o en el bar gestionado por un leonés, pasé horas y horas hablando:

—Todavía acuden a mi mente, con añoranza, sus clases de literatura en aquel salón de actos, amplio y oscuro, sentado en la mesa del profesor, recitando con esa voz tan característica que Dios le dio versos de Salinas y Cernuda. ¡Qué delicadeza, cuánta ternura brotaba de aquellas palabras de corte amoroso! —le decía con plena confianza.

—Sí, entiendo así la literatura. Hay que leer más y memorizar menos. ¿Para qué tantas obras, el conocimiento de la vida de un autor, si no lees sus escritos? —argumentaba.

—Ya lo creo. Con usted escribí mis primeros versos y leí mis primeros libros enteros, entre los cuales estaba el Quijote, en vacaciones, y obras de Lope de Vega —respondí.

—Pues todo ese cambio se vino abajo cuando Guillot me retiró su confianza, quitándome las clases y obligándome a huir de León en busca de trabajo y sustento.

—Lo hizo igual con otros profesores innovadores. Bien conoce la incomprensión hacia D. Antonio, un sabio que solo sabía ayudar, enseñar, abrir los ojos a los alumnos ciegos.

—Por cierto, todavía escarba en mi interior la muerte de D. Antonio. ¡Cuánto lo sentí! Con su marcha, me he quedado huérfano, confuso. Durante varios días, mis charlas en Radio Popular gritaron su ausencia, la impagable deuda de León con este gran hombre —replicaba con profunda pena.

—Según me contaron era su alumno preferido, de quien más esperaba.

—No sé si el preferido, pero él me abrió las puertas del Diario y comentó mis primeros libros, en prosa y en verso. Le debo mucho, muchísimo, casi todo lo que he ido haciendo en mi vida. Su sombra me ha acompañado siempre. Tan solo le he fallado en mi escasa dedicación a la poesía, que él me insistió, convencido de mis cualidades para el cultivo de este género.

—Que ya va siendo importante —concluí, rechazando su aseveración.

Numerosas visitas realicé a su domicilio durante mis años en Madrid, cuando ya no era mi profesor, pero sí le gustaba seguir mi evolución como futuro periodista y como persona. Siempre he encontrado a su lado el aliento necesario para seguir adelante, la fuerza precisa para resistir, el consejo amigo ante la incomprensión de los demás. Tenía respuesta para todo y para todos. Cuando marché de Madrid me despedí y le invité a comer en el bar del vecino leonés. «Si no encuentras trabajo, dímelo, igual te puedo ayudar», fueron sus últimas palabras. Luego nos hemos visto en León, en conferencias, presentaciones de libros, aniversarios de muertes, etcétera. Hace poco más de un año ha muerto en Madrid, donde había decidido permanecer una vez jubilado. Ahora le corresponde a León y a los leoneses divulgar y estudiar su amplia obra, aunque me temo que no correrá prisa, según costumbre. Las instituciones o la Universidad se ocupan de asuntos más importantes, dicen para justificarse.

Finalizado el primer curso, difícil por problemas de todo tipo, incluidos los académicos, debidos a mi escasa adaptación y a mi nulo conocimiento de la situación real de la universidad y del país, los cursos restantes transcurrieron con tranquilidad y aprovechamiento, gracias a la ayuda de muchos compañeros y a mi propio convencimiento. Agradezco especialmente la insistencia de Felipe, un alumno de mi curso que habitaba en el Colegio Mayor Chaminade, núcleo duro de la movida universitaria. Él me introdujo en el movimiento cultural y festivo de los colegios, gracias a lo cual asistí a la representación de varias obras de teatro independiente, con grupos de jóvenes comprometidos políticamente, a conciertos de cantautores, como Ricardo Cantalapiedra, un leonés, autor de muchas canciones religiosas, y de otros —Luis Eduardo Aute, Rosa León—, cuyas letras trasladaban claras reivindicaciones de libertad. También participé en fiestas, en las que conocí a otros universitarios de distintas especialidades. Sin embargo, mi maestro de verdad fue Felipe; él curó mi inocencia y limpió mi cerebro. Había nacido en Baeza, provincia de Jaén, tercer hijo de una familia de jornaleros del campo y había estudiado en el instituto donde impartió clases de Francés Antonio Machado, autor que le debe a este pueblo su clara evolución ideológica al comprobar los restos del caciquismo existente. «Las enormes desigualdades de esta población sacudieron su alma sensible», decía mi profesor de literatura.

—En mi pueblo aún le recuerda mucha gente: siempre vestido de negro, con la chaqueta manchada por la ceniza de su perenne cigarro, acompañando a su madre, ya mayor, por los jardines cercanos a la catedral. Su bondad y su valentía al denunciar los abusos de los terratenientes calaron profundamente entre la gente más humilde —aseguraba Felipe, a quien gustaba conversar de estos temas.

—Apenas he viajado, Felipe. En concreto, por Andalucía no he ido nunca.

—Aunque te parezca mentira, mi tierra está muy lejos de León, sobre todo en progreso y en respeto a los derechos humanos básicos. Allí la emigración obligada a otras regiones de España y al extranjero, abunda. Mucha gente carece de lo imprescindible para subsistir mientras otros presumen de su riqueza. Modificar esta situación resulta imprescindible, si no estamos negando el futuro a estos sacrificados pobladores —insistía Felipe con intención de convencerme.

—Te creo, Felipe. A ver si lo conseguís pronto —le contesté, por decir algo.

—Este verano, en vacaciones, tienes que venir a mi pueblo para comprobarlo en persona. Además, Baeza es muy bonita, posee varios edificios artísticos de máxima belleza, y también iríamos a Úbeda, ciudad muy cercana, con una historia amplia y resplandeciente. A ti, que te entusiasma el arte, este viaje te encantaría, anímate.

—Te lo prometo, alguna vez iré. No sé cuándo, porque en vacaciones siempre me busco algún lío, ya sea en casa o trabajando en alguna empresa, para dar vacaciones a la plantilla titular —dije para tranquilizarle.

Con el tiempo, mi amistad con Felipe se fue puliendo hasta convertirnos en un par de amigos inseparables, de esos que se cuentan todo, incluidos los secretos que guardamos con mimo dentro de nosotros. Le conté, agitado, temiendo hacer el ridículo, mi amor por una chica de mi pueblo a quien no veía desde hacía varios años, ni sabía, con exactitud, dónde se encontraba. «Ella me aleja de las demás chicas, a las cuales miro con desgana, evitándolas», le explicaba a Felipe avergonzado. Él me confesó que militaba en un partido de izquierdas, «con quienes colaboro en lo que me piden. Redacto textos para el periódico o para las octavillas, que tiramos de vez en cuando. Procuro mantenerme alejado de los conflictos más llamativos, pero ya he estado detenido una vez y conozco los calabozos de la Dirección General de Seguridad: entré solemnemente, pues una patada de un "gris" me lanzó escaleras abajo como a un artista de circo. De allí me sacó Floro, un policía secreta de nuestro curso, que se apiadó de mí. Tú porque vives en la luna, pero en nuestra Facultad conviven muchos policías matriculados (a todos los que veas con chaqueta). Uno de Astorga, paisano tuyo, muy agresivo, siempre está dispuesto a enfrentarse con quien sea», afirmaba convencido.

Estas conversaciones, repetidas muchas veces, fueron calando dentro de mí y, con el tiempo, llegué a comprender las luchas, las manifestaciones, las huelgas, las asambleas infinitas, que aburrían por su reiteración. Nada cambia solo, hay que empujarlo, y estos estudiantes tan valientes, con riesgo para su integridad y para sus carreras profesionales, merecen respeto y apoyo, aunque sea desde la lejanía de los cobardes: «No todos podemos ser héroes ni estamos hechos de la misma madera, conviven el nogal y el chopo», me decía a mí mismo cuando veía una carrera delante de los «grises» o participaba en una manifestación. Os contaré una experiencia vivida en Madrid una de esas jornadas de lucha:

Conocéis mi lejanía de la lucha política y mi inicial incomprensión hacia aquellos que tanto se exponían ante la conocida severidad de los cuerpos represivos, a caballo o disparando bolas de goma o agua, protegidos por cascos y escudos; sin embargo, acompañaba a Felipe en sus visitas reparadoras a hospitales y domicilios, donde se reponían de sus heridas los caídos en las refriegas del día anterior. En la habitación de un hospital reposaba Toni, un alumno de primero de Filosofía, que había recibido un balazo en su ojo izquierdo, tapado en este momento por una gruesa gasa. El chico, tembloroso, se lamentaba de su suerte, pues era la primera vez que participaba en una manifestación. Entre continuas quejas, se refería a la reacción de su padre, guardia civil en

Galicia, o al probable expediente que le abrirían y que le acarrearía la expulsión de la Facultad. Temía la amenaza de su padre de obligarle a embarcar en un barco pesquero, harto de soportar su maldita ideología, sobre todo si, en verdad, era expulsado de la universidad y perdía su beca. Felipe, más experimentado, le animó recurriendo a los grandes ideales de la lucha estudiantil: «Somos nosotros, estudiantes universitarios privilegiados, quienes debemos marcar el camino al pueblo si pretendemos acabar con esta dictadura de una vez». Días después, Felipe me comunicó que había perdido el ojo y que su padre lo había llevado para casa.

Casos como el de Toni y otros parecidos que fui conociendo (incluidos varios profesores sancionados), contribuyeron decididamente en mi evolución ideológica y en mi determinación de despojarme de los posos del pasado si pretendía entender el presente y participar activamente del futuro de mi país; no obstante, nunca di el paso hacia el activismo político, sino que continué viendo los toros desde la barrera, como hacen los toreros cobardes.

Durante los cinco años de carrera viví en el mismo sitio, con los hermanos Ortiz y con Valen. No cursábamos el mismo curso ni la misma especialidad, pero las repeticiones de algunos hicieron que permaneciéramos en el piso esos años. Nos llevábamos bien y todos los meses nos juntábamos a una hora para celebrar «el día del origen»; es decir, recordar el lugar donde había nacido cada uno. Para darle mayor brillantez, reuníamos productos y bebidas de la tierra (yo llevaba miel y aguardiente arreglado) y, en armonía, animados por los sones de la música tradicional, consumíamos las viandas traídas.

Alguna otra cosa en la casa me gustaba menos, como la música altísima, las constantes visitas de personas ajenas, los enfrentamientos por la limpieza y la presencia de novias o ligues ocasionales sobre todo, que difícilmente entendía, aunque había aprendido a observar y callar. No comprendía el papel de aquellas chicas, en la mayoría de los casos engañadas, quienes lloraban y reían a la vez y que a veces se quedaban en casa a dormir. Recuerdo con pesar la imagen de Sofía, una chica que trabajaba de planchadora en una lavandería, —diez horas por un salario mínimo—, enamorada de uno de los hermanos Ortiz, con el que había proyectado su matrimonio, ahora embarazada, negándose su novio a cumplir la promesa. «¿Dónde voy yo?», decía angustiada. «¿Y mis padres? Ayúdame, por favor. Convéncele. Alguna vez la responsabilidad debe triunfar». No sé con certeza qué fue de la chica y de su hijo. No volvió por el piso. Alguien me aseguró que había abortado en condiciones muy arriesgadas, aunque el interesado evitaba el tema. Un acuerdo entre todos la sacó de nuestras conversaciones.

Para evitar pasar por atropellos semejantes, indignos de universitarios serios, pasaba en el piso el menor tiempo posible. Me quedaba en la Facultad o iba con Felipe a actividades culturales, a visitar museos, a escuchar conferencias, etcétera. Estudiaba tercero cuando comencé a ir a la biblioteca de la Asociación de Periodistas Madrileños, animado por D. Juan, que también lo hacía. Allí conocí a Julio, un periodista nacido en Villada (Palencia) a comienzos de los años treinta, aunque muy pronto sus padres se trasladaron a Madrid, donde sufrió la guerra. Quizás la cercanía en el origen consiguió la inmediata relación amistosa y pronto compartimos nuestras experiencias con sinceridad. Trabajaba en la agencia Efe y había estado como corresponsal en muchos países hispanoamericanos, continente que presumía de conocer muy bien.

—Aquello es otro mundo —me decía—. Nada tiene que ver con el nuestro. Viven de milagro, al día, sin preocuparse cómo amanecerá mañana. Los niños, en la calle; las mujeres haciendo trabajos inadecuados para su sexo; los hombres, desaparecidos; las autoridades, al servicio de unos pocos; los sacerdotes en primera línea, intentando aminorar la pobreza y las injusticias. Otro mundo, de verdad. Allí la vida vale muy poco y por eso se pierde por cualquier motivo.

—Hombre, algo ha mejorado últimamente. Al menos a mí me lo parece. Sobreviven pocas dictaduras y algunos países han avanzado —le contesté poco convencido.

—No lo creas. Estados Unidos vigila y no les permite evolucionar como ellos desearían. Antes hay que rendir cuentas. Mira Chile. No obstante, sí es posible que alguna mejora se aprecie, poca cosa para el potencial de estos países.

—Yo, sin embargo, soy optimista, tal vez porque los conozco menos. Son estados tan bonitos que merecen mejor suerte.

—Sin duda —me contestó sonriente—. No he visto en mi vida una naturaleza tan variada y bella: selva, ríos caudalosos, animales, sonidos acompañando tus pasos, dar un paseo por cualquier lugar supone recuperar el paraíso, quedar impresionado por la belleza más extrema. Si tienes ocasión, cuando seas periodista, vete y quédate algún tiempo. Además, para un periodista joven tiene un atractivo especial. A mí me enviaron a hacer un reportaje de la guerrilla colombiana. Estuve un mes con ellos en sus campamentos y pude contemplar su forma de vida, la importancia de la ideología para estos hombres, el papel de las mujeres y los niños. ¡Qué violento choque! No aceptas sus métodos, pero consigues entender las razones de su lucha. Para huir hasta estos campamentos, antes han sufrido infinidad de injusticias. No olvides el papel de los paramilitares, crueles, apoyados por el gobierno. Estando yo allí sufrieron un ataque en el cual murió un niño. No veas con cuánta ternura lo enterraron.

—Me dejas admirado; no te creí tan decidido.

—Disfruté mucho escribiendo ese reportaje, me sentí periodista de verdad, de campo, no de redacción, y me esforcé en su elaboración convencido de su interés. Me concedieron un premio que conservo en casa como oro en paño.

—No me extraña. No olvidaré esta lección, una de las primeras.

Me dispuse a abandonar la Asociación y me despedí de Julio muy animado, deseando acabar la carrera para vivir estas experiencias únicas.

—Volveré más veces. He aprendido más contigo que en veinte clases. A ver si coincidimos en el mismo medio de comunicación o en el pueblo, pues entre Calzada y Villada solo hay veinte kilómetros, aunque pertenezcan a provincias diferentes. Adiós —le dije rozando cariñosamente su espalda.

En periodo de exámenes pasaba muchas horas en la Biblioteca Nacional, en la que existía una sala acondicionada para estudiar tranquilamente. La reiteración de mis visitas propició el conocimiento de los bedeles y de algunos compañeros, entre quienes se encontraba Bea, una chica que estudiaba Psicología. Un café tuvo la culpa de que la acompañara a su casa y de que saliera con ella durante algún tiempo.

Beatriz, una chica delgada, de pelo castaño y tez blanca, había nacido en Riosa (Asturias), hija menor de un matrimonio de ganaderos: «Tengo el olor del estiércol, de las vacas, tan metido dentro de mí que me acompaña hasta en las perfumerías», decía con humor, sin embargo, amaba con devoción a su tierra: «Posee el color verde más puro;

las lluvias, casi constantes, hacen que este color aparezca en cualquier lugar, hasta en las piedras; y luego la oscuridad —en Asturias el sol está reñido con la gente—, que te obliga a concentrarte, a retirarte a tus lares a meditar», remachaba la chica.

En Riosa había vivido siempre, a veces en casa de la abuela, en el mismo pueblo, pero en distinta casa: «Para aliviar a mi madre, delicada de salud desde que yo nací». Allí había ido a la escuela, ligada al instituto de Pola, donde había terminado sus estudios de secundaria. De ahí marchó a Madrid para estudiar Psicología: «Tal vez influida por la enfermedad de mi madre a la que quiero ayudar». Y sin duda lo hará, porque Bea es una chica estudiosa, con buenas iniciativas, preocupada por acabar pronto la carrera y conocer las teorías y técnicas más novedosas en su campo.

Salvo el café obligado o algún pincho liberador, no salíamos mucho y, cuando lo hacíamos, íbamos al cine o a algún concierto de un grupo extranjero que ella conocía mejor que yo. A mí me gustaba más el cine, sobre todo las películas no estrenadas en las salas comerciales, aunque fueran viejas, por eso escogíamos las películas de los cines Alphaville o de la Filmoteca Nacional, muchas veces en versión original. Aquí nos juntábamos con los amantes selectos de este arte, cuyos comentarios nos resultaban aprovechables, como hacía Eusebio, quien, al finalizar la película, se reunía en un bar cercano para comentarla en sesiones abiertas para todos. Únicamente había que mostrar la entrada correspondiente. ¡Cuántos secretos esconde el cine! ¡Qué lejos de mis películas en el cine Ventas, los sábados por la tarde!

De vuelta de vacaciones, en el inicio de mi quinto curso, busqué a Bea en la Biblioteca Nacional y allí estaba, igual de guapa y responsable como la había dejado el curso anterior.

Esa tarde no estudiamos. Guardamos los apuntes y nos dirigimos a una cafetería cercana:

—¿Qué tal las vacaciones? ¿Y tu madre? —le pregunté antes de sentarme.

—Bien, cortas. Mi madre continúa con sus depresiones, con sus lloros al amanecer y con esa tristeza que la aniquila —me contestó con amargura—. A ver si acabo pronto y la puedo ayudar. He contado su caso a D. Pedro, el profesor con quien trabajo a menudo.

—Bueno, seguro que lo conseguirás, eres una buena estudiante y serás mejor profesional. Tu carrera me parece interesante porque sirve para aminorar el sufrimiento de la gente en este mundo tan despiadado que nos hemos inventado.

Tomó el café, acercó sus manos a las mías, me miró tiernamente a los ojos.

—Salgo con un chico del pueblo, de mi edad, coincidí con él en la escuela y en el instituto, Jorge, que estudia Letras en Oviedo —me dijo algo avergonzada, temiendo que yo no entendiera esta relación.

—Me alegro, Bea. Siempre buscamos la infancia o los primeros años de la adolescencia para cumplir con las acciones más importantes de nuestra vida, esos años nos marcan el futuro, por ello acudimos a esa etapa para salvarnos ante decisiones importantes.

—En Psicología se estudia mucho la influencia de la infancia en el devenir de las personas. Conozco multitud de teorías, desde los negacionistas convencidos hasta los que defienden un determinismo pleno. No me atrevo a escoger la más convincente, pero, verdaderamente, la infancia nos ofrece seguridad, pues durante su vigencia hemos sido felices y libres, valores que confiamos mantener el resto de la vida —me contestó segura.

—Te deseo lo mejor. Lo mereces todo y estoy seguro de que la vida te premiará —le aseguré sonriente.

—Gracias, temí que no lo entendieras. De alguna manera entre tú y yo había algo más que un café o el visionado de una película, pero nunca me dijiste nada, no sabía a qué atenerme, porque te veía confuso, sin ideas claras, frío y alejado.

—A mí me pasa lo que a ti: también la infancia y los primeros años de juventud me dominan, me ponen vetos, me dictan obligaciones que debo cumplir y obedezco, al menos hasta ahora. No he sabido liberarme y desconfío de que lo consiga alguna vez —le aseguré sin aclarar nada.

Seguí viendo a Bea en la Biblioteca, aunque con menor frecuencia. Sin pretenderlo, ella me salvó, porque desconocía cómo aclarar mi relación con ella. No quería hacerle daño ni entretenerla, sin embargo, no encontraba el momento para decírselo. Al final, la suerte o la casualidad se alzaron en favor de los torpes o de los tímidos. Cuando voy a Oviedo, ya jubilado, paso por la calle donde abrió su clínica. Hace tiempo que no entro, ni siquiera para saludarla. Quizás algún día lo haga, aunque los años, tiranos dictadores, nos van alejando de todo, incluido lo obligado.

De vacaciones seguía yendo al pueblo, especialmente en verano. Mis padres se habían trasladado a León y, aunque continuaban visitando el pueblo con asiduidad, en Navidades y Semana Santa no solían desplazarse y yo tampoco. Ya sabéis la razón: Elsa no iba, ¿para qué entonces? No obstante, procuraba tener noticias de ella, preguntando a sus compañeras cantoras, a algún familiar, a mi hermana, de forma indirecta, porque deseaba que desconocieran la causa de tanta insistencia. Uno de los veranos sí que estuvo, pero no en la fiesta ni en los días próximos a ella, por lo cual no coincidimos. Vi a sus padres y me supuse que tarde o temprano vendría, pero por motivos laborales no pude esperar. La suerte se manifestaba esquiva una vez más. Hablando con una de sus primas, me contó que estudiaba enfermería en Barcelona con la pretensión de participar en las misiones de Médicos del Mundo: «Ya conoces sus inquietudes sociales, es de las que quieren salvar el mundo, acabar con la enfermedad y la miseria; ojalá lo consiga, aunque me parece un deseo plausible más que una realidad». No insistí. Respetaba la decisión e incluso la juzgaba como valiente, arriesgada, digna de personas de profundas convicciones cristianas, capaces de abandonarlo todo por ayudar a los demás. ¡Qué trabajo tan gratificante!

Ante su ausencia continuada, mis visitas al pueblo se fueron espaciando, a pesar de que mis años de infancia continuaban escarbando en las charlas con los amigos, detrás de un vaso de vino en los prados de las bodegas: «¿Te acuerdas de las fiestas? ¿De las patrullas organizadas para ir a por uvas? ¿De los juegos, los cartones, la piuca, el castro? ¡Qué ilusión amontonar cartones, poseer varias piucas, acertar con la manilla más adecuada para guiar el aro...!». Solo quedaba sitio para la alegría, para la risa, ¿por qué nos haremos mayores? Todos regresábamos a esta etapa, unos con más añoranza que otros, pero nadie la había superado sino que seguíamos nutriéndonos de ella. Las conversaciones constantes así lo probaban, parecía que nuestra memoria se había detenido en esos años y se negaba a seguir acumulando datos.

Estos cambios me obligaron a organizar las vacaciones de otra manera: trabajaba, daba alguna clase o prestaba servicios de guía en un museo, como ocurrió durante varios cursos. Me contrataron para dar las vacaciones a los trabajadores de plantilla en leche Aly, una empresa dedicada a embotellar leche y otros productos lácteos. Allí pasé dos meses, vestido con un mano blanco para semejar la limpieza más pura y hacer juego con el color de la leche, aunque, como es fácil de entender, únicamente se lograba los primeros días de la semana. El penoso turno de noche me enseñó a vivir de otra manera: «La noche se hizo para dormir», decían los veteranos y cuánta razón les asistía. Allí conocí a Sandalio, un trabajador antiguo enamorado de una de las chicas de la oficina, cuyos comentarios irónicos aligeraban el monótono trabajo de introducir botellas en cestas de alambre. Otras vacaciones trabajé como guía en el Museo de la Catedral, una experiencia muy positiva en mi formación. Expliqué el museo a gente importante: presidentes, premios nobel, príncipes, políticos, actores, etcétera. Me hicieron reportajes y entrevistas y conocí a muchos extranjeros con quienes practiqué mis conocimientos de francés o italiano. Recuerdo a Severo Ochoa, culto y agradecido, a los todavía príncipes Juan Carlos y Sofía, a Pastrana Borrego, presidente de Colombia, del cual conservo un autógrafo, a José Mª Cafarell, actor famoso, y al mundo estrecho de los canónigos, después de asistir a coro, paseando sus logros por el claustro, con un cigarro de caldo en la mano, a primeras horas de la mañana.

En ambos trabajos no gané mucho dinero, pero sí lo suficiente para permitirme algún lujo durante el curso y para comprar el primer televisor a mis padres, un Telefunken, y además conocí el trabajo ajeno, tener un vigilante al lado, el encargado o director, experiencia imprescindible para entender mejor la vida. Aprendí a moverme en aguas movedizas sin ahogarme ni tener que pedir auxilio. Estando en el museo, robaron el *Libro de las estampas*, una joya artística de valor incalculable, que le costó el cargo al director y a mí múltiples visitas a comisaría para contemplar a grupos de sospechosos sentados detrás de un cristal. Además, sobresalía un cuadro renacentista, *La adoración de los Reyes Magos*, de gran belleza, y un armonio de cuerda muy antiguo, con un sonido sólido y dulce, que los visitantes admiraban en una sala tenebrosa. Completaba la visita el claustro, cuyos frescos, deteriorados por las condiciones atmosféricas, apenas permitían contemplar los rasgos de sus figuras. En una sala independiente, separada por una escalera de piedra gris, almacenaba la dirección las obras en proceso de recuperación, esculturas traídas de iglesias en ruinas. Esta sala no se visitaba, según anunciaba un cartel con este mensaje: «Sala no visitable. Prohibido el paso». No obstante, la curiosidad del turista le incitaba a desobedecer el mandato y a subir la escalera para contemplar lo que allí se escondía. Al abrir la puerta, un esqueleto blanco enorme recibía a los atrevidos, portando en sus manos otro cartelón: «Por curioso y desobediente». Más de uno bajó las escaleras de golpe o rodando como una pelota de goma en medio de las risas de canónigos y guías.

Durante los cursos cuarto y quinto, inicié las prácticas en los distintos medios que las requerían. De esta manera visité las redacciones de muchos periódicos: *ABC*, *Informaciones*, *El País*; emisoras de radio: Radio Nacional de España, Radio Madrid, Radio Popular; Televisión Española; y la prensa deportiva, con la cual me identifiqué enseguida: *Marca* y *As*. Mi afición al deporte venía de lejos, desde la infancia del niño buscador de cromos de jugadores, cuyos álbumes nunca completaba, deficiencia que acostumbraba a tapar Javier, enamorado del fútbol y jugador durante años en distintas categorías, quien me regalaba colecciones completas de jugadores de primera división. Tenía cromos de todos los equipos, pero sobre todo del Barcelona, equipo del cual me atraía su combinación de colores, para mí de gran belleza. Tal vez fuera esta la razón u otra, no lo sé, pero pronto me hallé defendiendo sus colores frente a los blancos, más numerosos y aguerridos. ¿Por qué te conviertes en hincha de un equipo? Al menos yo lo desconozco; sin embargo, todos coincidimos en la fidelidad inquebrantable a un equipo, a pesar de los fracasos, los desencantos, las humillaciones de los contrarios. No existen sucesos, por crueles que sean, capaces de alejarte de tu equipo, al que conservarás hasta la muerte, como me ocurre a mí, unido al equipo contra todo y contra todos (fuera y dentro) desde hace muchos años. A veces estoy convencido de que te haces de un equipo de la misma manera que te enamoras de una chica, sin saber por qué, pero sientes una emoción especial cuando la ves, llorando con frecuencia de emoción o de pena. Dos amores han cubierto mi vida deportiva: el Barcelona, desde la niñez, y la Cultural Leonesa, ya mayor, y ninguno me ha hecho feliz, salvo contadas ocasiones en los últimos años (abundantes títulos y un ascenso a segunda división). Me pasa lo que a Víctor, un enfermo terminal, que recuperaba sus mejores años de infancia apuntando las alineaciones de su equipo. Se servía de un cuaderno de pastas verdes que siempre dejaba sobre su mesita, en la habitación. Cuando lograba memorizar alguna especialmente difícil, reía como un niño.

La cercanía tan temprana de los deportes me permitió conocer con profundidad los reglamentos, el nombre de los estadios y pruebas, a los practicantes destacados, y seguir sus resultados apoyado en mi memoria, de la que siempre he presumido. Escuchaba la radio, seguía los partidos los fines de semana, leía las crónicas, comentaba y discutía con los demás, incluidos los periodos de exámenes, como me ocurrió con el final de una Vuelta ciclista a España, víspera de un examen final: cambié el libro de Historia por dos horas en la carretera. En esta dedicación reiterada sitúo la base de mis posteriores estudios relacionados con el lenguaje deportivo, que concluyeron en 1995 con la lectura de mi tesis doctoral en la Facultad de Filosofía y Letras de León. Con esfuerzo y con mucha perseverancia, había comenzado el estudio de todo lo relacionado con el mundo del deporte en España, al contrario que en otros países, como Francia e Italia, ignorado por los estudiosos de la lengua por considerarlo inferior, cubierto de imperfecciones y retoricismo innecesario.

Muchas jornadas —fines de semana sobre todo— guardaba los folios en la carpeta y me dirigía a la redacción de la emisora concertada. A veces me quedaba ahí, observando, leyendo noticias; pero, habitualmente, marchaba a presenciar algún partido de regional o juveniles, a preguntar las novedades en las comisarías, a presenciar actos públicos... De todo ello redactaba una breve crónica o elaboraba el relato de una noticia y se la entregaba al jefe de redacción correspondiente, quien tenía la última palabra: o la dejaba como estaba o la corregía; o introducirla en algún programa u olvidarla en el montón de los ejemplares de prácticas, conocido en todos los medios.

Por primera vez me sentí periodista una tarde de domingo delante de la comisaría de Chamartín adonde había ido para recoger el parte de incidencias, que debía llevar a la emisora. Estando allí, se acercó llorosa una mujer, con un niño de unos cinco años de la mano, protestando por la detención de su marido. No se cansaba de repetir: «No ha sido él». Por lo visto en su casa venden drogas, por lo que las llamadas a lo timbres de los pisos son frecuentes. La policía vigilaba a los drogadictos que se acercaban para comprar su dosis cuando observaron que llamaban al piso de la mujer por equivocación. La policía no creyó las explicaciones del marido y decidieron detenerlo y traerlo a comisaría. Ante el temor de un castigo económico o un periodo en la cárcel, la pobre mujer, con escasos medios económicos, protestaba exigiendo justicia ante las puertas impasibles de la comisaría. Prometí a la señora dar a conocer su protesta en la radio y para conseguirlo redacté un texto crítico con el uso de algunos métodos policiales, con frecuencia excesivamente duros e injustos con los débiles.

La reiteración de mis visitas a las redacciones, unas obligatorias y otras voluntarias, facilitó cierta confianza con algunas de las figuras en el campo del periodismo: conocí a Jesús Fragoso del Toro, a Manuel Alcántara, a Miguel Vidal, al gran Matías Prats, quien, antes de narrar un partido, se acercaba al estadio para conocer los rostros de los jugadores, a Gregorio Parra, amante del atletismo hasta la extenuación, a Julio César Iglesias, a Juan José Castillo, la voz del tenis en televisión, a Antonio Blanco... pero, sobre todos, mi admiración se detenía en Vicente Marco, siempre sereno y comedido, y en Juan Manuel Gozalo, apasionado, trabajador, de aquí para allá con su Radio Gaceta de los Deportes. De todos aprendí un montón de cosas que iba apuntando en el cuaderno —todavía vigente—, fijándome especialmente en el argot de cada deporte, muy particular en las crónicas de boxeo de Fernando Vadillo. Durante estos años pasaba muchas horas delante del televisor, escuchando la radio y leyendo crónicas deportivas, las cuales guardaba después de subrayadas. Recuerdo mis tardes de domingo sentado en una esquina de la larga mesa en los estudios de Radio Madrid o de Radio Nacional de España. Me quedaba muy poco para acabar mi carrera y había conseguido dominar con seguridad la maquinaria del periodismo deportivo, de ahí que pudiera desempeñar cualquier trabajo en este campo. Entonces ignoraba que con el tiempo se convertiría en mi especialidad, de la cual acabaría sintiéndome agradecido, ya que colmaría todas mis aspiraciones profesionales.

A finales de junio, con el título de licenciado en Periodismo bajo el brazo, antes de abandonar Madrid fui a despedirme de D. Juan y de Julio buscándoles en el lugar donde solían estar: a D. Juan a la salida de su clase en la Facultad y a Julio en la biblioteca de la Asociación de Periodistas Madrileños. Con el primero quedé para comer el día siguiente en el restaurante de León acostumbrado y con Julio me cité en Sahagún, en agosto, cuando él disfrutaba de sus vacaciones. La comida con D. Juan resultó una lección individualizada del mejor periodismo, basada en las múltiples experiencias por las que había pasado. Conocía los riesgos como ninguno, pero también los aspectos favorables: «Hay que saber moverse, si no estás perdido».

—¡Cómo pasa el tiempo! Parece que fue ayer cuando llegaste a la Facultad con cara de pipiolo y ya eres todo un periodista —me dijo nada más vernos.

—Es verdad, lo que parece una cuesta pronunciada, luego, cuando la has subido, solo resulta una suave inclinación. Han pasado muy rápidos estos cursos, pero porque he gozado de mucha ayuda y comprensión por parte de la gente —le contesté convencido.

—Ahora llega lo peor, tendrás que elegir: mojarte, como se dice por ahí, y eso lleva consigo crearse amigos y enemigos, o acomodarte a las circunstancias de cada medio. Unos entenderán tu comportamiento, pero otros lo rechazarán. Los medios de comunicación poseen un poder extraordinario, por eso todos los quieren a su lado políticos, empresarios, la Iglesia, todos, y de ahí las presiones, los sobornos, los sobres ocultos, las infinitas tentaciones, que difícilmente podrás evitar y superar. No te consideres nunca el más íntegro ni el más fuerte, yo he visto caer muchas torres altas, bien construidas, con enorme estrépito —aseguraba el profesor.

—Me lo supongo, y más en estos tiempos palpando el final de la dictadura y la aparición de nuevos políticos con la pretensión de cambiarlo todo —le respondí temeroso.

—Yo, desde mis comienzos en el *Diario de León*, he sufrido la mano opresora de muchos directores, me han podado escritos, me los han modificado, les han puesto titulares intencionados, de todo, chico, de todo. No obstante, si eres hábil, consigues muchas cosas, porque no te dominan plenamente, aunque ellos así lo crean. Estando en *Informaciones* raro era el día que no me visitaba la policía o algún representante del Ministerio. Siempre me escabullía y al final hallaba soluciones para seguir adelante. No lo olvides: libre y responsable, al servicio de la verdad. Un periodista puede hacer mucho bien a la sociedad, especialmente a los humildes e ignorantes, y también mucho mal si te dejas manipular y escribes al servicio de intereses espurios, aunque estar por encima de cualquier influencia, resulta imposible; somos limitados, «majadero» —(Su apelativo cariñoso preferido) argumentaba entre plato y plato.

—¿Y los intereses económicos? —le dije—. Porque todos los medios son una empresa, y si no ganan dinero tendrán que cerrar.

—Así es. Cierran muchos y la mayoría por problemas económicos. Las modas, los cambios ideológicos, las nuevas rotativas, la aparición de otros medios impulsan la caída de otros existentes. La prensa del Movimiento desaparecerá y veremos otros periódicos o emisoras surgidas con la democracia. Sin duda, sentirás la influencia de estas razones, y ante ellas poco podrás hacer, a veces el mantenimiento del puesto de trabajo exige sacrificios, dejar a un lado valores que consideras irrenunciables.

—No sé cómo saldré yo de este pantano de aguas tan movibles, igual hasta me atollo —le contesté sonriendo.

—Sabes que me tienes cerca, cuéntame, ven a visitarme, aunque me parece que tú lo tienes claro: la prensa deportiva, que tanto amas, carece de problemas, ni económicos, se vende más que ninguna, ni ideológicos. En ella puedes opinar, criticar lo que te apetezca, será verdad o mentira, pero siempre intrascendente, nadie te meterá en la cárcel por haber escrito algo.

—Me gustaría trabajar en el deporte, se lo aseguro. A ver si lo consigo, cumpliría uno de mis deseos más acuciantes: alimentar mi vocación primera. Sin embargo, no desestimo escribir de otros temas, si la situación así me lo demandara. Nunca he mirado para otro lado ni he sido un cobarde en el trabajo —le aseguré con valentía.

—Lo sé, lo sé. Suerte y al toro —me dijo a la vez que me abrazaba con fuerza.

Por fin había conseguido la máxima ilusión de mi vida: ser periodista. Me veía narrando alguna guerra, allá, en otro continente, en medio del fuego cruzado, corriendo múltiples peligros, pero consiguiendo trasladar al papel la crudeza de las imágenes, los gritos de los heridos, el ruido atronador de los disparos, los mandos nerviosos de los oficiales...; o asistiendo a algún campeonato deportivo a nivel mundial: final de una Copa de Europa, una olimpiada en la que España hubiera logrado triunfos relevantes que yo contaría en la radio, por medio de entrevistas en la sala de prensa, o en los vestuarios, para estar más cerca de las lágrimas de los jugadores, de los atletas; o retransmitiendo algún partido por televisión, acompañando a las imágenes: primeros planos del público haciendo la ola en el estadio, de los entrenadores gritando desesperados, una grave lesión... Sería un gran periodista, de éxito, admirado por todos, parado en la calle para firmar autógrafos, y sonreía, ingenuamente sonreía feliz, en medio de un mar de aplausos. A los veinticuatro años, solo se pinta con colores fuertes, no conocemos lugar para el negro, ni para el gris siquiera.

Me había citado con Julio en la estación de Sahagún. Él tenía coche y podía desplazarse donde quisiera, yo no, por lo cual tomé el tren de las ocho, con llegada a las nueve de la mañana a la vieja e histórica villa que le iba a mostrar. Además iríamos a Calzada, a Grajal y a Villada, desde donde nos despediríamos por algún tiempo. Julio había nacido en la zona, pero las circunstancias no le permitieron sentir el calor de estas tierras, cuyo paisaje agranda los ojos y cuyo viento llena los pulmones de solidaridad.

Comencé el recorrido por la iglesia de la Trinidad, no especialmente valiosa, pero sí importante para demostrarle la extensa y duradera historia de esta villa, trascendente para la comarca al menos hasta el siglo XIX. Luego nos trasladamos a san Lorenzo, ejemplo del peculiar románico saguntino, edificios de ladrillo, de estilo mudéjar, como san Tirso, famoso por los arcos de su ábside y por su torre. Nos detuvimos ante las ruinas del gran Monasterio de san Benito, centro del poder durante ocho siglos. De sus restos se puede deducir la grandeza arquitectónica, visible en la torre del reloj y en la única portada conservada, cuyos arcos te invitan a entrar y contemplar la bella capilla de san Mancio; sin embargo, nada queda de su importantísimo archivo ni de su riqueza escultórica y rica orfebrería. «Yo, cuando vengo a Sahagún aún escucho los gritos de los comerciantes anunciando sus productos por las calles que ahora pisamos, la mezcla de lenguas en sus conversaciones, motivadas por el origen diverso de la población, las protestas de los burgueses y de los labradores martirizando los oídos sordos de los monjes, inamovibles ante sus demandas», le comentaba mientras andábamos. Pasamos después por el convento de la Santa Cruz, donde un museo conserva muestras de tan glorioso pasado, deteniéndonos en la tumba de Alfonso VI y en el precioso retablo barroco de la capilla, traído desde el derruido monasterio dominico de Trianos. Acabamos la visita en la Peregrina, convento franciscano del siglo XIII, en el cual una Virgen, probable obra de la Roldana, viajó desde Sevilla hasta aquí para guiar el recorrido de tantos sufridos peregrinos que hacen noche en este lugar. «Como has podido comprobar, una villa rica en arte y en historia, alimentada por el comercio y por la vega del Cea, muy productiva hasta hace unos años, que ves bordeando la ciudad».

Sirviéndonos de su coche, nos trasladamos a Calzada, centro del coto del Monasterio de san Benito, la mejor prueba del enorme poder económico de los monjes, que defendían en juicios y parroquias controladas y con autoridades a su servicio (feudalismo severo). Al pasar por la casa de Elsa comprobé que ventanas y puertas estaban cerradas, con las persianas bajadas, dando a entender la larga ausencia de sus dueños. Por el camino que recuerda la calzada romana, llegamos a Villarrubia, un valle cercado por añosas encinas, que vio desaparecer a todo un pueblo víctima de la peste y del abandono. Aquí, una ermita cuya Virgen congregaba a varios pueblos para celebrar su festividad con una romería, veló por su recuerdo hasta el siglo pasado. «Estos trozos de teja que ves son los únicos restos de su pobre edificio». Cerca de este monte, en el término de Bercianos, existe una laguna que llaman de los Patos, con una hermosa y trágica leyenda dentro de sus aguas: invadidos por Ruy Fernández, el Demonio, los pobladores abandonaron sus domicilios ahogándose en la laguna. Los graznidos de los patos expresan su dolor y exigen a los visitantes descanso para sus almas. Aunque hoy sea una comarca olvidada y pobre, la historia de la misma es muy brillante y espera a que alguien se decida a escribirla, yo algo he hecho.

Sentados en un prado, bajo el cariñoso cobijo de los chopos, al lado de la fuente de aguas frías y sabrosas que alimenta el riachuelo del valle, le conté a Julio mi estrecha relación con aquel lugar, desde la infancia hasta mis primeras colaboraciones con mis padres, labradores. De niño, al menos una vez al año, visitaba Villarrubia para merendar y jugar con mis compañeros de la escuela. Nos acompañaban los maestros empleando diversos medios de transporte: bicicletas, carros, animales... Desde tiempo atrás este lugar mantiene un atractivo especial, mágico, que las generaciones han trasladado hasta hoy, por ello resulta obligado acudir, buscando el encanto tantas veces escuchado en las familias. Siendo ya un jovenzuelo aquí reposábamos la fatiga de las jornadas calurosas de la siega, después de haberte levantado a las cuatro de la mañana para arrancar lentejas, más suaves por el rocío mañanero. Hacia las nueve se iniciaba la siega de los trigales, junto a las pesadas máquinas segadoras, agrupando gavillas en las morenas. A las dos, todas las cuadrillas de la zona se juntaban cerca de la fuente para comer y reponer fuerzas.

Platos de cuchara y el vino fomentaban el buen humor que aquellos sacrificados labradores manifestaban en sus conversaciones. A mí, que no bebía vino, este rato me despejaba la galbana y suavizaba la flaqueza de mis piernas. «El agua pudre la madera. Sin el vino, en botijas de barro, este trabajo tan exigente no se puede soportar», afirmaba convencido uno de los comensales. Al final, la sombra alargada de las viejas encinas propiciaba una leve siesta. «Escucha el silencio, Julio; impresiona. Yo lo temo».

Comimos en la Codorniz: sopa castellana y cordero asado, platos típicos de la zona, y seguimos hasta Grajal, otro pueblo con un pasado interesante, en el cual se ha mezclado el poder eclesiástico con la riqueza hereditaria de la familia de los Vega, nobles con gran poder político en la España de los siglos XVI y XVII. De su pasado quedan su castillo, la iglesia de san Miguel, el palacio y la plaza del pueblo. Muchos movimientos reivindicativos nacieron en esta población puntera durante siglos.

Terminamos en Villada, algo cansados. Pueblo perteneciente a los Campos Góticos, de gran importancia en la rebelión comunera. Su pasado gira en torno a la presencia de una judería muy activa y a los representantes de todos los gremios entre sus estrechas calles. Además conserva el Monasterio de san Fructuoso, dependiente del de Sahagún, con una bella iglesia y un tesoro valioso, y la iglesia parroquial de santa María. En la plaza recuperamos fuerzas detrás de unos reconfortantes cafés:

—¿Te ha gustado la visita? —pregunté.

—Mucho, de verdad. Desconocía que esta comarca tuviera un pasado tan glorioso. A veces somos ingratos con la tierra que nos vio nacer —me contestó.

—Yo, sin embargo, siento una emoción especial cuando visito estos lugares. A mí, la infancia, ese jardín hermoso del que hablan los escritores, me marcó el camino a recorrer y hasta el día de hoy no he hecho otra cosa, muy satisfecho con su mandato.

—Todos los hombres somos infancia, niñez, en torno a la cual giramos, aunque con frecuencia no lo parezca o lo ignoremos. Yo la pasé en Madrid durante la guerra, en medio de necesidades y temores, pero también fui feliz. Cuando nos escondíamos en los sótanos durante los bombardeos, los mayores temblaban, lloraban y los niños, en una esquina, jugábamos con juguetes que habíamos dejado allí la noche anterior. Ya no existe la casa de mi niñez, pero sé bien dónde estaba y a menudo paso a su lado para recordar mis juegos en la calle, su olor característico. Luego murió mi padre entre sospechas infundadas y mi madre prefirió abandonar el barrio.

—Es decir, a pesar de tanto dolor, recuerdas tu infancia con alegría, como una etapa decisiva en la formación de tu carácter, de tu visión del hombre y de la vida —aclaré.

—Si te digo la verdad, no lo he pensado detenidamente, pero es posible. También siento una atracción por esta etapa y durante algún tiempo visité mi barrio, la calle donde estaba mi casa de renta, con frecuencia buscando fuerzas para seguir luchando. Sí, todavía la infancia sigue nutriendo mi vida, estoy seguro. Quizás le deba mi amor al periodismo reivindicativo a lo que vi durante mi niñez.

—Probablemente lo sintamos todos, aunque algunos lo digamos y otros prefieran callarlo o renegar de ello. A mí me ha llenado mi alma y cada vez que hablo o escribo utilizo parte de ese material —concluí mientras abonaba la cuenta.

Nos despedimos prometiéndonos volver: «Al menos una vez en vacaciones». Abrió su coche y lo vi alejarse carretera arriba, en dirección a Medina del Campo.

Solo, mientras me dirigía a la estación de Villada por una carretera estrecha, entre acacias y zarzales, pensaba en la ausencia de Elsa y en mi papel en la supuesta relación. Por primera vez acudieron en tropel las dudas referidas a mi comportamiento. ¿Estaré obrando bien? Carezco de la mínima experiencia en temas amorosos y alguien me ha sugerido que la lejanía en estas cuestiones suele acabar enterrando las promesas. Subí al tren con la intención de aclarar pronto mi situación, por el bien de los dos, de esta manera nadie sufriría por el otro, lo menos que se puede pedir. No obstante, conociéndome bien, dar ese paso me iba a costar; nunca he sido decidido y más en aspectos delicados. Prefiero no ponerme el termómetro y desconocer si tengo fiebre.

Sentado en mi asiento del tren, rozando mi frente el cristal de la ventanilla, en la lejanía viñedos, encinas, rastrojos de trigo, escribí en mi cuaderno de notas esta carta:

> «Elsa:
>
> Te escribo esta carta sin saber con seguridad si algún día te llagará, pero necesito hacerlo porque siento tu ausencia como si algo me estuviera martirizando constantemente, y más cuando no existen perspectivas de mejora. Preciso estar a tu lado o al menos confiar que mi espera algún día tendrá recompensa. Tal vez esté pidiendo demasiado y tú te muevas por otros intereses —el tiempo borra las huellas más profundas—, sin embargo, no me doy por vencido y espero respuesta, aunque me haga daño. No conozco peor enemigo que la duda para una persona enamorada. Te espero en el pueblo. Pon tú la fecha. En el anhelo de esperar se manifiesta la mayor dicha».

Desconfiaba que el cartero la entregara, pues los padres de Elsa tampoco vivían en el pueblo y no debía poner otra dirección, por eso no la envié. La conservo como prueba por si alguna vez pudiera entregársela en mano.

Aquel verano lo pasé en el pueblo casi en su totalidad. Necesitaba descansar, meditar qué hacer, poner en orden mis apetencias. En septiembre comenzaría a buscar trabajo o a analizar las ofertas. Tampoco precisaba de mucho dinero; aprender me tiraba más por el momento.

Solo o acompañado por mis padres y hermanos me instalé en el pueblo. «No queda miel porque ya sabes que la colmena marchó el verano pasado, harta de la falta de compañía. Así que pocos trozos de pan con miel puedes preparar», me dijo mi madre conociendo mis gustos desde antiguo.

La bicicleta de mi padre, guardada durante la mayor parte del año, me permitió desplazarme de un lado a otro. Recorrí el campo por los lugares significativos para mí, como la estación del tren, repleta de magia y misterio; la alameda, donde el amor crecía entre los árboles; el Tambrín, primer asentamiento de los pobladores primitivos; el Roble Mirador, observando el pueblo desde la lejanía de la dehesa; Villarrubia, tumba de Maritocha, perseguida por el lascivo Pascual... El campo cambia poco, mantiene la misma identidad durante tiempo, muchas generaciones lo verán igual, pues las leyes de la naturaleza apenas se modifican, aunque está el hombre, a veces insensible a la deseada quietud natural.

Otras jornadas visitaba los pueblos cercanos buscando vestigios de su historia, brillante en muchos de ellos, como san Pedro de las Dueñas, cuya iglesia y convento recuerdan riquezas pasadas; o Trianos, aislado, dejando morir el monasterio dominico, centro de sabiduría, con una farmacia de gran fama; o Bercianos, protegido por la Virgen de Perales, en cuya ermita se celebra una populosa romería. Estas visitas artísticas fueron incitando mi ánimo para que me dispusiera a analizar también la historia de mi pueblo, aparentemente de menor importancia porque no conservaba edificios valiosos, pero con otros méritos. Y así lo hice: me puse en contacto con los vecinos responsables de los dos archivos existentes e inicié el estudio detallado de la población, desde los primeros pasos conocidos hasta hoy. El hecho de formar parte del coto del monasterio me posibilitó contar con muchos documentos, conservados en el importante archivo monástico y con numerosos textos referidos a esta edificación, santo y seña de la historia española durante muchos siglos. Lo empecé ese año, pero pasarían muchos más hasta que conseguí dar forma a uno de mis trabajos más costosos y a la vez gratificantes de mi existencia.

Como estaba de guardia —como quien dice—, paseaba con frecuencia por delante de la casa de Elsa: ningún signo de presencia, ventanas cerradas, silencio, hasta unos días antes de la fiesta de san Roque, cuando aparecieron sus padres, solos; Elsa no había venido. Luego supe que no se encontraba en España porque participaba en una misión sanitaria organizada por Médicos del Mundo, en Sudán. «Otra ocasión perdida: si la persona deseada no se siente aludida, pierdes el tiempo», pensaba mientras buscaba en el bar la compañía de los amigos de la infancia. Estas informales reuniones rescataban la niñez, etapa de la que todos guardábamos en la memoria relatos como oro en paño para que no se apolillaran. Uno de esos relatos narra la leyenda del hombre del Noque, a la cual se refirió Andrés con su consabido humor:

—El Noque era un edificio de tapial y adobe, que albergaba en su interior varios tinos de gran tamaño donde Simón almacenaba los despojos de la uva una vez pisada en los lagares. Con ellos, a partir del mes de octubre hasta el invierno, se conseguía un orujo de gran calidad por medio de un alambique de maquinaria antigua, de lenta ejecución, pero aún útil, según palabras de su dueño. Probablemente, si nos fijamos en el nombre del edificio, antes debió ser almacén de aceite o lugar donde se extraía el aceite, cuyos restos se arrojarían a las lagunas de Valdemorgate (valle de la morga), muy cercano. Según relata la leyenda, los trabajos del aceite resultaban pesados y peligrosos, de ahí que los obreros se quejaran al patrón de sus pésimas condiciones laborales. Este, para acallar sus protestas, les daba todos los días una botella de aceite. Uno de ellos, una noche, desapareció en circunstancias extrañas y jamás se supo de él; sin embargo, el dueño siguió dejando en el soporte de la ventana la botella correspondiente, la cual desaparecía cada noche sin que nadie hubiera visto quién la cogía.

Simón, un hombre fuerte, moreno, de piel siempre tiznada por el tipo de trabajo, recibía cada tarde la visita de muchos vecinos del pueblo y, en ocasiones, después del rosario, de los niños mayores, atraídos por la tertulias que allí se entablaban en medio de chistes y bromas, atrevidos casi siempre. Para distraer a los visitantes, Simón les daba a beber una pequeña copa de orujo, tan fuerte que marcaba su recorrido por el cuerpo como si fuera llama de fuego. Hacia las diez, cerraba el lugar a los visitantes, pero él seguía alimentando la maquinaria del alambique, que no se detenía durante el periodo de elaboración. Antes de cerrar la puerta por dentro, dejaba una copa de orujo en la ventana, siguiendo la costumbre del anterior dueño y también la copa, a la mañana siguiente, aparecía vacía. La consumía el Hombre del Noque para dar a entender que continuaba trabajando ahí con idénticos derechos que los demás. La cercanía del cementerio, la situación, al lado de la carretera, sin luces, alejado de la población, han influido para que esta leyenda llegara hasta hoy con la misma verosimilitud.

Una tarde, pasada la hora de la siesta, me propuse recorrer una parte del campo del cual guardaba bonitos recuerdos de mi etapa de joven aprendiz de labrador. Comencé por las eras de abajo, todavía cubiertas por montones de paja, restos de la pasada cosecha. Allí trillaban los vecinos, cuyas casas estaban cerca, en oposición a quienes lo hacían en las eras de arriba. Me detuve en el juncal, que aún mantenía un pozo profundo, donde hubo durante siglos un molino propiedad de los monjes de san Benito. Siguiendo el camino, me senté en el lugar en el que los escritos sitúan la ermita de la Virgen del Valle, hermoso nombre. El abandono de su cofradía y la debilidad de sus materiales de construcción propiciaron su total pérdida; de ella no queda nada, salvo el nombre del pago donde estuvo situada, valorado en el pueblo por el valor de sus uvas, protegidas de las heladas por el manto amplio de la Virgen, según la opinión mayoritaria. Por la carretera me dirigí a la Jana, extensa planicie ocupada por viñedos a uno y otro lado. Antes me introduje en Vallescuso, deformación de «valle escondido»: un espacio reducido, con mucho arbolado y hierbas recias que los animales evitaban, además de una fuente de aguas grasientas. Las leyendas lo citan como lugar adecuado para esconderse, como hicieron con frecuencia ladrones y soldados, especialmente los franceses en la Guerra de la Independencia, acostumbrados a sorprender por medio de emboscadas. Por un camino estrecho llegué a la Ruala, palabra sonora para referirse a «camino antiguo» (por aquí pasaba una de las cañadas más importantes), que separa el campo de Calzada de los terrenos de Sahagún. Desde aquí, entre vides repletas de prometedoras uvas, guiado por el vuelo de los pájaros, molestos por mi presencia, los cuales manifestaban su enfado con reiterativos sonidos estridentes (rara era la cepa donde no se había escondido un nido), por el mismo camino entré de nuevo en el pueblo, reconfortado por la vitalidad de la naturaleza, todavía en plenitud, y por las huellas de la historia recordadas.

Después de este verano tan intenso, llenos hasta rebosar mis ojos de un paisaje monótono, pero acogedor, hinchados mis pulmones del aire puro de las tardes ardientes, recuperada plenamente la fuerza viva de la infancia, regresé a León con la intención de comenzar a solicitar trabajo en los distintos medios de comunicación de la ciudad, o de fuera, si no lo consiguiera allí.

Tercera parte

PERIODISTA EN LEÓN Y OVIEDO

Además del título de periodista, reuní fotocopias de algunos cursos realizados, de las prácticas, de textos enviados a distintos medios y una relación de los temas en los cuales prefería trabajar: periodismo deportivo, cultural y local, preferentemente, aunque no me negaba a colaborar en cualquier aspecto requerido. Con dicha documentación me dirigí a los medios leoneses escritos y hablados, a todos, sin mostrar preferencias ideológicas, que existían, y muy claras. Mientras llegaban posibles ofrecimientos, continué la investigación programada de la historia del pueblo. Ahora desde lejos, en el Archivo Histórico Provincial de León, adonde acudía cada mañana. Allí trabajaba Olga, una chica que conocí en la Biblioteca Pública, la cual me descubrió el funcionamiento del Archivo. En concreto, me informó de la falta de documentos referidos a Calzada, salvo el Catastro de Ensenada, sin embargo, opinaba que estarían unidos a la abundante documentación traída de Sahagún desde el siglo XVI en adelante. «Te voy a traer dos cajas para que lo compruebes tú mismo. Antes rellena este escrito para darte el carné de investigador». En efecto, en ellas encontré mucha información ligada a Calzada: ventas, testamentos, juicios, etcétera, que probaban la existencia de una actividad destacada entre los vecinos, sometidos aún a la autoridad, con frecuencia caprichosa, de los monjes de san Benito. Compré varios cuadernos y por orden, de más antiguo a más moderno, inicié la lectura y fotocopiado de los textos seleccionados, muchos sorprendentes, propios de una sociedad amenazada, en vilo constantemente.

Pasados unos meses y cuando ya comenzaba a considerar la ampliación de la petición de trabajo a otras zonas y medios, me llegó una oferta del *Diario de León*, el periódico católico, ligado a la diócesis, con dilatada historia, compitiendo en este momento con *Proa*, dentro de la prensa del Movimiento, bastante más modernizado. El nuevo director del diario había decidido aumentar las páginas, ofreciendo una vez por semana diversos cuadernillos sobre distintas especialidades: economía, toros, deportes, artes y literatura.... La oferta de trabajo requería colaborar en el suplemento artístico, con críticas de arte, escultura, pintura, por un lado, y música, por otro, con presencia abundante en la ciudad. El sueldo no era grande, con dos cantidades, una fija y otra ligada a los textos entregados, que si las circunstancias lo exigían podrían ser varios a la semana y entrar fuera del suplemento. Me concedían dos semanas para contestar. Pasado ese tiempo, perdía vigencia la oferta.

Alternaba la compra del *Diario* y *Proa*, que llevaba para casa, sabedor del interés hacia estos medios de mi madre, especialmente atraída por las esquelas y las notas de sociedad. Mientras ella devoraba el ejemplar correspondiente, mi mente se cubría de imágenes antiguas, captadas desde la habitación del colegio. Por la calle cercana pasaba todos las tardes un hombre mayor, vendedor ambulante del diario, quien incitaba a comprar el periódico anunciando algunas de las noticias más relevantes según su criterio: «El novio dijo no... Una ternera con dos cabezas en Boñar... José López no tiene rival», que yo apuntaba en una agenda de pastas color paja, aún vigente. No imaginaba que ese periódico vespertino, de papel áspero, sería con el tiempo mi primera escuela de auténtica formación periodística.

Lo medité durante días, consulté con los amigos, con mis padres, incluso llamé a D. Juan, quien me recordó: «Nadie es profeta en su tierra. Mira para mí»; pero finalmente decidí aceptarla. Sabía de antemano que no sería duradera mi estancia en León, pues debería aspirar a trabajos mejores, aunque para conseguirlo tuviera que marchar, como hacían casi todos. También me ayudó en la toma de esta decisión mi trabajo en la historia del pueblo y la posibilidad de desplazarme allí, si lo necesitara. No debería dejarlo aparcado mucho tiempo, porque no lo terminaría. Además, si Elsa, por fin, se desplazaba al pueblo, seguramente me enteraría inmediatamente y podría hablar con ella. Con el primer dinero ganado compré un coche, un SEAT 124, a plazos, color oro, apropiado para mi capacidad económica y en línea con mi estilo de vida.

Formaban la plantilla del Diario doce personas, de las cuales únicamente una era titulada en Periodismo. La mayoría trabajaba a tiempo parcial, unidos por su amor, a prueba de bomba, a todo lo leonés. De ellos recuerdo con especial simpatía a Diógenes —seudónimo—, un periodista casi ciego (se servía de una lupa para leer los textos), que se movía constantemente por la ciudad buscando noticias, protestas, quejas, etcétera. Basaba sus informaciones en la comunicación oral, que practicaba con la gente, por lo cual sus textos resultaban polémicos y partidistas, aunque escritos con gracia e intencionalidad. A pesar de las mofas habituales, Diógenes era respetado entre los compañeros y lectores, pues se valoraba su trabajo y valentía. Alguna vez le invité a un café en el bar Tropezón y algo aprendí de su charla amena y culta.

Antes de escribir mi primera crítica, traté de documentarme con la lectura de diversos modelos pertenecientes a autores de prestigio, especialmente de las numerosas críticas de D. Antonio G. de Lama, publicadas en el mismo periódico. Comprobé la estructura de las mismas, su ordenamiento, los aspectos tratados, el tipo de lengua empleado, el final o conclusión, siempre fundamental. Enseguida aprecié la conveniencia de identificarse con el objeto a criticar, ya fuese un cuadro o una obra musical; es decir, sin sensibilidad este trabajo no se debería hacer, nadie escribiría de estos temas sin haber sentido escalofríos o erizarse su vello, únicamente así el producto resultará creíble y ayudará al lector o espectador a emocionarse también. Por otra parte, no olvidaba mi estancia como guía de museo y mi participación en varias escolanías, además de mis frecuentes visitas a exposiciones, sobre todo en Madrid, y a audiciones y conciertos en los colegios mayores, junto a Felipe, o en iglesias, con corales religiosas. Humildemente pensaba que mi preparación ante el trabajo de un crítico parecía adecuada, que no defraudaría a mis jefes y que podría iniciar una nueva etapa de la crítica en León, casi abandonada desde la muerte del maestro D. Antonio.

Como preparación idónea, antes de escribir el artículo visitaba la exposición o el ensayo musical y hablaba con el autor o director, quienes me contaban sus intenciones, la finalidad de su obra, el momento de su composición, etcétera y, si las circunstancias lo permitían, escuchaba los comentarios de otros visitantes, profesionales de la materia habitualmente, o hablaba con amigos, de los que apreciaba la hondura de sus juicios, a veces muy acertados. Con todas estas mimbres, escribía la crítica que pretendía ser libre, sin someterse a presiones de ningún tipo, equilibrada, sin amplificar los aspectos negativos ni ensalzar sobremanera los positivos, de manera que pudiera sugerir enemistad o lo contrario. Verdaderamente, pronto mis críticas comenzaron a ser apreciadas por la dirección del periódico, por los lectores y por los artistas, los cuales se dieron cuenta de mi sincera disposición y de mi profesionalidad.

León, ciudad pequeña, antigua, conservadora, ofrecía, no obstante, un grupo apreciable de ciudadanos interesados por la creación artística, y a su lado había surgido un público entendido, culto, amante de participar en cualquier manifestación de esta índole, incluidas las renovadoras o experimentales. Los Cursos de Verano para Extranjeros, los recitales de poesía, la Orquesta Filarmónica de León así lo probaban.

En la creación pictórica convivían varias escuelas en la ciudad, desde las realistas hasta las más atrevidas, en línea con los movimientos nacionales; de ambas participaban grandes pintores, como Petra Hernández, Herminia de Lucas, Modesto Llamas, Vargas, Vela Zanetti, el premiado muralista burgalés afincado en León, e igual ocurría en El Bierzo, con un número destacado de pintores, como Ignacio Gómez o Andrés Viloria. Además eran numerosas las salas de exposición, dependientes de la Diputación y de la Caja de Ahorros, y otras privadas (Círculo Medina, el Recreo Industrial), por lo que resultaba bastante asequible exponer para los leoneses y para los de fuera, quienes también acudían y repetían. Algo semejante ocurría con la escultura, en manos, sobre todo, de Víctor de los Ríos y su amplia escuela, o de Marino Amaya y Estrada, todos especializados en imaginería religiosa. La Orquesta Filarmónica de León, con numerosos socios, organizaba conciertos que ella ofrecía, o contrataba a valiosos músicos nacionales e internacionales, como las orquestas de Madrid y Bilbao, pianistas como Odón Alonso, cuartetos italianos y alemanes, etcétera, los cuales llenaban cines y teatros con éxito. Es decir, el ambiente artístico de la ciudad resultaba atractivo para cualquier crítico, lo que explica el aplauso a mis críticas y la aprobación generosa de artistas y aficionados hacia mi persona, suficientemente conocida en la ciudad. Animado por el éxito, abrí una sección de crítica centrada en obras realizadas en épocas pasadas, exhibidas en distintos lugares de la ciudad, con la pretensión de darlas a conocer y fomentar las visitas turísticas. Una de las críticas giraba en torno al espléndido mural de Jesús Divino Obrero, obra de Vela Zanetti. Para su realización me cité varias veces con el párroco, quien había seguido a pie de andamio la evolución de la pintura. «A veces tenía que atemperar el genio del gigante», explicaba entre risas el sacerdote. «Echado de mil maneras iba dando forma a los personajes que, aunque los había dibujado anteriormente en los bocetos, con frecuencia se le resistían y debía pintarlos varias veces. Vela era un hombre complicado, el cual arrastraba consigo la difícil infancia en León, cubierta de miedo por la militancia política de su padre en una ciudad conservadora, a lo que, luego, se unió su exilio y posterior regreso. Zanetti conocía bien el dolor, la cara exprimida del esfuerzo que había fotografiado de niño en los campos de su tierra burgalesa. Esos rostros secos, expresivos, esas manos sarmentosas, esas ropas humildes, ese calzado pobre, trasladan al espectador la realidad de una gente al límite de su existencia». Estas documentaciones habituales en mis textos añadían a las críticas un aire nuevo, según opinión de algunos lectores que me paraban por la calle.

Como consecuencia de la fama, bocetos, pequeños cuadros, discos, invitaciones, etcétera, comenzaron a llegar a mi domicilio en señal de agradecimiento o buscando algún favor posterior. Quizás por esto o porque no me habían ofrecido participar en otros géneros periodísticos ni habían mejorado mi sueldo, comencé a considerar la posibilidad de abandonar el periódico. El espaldarazo final lo dio mi enfrentamiento con el Colegio de Arquitectos, al cual había criticado su falta de criterio a la hora de derribar y construir nuevas edificaciones. Derribaban fachadas con valor artístico y edificaban casas de alturas diversas en la misma calle, lo que rompía la armonía y el equilibrio necesario. «No volvamos a repetir el caso del antiguo edificio del Instituto Padre Isla, de gran belleza, ejemplo de la arquitectura del XIX, derribado sin más. Un país culto necesita respetar lo viejo; en lo moderno no está siempre la solución más acertada», escribía en una crítica reciente. La reacción de los arquitectos no fue favorable y alguno me amenazó e incluso me insultó públicamente. A ello se unió el caso de Ramiro Rodes, un pintor con quien llegué a tener cierta amistad y confianza. Visitaba su estudio en la calle Mercado y me enseñaba técnicas utilizadas en sus cuadros. Se había especializado en un tipo de pintura antigua, románico-gótica, de interpretación muy personal, que consiguió ser estimada en el país. Una mañana recibí una citación del juzgado para presentarme como testigo en un juicio en el cual se acusaba a Ramiro de falsificación de obras de arte. Por lo que pude deducir de las preguntas del juez, Rodes vendía al extranjero sus cuadros como si fueran obras anónimas —tablas de retablos— de los siglos XII y XIII por importantes sumas de dinero (uno de sus cuadros fue adquirido en una subasta en Londres por cinco millones de pesetas). Defendí ante el juez mi desconocimiento de esta práctica, aunque me dolió que se pusiera en duda mi relación, únicamente amistosa, con Ramiro Rodes, el cual acabó entre rejas por un tiempo.

Para romper la monotonía, muchas tardes, sobre todo en verano, abandonaba la ciudad en busca de unas horas de sosiego, harto de presiones y protestas, y marchaba a visitar los monumentos olvidados, en ruinas, abundantes en la provincia. Esa tarde paseaba alrededor del descarnado esqueleto de san Pedro de Eslonza, antiguo monasterio benedictino de gran esplendor, según publican las crónicas, abandonado por la comunidad de monjes a raíz de la Desamortización, para convertirse luego en nodriza de multitud de iglesias y edificaciones donde habían ido a parar torres, retablos, imágenes y hasta las piedras, útiles para cercados y viviendas. Hoy muestra severamente la dejadez de autoridades y vecinos en sus pobres despojos: paredes derribadas, puertas y ventanas vacías, hierbas por doquier, lagartijas, excrementos de animales entre estrechos senderos por donde se desplazan los pocos curiosos que se acercan a lamentar su estado.

Al atardecer, cuando me disponía a marchar, vi a una pareja alejarse por la orilla del río. No sospeché nada, aunque sí aprecié una evidente desigualdad en su edad entre el hombre, mayor, y la mujer, aparentemente una niña. Abría el coche al tiempo que unos gritos paralizaron mi mano: «Déjame, por favor. Te he dicho que no. Llévame a casa», escuché a la chica, muy agitada. Entré en el coche, permanecí atento unos minutos, bajé los cristales, pero ya no se oía nada; sin embargo, la pareja no regresaba, por lo que debía permanecer oculta entre los árboles. Dudé si debía denunciar el caso.

No tenía teléfono, pero podía acercarme a algún cuartel de la Guardia Civil. Sin duda, la chica podría estar en peligro y yo era periodista, obligado a denunciar la negación de los derechos fundamentales de las personas. Al final, impulsado por el silencio del entorno y la ausencia de peticiones de auxilio, arranqué el coche y regresé a la ciudad.

A la mañana siguiente, en el Diario, busqué las noticias más recientes en el teletipo. En la última leía que un matrimonio de Puente Villarente denunciaba la desaparición de una menor, quien faltaba de casa desde la tarde anterior. «Los vecinos, organizados en pequeños grupos y la Guardia Civil del puesto han iniciado su búsqueda desde primeras horas de la mañana», leía en la noticia de la agencia. Enseguida me di cuenta de que se refería a la chica que había visto en las cercanías de san Pedro de Eslonza y así se lo trasladé a un número de la Guardia Civil. Entre zarzales y retama, medio desnuda, con múltiples heridas en todo el cuerpo, hallaron inconsciente a Nuria, alumna de un instituto. «Nada se sabe de su agresor, aunque sus amigas afirmaron que últimamente la habían visto con un hombre mayor, que le regalaba colonia y le compraba regalos».

De pie, los brazos apoyados en la mesa de trabajo, lamentaba mi cobarde actuación, la cual había podido provocar la muerte de la chica y, por primera vez, dudé de mi valía como periodista de temas ajenos al deporte, por lo que, después de esta dura experiencia, me prometí encontrar trabajo en el periodismo deportivo, escrito o hablado, menos propenso a generar casos tan graves, aunque tampoco fuera un camino de rosas, como comentaban los periodistas veteranos en mis horas de prácticas en Madrid.

Los tres años y pico que llevaba en el Diario comenzaron a pesarme, por lo cual decidí buscar otro trabajo, preferentemente fuera de León. Mis investigaciones de la historia y lengua del pueblo habían avanzado, pues había conseguido recoger mucho material y solo me restaba organizarlo, darle la forma adecuada, por lo que mi marcha no lo alteraría demasiado, aunque pudiera retrasarlo. Luchando en medio de estas dudas llegó a la redacción del periódico la convocatoria de una selección de aspirantes ofrecida por Radio Nacional de España, en la cual no se exigía ser periodista, pero sí se valoraría como mérito. Los aspirantes debían presentarse en la emisora de Bilbao cuando se comunicara la fecha. Firmé la matrícula, reuní los méritos y esperé la concreción de la fecha de examen.

Retirado ya del periodismo activo, lamento sinceramente no haber aprovechado mejor mis años como crítico cultural, no haber intentado alargarlos, porque no he hallado a lo largo de mi vida profesional seres más peculiares que los pintores y los músicos. En un concierto en el teatro Emperador, conocí a Flavio, director de un cuarteto de música barroca. Italiano, nacido en Nápoles, vestía siempre de blanco: «El color de la nieve, pura como nuestra música»; con el pelo muy largo, sujetado por un lazo: «Como las hojas que el viento hace sonar». Él me contó que organizaba sus conciertos de noche, en los días de luna creciente: «Ella me dicta la armonía; de noche los sonidos adquieren individualidad, se escuchan todos, sin taparse unos a otros». De manera semejante topé con J. Pineda, un pintor de técnica realista capaz de dar vida a animales muertos, a un racimo de uvas, a una flor. Recuerdo con especial admiración sus niños pescadores: rostros sucios, harapos, miradas buscadoras, contemplando el mar con desconfianza; sus segadores: una hoz en la mano, la cabeza cubierta por un pañuelo, pantalón de pana, alpargatas, mirando fijamente al trigo, que parece burlarse de ellos. Sorprendentes criaturas los artistas, con potestad para mover las columnas de apoyo del mundo en cualquier época.

Amanecía el 5 de marzo de 1979 cuando subí al tren, destino Bilbao, con la intención de presentarme a los exámenes programados para cubrir diez plazas de locutor en las emisoras de Radio Nacional. Seríamos unos treinta aspirantes al inicio de la primera prueba: un ejercicio escrito en el cual se desarrollaría el tema: «España, país turístico». Luego deberíamos leer un texto y finalmente comentaríamos las imágenes de un vídeo. En torno a las ocho de la tarde habían concluido las pruebas y decidí pernoctar en Bilbao, ciudad que apenas conocía. Visité su barrio viejo, la zona de la ría y probé su conocida cocina norteña. Al día siguiente, de mañana, regresé a León a esperar con los nervios habituales los resultados de los exámenes.

Solo habían transcurrido unos días cuando el cartero me entregó una carta certificada. La abrí y comprobé que había aprobado y que debería presentarme en la emisora de Oviedo para tomar posesión el 15 de mayo. Así lo hice, comenzando mi aventura asturiana con ilusión renovada, pues sabía que había conseguido un trabajo fijo, no excelentemente remunerado, pero suficiente para vivir con holgura en mis circunstancias familiares. Además, Oviedo distaba poco de León, lo que facilitaba mis regresos a casa con frecuencia o al pueblo, si lo precisara; es decir, mi situación personal apenas variaba. Por otra parte, Asturias está llena de oriundos del pueblo, con quienes, sin duda, me encontraría en la calle y comentaríamos las noticias más recientes. Entre ellos, destacaba la presencia de Javier, el amigo íntimo de la infancia, el cual siempre estuvo a mi lado y a quien debo mi fácil adaptación a la ciudad e incluso su continuada ayuda en mi trabajo como comentaré luego.

Pronto me di cuenta de que Oviedo, a pesar de ser la ciudad más cercana a León, es muy distinta a esta; indudablemente el Pajares separa dos regiones contrapuestas: León, ciudad fría, clara y seca; frente a Oviedo, templada, oscura y húmeda. Me costó soportar ese clima, para mí perverso, favorecedor de catarros y de melancolía. Tantos días lloviendo, sin ver el sol, oculto, mirando desde lejos, temeroso de que la lluvia apague su luz definitivamente; las calles, ríos constantes, reunión de paraguas que impiden identificar el encuentro con los viandantes porque ocultan los rostros; saludar la tristeza cada día al amanecer, heredada, me incitaba a encerrarme en mi domicilio o a buscar una solución: viajar a León, para secar mi cuerpo y mi alma, con moho ya.

Vivía en la zona vieja de la ciudad, en la calle Rosal, cerca de la emisora, y de algunos de los edificios más conocidos de Oviedo: la catedral y su plaza, la Audiencia, la Escandalera, centro de diversión estudiantil por excelencia, la calle Uría, el jardín de san Francisco, amplio espacio natural, pulmón paseado de la ciudad... Habitaba un piso de cincuenta metros con una habitación, salón, cocina y baño, en primera planta, dotado de calefacción, por el cual pagaba cuatrocientas pesetas a la señora Rosalía, una mujer mayor, viuda de minero, que, según me comunicó el primer día, no quería líos de chicas en el piso ni problemas con los vecinos. «Descuide, señora», le contesté muy serio.

Formábamos la plantilla de la emisora diez personas, incluido el director, D. Antonio, un señor de unos sesenta años con mucha experiencia e igual cansancio, de los cuales yo era el más joven. Entre los seis hombres y cuatro mujeres nos dividíamos el trabajo y los horarios, también nocturnos. De ellos solo dos éramos periodistas, los demás habían entrado por distintas puertas, pero poseían bonitas y cálidas voces, una buena entonación y dicción, ajenas a localismos dialectales, abundantes en Asturias. La mayor parte del tiempo la emisora emitía en cadena, sin embargo, también presentábamos noticias locales, de temática variada, reportajes, casi cada hora. Nuestro principal trabajo consistía en preparar esos noticieros y leerlos ante el micrófono. Antes alguien los había elaborado y escrito en cuartillas agrupadas por temas. Para disponer de esas noticias nos desplazábamos a los lugares de interés: comisarías, universidades, ayuntamientos, convocatorias de manifestaciones; otras llegaban a la misma emisora, traídas por interesados en darlas a conocer; y la mayoría las tomábamos de la prensa diaria, de los periódicos principales como *La Nueva España* de Oviedo o *El Comercio* de Gijón.

Por eso de «donde fueres haz lo que vieres», los primeros años me limité a observar y a colaborar con profesionalidad en lo que me encargaban, dejando a un lado mis inquietudes, que a diario me exigían salida. Sin duda, la emisora estaba anquilosada en el pasado y resultaba imprescindible remozarla si pretendíamos, de verdad, competir con las privadas. La democracia, consolidada, pedía a gritos a lo público una mayor disposición, más lucha, encontrar nuevos cauces de transmisión que acercaran la emisora a los oyentes. No todo lo público es aburrido, ni está mal gestionado, hay que quitar eso de la cabeza, y solo se consigue luchando con las mismas armas que las privadas. Con el tiempo, sin mucho ruido, fui ganándome la voluntad de D. Antonio y le pasé algunos proyectos novedosos, casi todos relacionados con la temática deportiva, que yo conocía bien. En primer lugar, se referían al deporte regional, de las categorías inferiores, para pasar después al deporte profesional, representado en Asturias por el Oviedo y el Gijón, dos equipos importantes de la primera división española.

Con la ayuda de Javier, antiguo jugador y buen conocedor del fútbol asturiano de todas las categorías, comencé a pergeñar un programa diario que tratara con profundidad el deporte aficionado, descuidado en la emisora. Para su desarrollo me serviría de los conocimientos de Javier, de su relación con presidentes y entrenadores de los clubes y de sus artículos en la prensa referidos a jugadores asturianos fuera de las fronteras regionales. También introduciría otros deportes, como el baloncesto y el balonmano, con importante arraigo en Asturias, pero con una presencia claramente menor. Le presenté el esquema a D. Antonio, quien en un plazo corto me contestó, aprobándolo. Sería a las tres y media de la tarde, todos los días, con una duración de media hora. Se titularía *Los otros deportes* y yo sería su único responsable, con autorización para servirme de colaboradores ocasionales o fijos. Muy pronto el programa penetró en el mundillo deportivo de las categorías inferiores: tercera división, regional, juvenil, infantil, por lo cual comencé a recibir visitas en la emisora, llamadas telefónicas, saludos en la calle, invitaciones en los bares; es decir, los favores propios de los periodistas famosos, influyentes o temidos.

El carácter de la población asturiana, risueño, abierto, amigo de la fiesta, habitando un región muy lluviosa, razón por la que ha de encerrarse en los bares y cafeterías para gozar de la amistad de los amigos, propicia la abundancia de «chigres», bar típico, con una pequeña reguera junto a la barra adonde se arrojan los restos de la sidra, la bebida regional preferida, que los convierte en lugares sucios y húmedos, pero muy concurridos por clientes de cualquier edad. Este tipo de relaciones también predominaban en la emisora, con frecuentes bajadas a los bares cercanos en los descansos o al terminar la jornada. En Asturias, los jóvenes se casan pronto, en torno a los veinte años, por lo cual un chico pasados los treinta como yo, resultaba extraño e incitaba a dudar de su orientación sexual. Luis, compañero de la emisora, casado, pero con un modelo de vida particular, fue el primero que habló de mi caso, para él motivo de comentario: «Nunca te veo con chicas, sales poco. Conozco alguna chica interesante. Hoy, a la salida, vamos a un club en la carretera de Torrelavega». Eran propuestas que me proponía una y otra vez. Le respondía con evasivas, con mis obligaciones laborales, mis idas a León, mis preferencias culturales, especialmente la asistencia a los estrenos cinematográficos en los buenos cines de Oviedo, pero servía de poco, y continuaba insistiendo hasta resultar pesado (la educación te obliga a callarte muchas veces). Esta fue la primera muestra de acoso, de incomprensión individual de las muchas que en la vida iba a soportar, desde diversos aspectos, sociales y familiares. Todavía en España, como le ocurrió a Dionisio, el personaje burgués de Miguel Mihura en *Tres sombreros de copa,* había que casarse a una edad determinada —en su caso a los veintiséis años—, y si te saltabas esa norma, te convertías en motivo de sospecha que intencionadas sonrisas y miradas delataban. Cuando ocurría esto, enseguida desfilaban por mi mente las filas interminables de colegiales en grupos de dos o tres, por el lado izquierdo de la carretera, camino de la Copona, fuente de la época de Carlos III, de cuyas aguas todos bebíamos para alargar la juventud, entre juegos variados, como acertar las marcas de los coches o los tipos de árboles. Un jueves, día de paseo, me quedé en el colegio con Alfredo, compañero de curso, el cual me contó, con enorme tristeza, que no iba nunca de paseo porque no tenía amigos con quienes caminar. Éramos más de cien alumnos y, sin embargo, ninguno le había ofrecido su amistad. Tanto sufrimiento debería ser terrible, pero, probablemente, habría alguna causa, algo que lo propiciaba. Quizás alguna vez a mí me pase lo mismo.

A pesar de mi estrecha relación con la población originaria de Calzada, ahora viviendo en Oviedo casi diaria, sobre todo con chicos cercanos a mi edad, por lo cual conocía con prontitud las novedades habidas en el pueblo, continuaba yendo allí en vacaciones o en los puentes, si el clima o mis obligaciones laborales o familiares lo permitían. Tenía entre manos el trabajo de investigación bastante avanzado ya, y debía darle el último empujón. Para conseguirlo preparé una encuesta que repartí entre los vecinos de mayor confianza. La respuesta no fue la esperada, pero algunos modelos me sirvieron a la hora de estudiar la toponimia o aspectos etnológicos. Mientras esperaba la entrega de la encuesta, paseaba por el campo, recordaba experiencias vividas en la niñez al contemplar los juegos de los niños. Alguna tarde, con preferencia por la hora de la siesta, salía al campo sin rumbo, con la pretensión de sorprender a la naturaleza en todo su esplendor, anulada la actividad humana. Andaba por los majuelos escuchando el canto vibrante, envolvente, de las cigarras, cuyo verdor se asemeja tanto a las hojas de las vides que difícilmente las sorprendía, aunque oyera cerca el roce de sus élitros. O caminaba por las tierras, algunas recién segadas, y por los valles, cubiertos de juncos más que de hierba, acunando el recorrido de regatos casi secos. Detenían mis pasos los ágiles saltos de las «saltipajas» marrones, teñidas por el color de la tierra.

En Calzada, no se denomina a estos insectos saltamontes, su nombre común, a pesar de que también abundan en montes y dehesas. Sentado a la sombra de los chopos, en Moronta, descansaba antes de iniciar el regreso, animado por las músicas que la naturaleza, en plenitud, producía, sonoros conciertos que los pájaros, refrescándose en las fuentes no interrumpían hasta el atardecer, cuando sus competidores, los grillos, se disponen a afinar sus instrumentos hasta el próximo mediodía. De niño, cazar estos insectos era uno de los juegos preferidos, capturados para vivir unos días en una caja de cerillas, muchos cojos, ciegos, conviviendo en apartamentos contiguos, junto a un trozo de lechuga ajado. Detrás de estas infantiles cacerías no existía crueldad sino deseo de experimentación, curiosidad, ganas de dominar y conocer mejor la naturaleza en sus pobladores más ruidosos y llamativos. En una de esas cajas vivió Juliana, una cigarra que traje a casa para que me despertara, pero la tristeza carcelaria enmudeció su canto a pesar de la comida que le preparaba: una hoja de berza. Otros días me quedaba en el bar hablando con unos y con otros, con la intención última de recibir noticias de Elsa. Sin embargo, nada de nada, ni aunque lanzara alguna indirecta a familiares o a chicas amigas, parecía que la tierra se la hubiera tragado, sus continuadas ausencias habían motivado que la gente se olvidara de ella. En verdad, no sabía qué hacer ni qué pensar, no obstante, tampoco debía cerrar la puerta para siempre, la señal de la despedida seguía siendo válida y tenía que respetarla, al menos por un tiempo.

Con los años mi presencia en la emisora y en la ciudad se fue adaptando: por fin había entendido el carácter asturiano y el clima me parecía menos duro, ya no llovía tanto y el sol se atrevía un poco más. Por otra parte, Javier se empeñaba en enseñarme los rincones de la región, privilegiada por la naturaleza, la cual la había adornado de un belleza excelsa, como el entorno de Covadonga, las playa de Salinas, las cuevas de Tito Bustillo, Luarca y su cementerio marino, etcétera. Desde que llegué a Asturias el color verde ha inundado mis ojos y se ha convertido en el preferido a la hora de comprar mi ropa o de adornar la casa. ¡Qué hermosura de valles y montañas, sin olvidar la furia del mar exhibida sobre todo en las zonas escarpadas, como Cimadevilla, bulliciosa, apestada a licor y deseo. Continuaba la buena acogida al programa deportivo, cada temporada renovado con algo distinto y la presencia de algún colaborador nuevo.

En la emisora se rumoreaba que se aproximaban cambios importantes en el tratamiento del deporte, con la aparición de otros programas, empleando medios modernos, en línea con los existentes en las emisoras privadas, como la Cadena Ser. Radio Nacional de España, la emisora de todos, pública, no debía quedarse atrás viviendo del pasado, era imprescindible renovarla, encontrar caminos novedosos al servicio del oyente, que desde hace tiempo los reclamaba. Para lograrlo se había constituido un grupo de expertos en el mundillo deportivo, al mando de los cuales se encontraba Roberto Solano, encargados de diseñar un organigrama distinto para la emisora, que afectara a todo el país; es decir, impulsar programas en cadena durante horas, especialmente en fines de semana cuando se desarrollaban la mayoría de los deportes, salidas a los lugares del acontecimiento, presencia de redactores en la calle para narrar los momentos trascendentes, la emoción del triunfo o la desolación ante la derrota. Radio Nacional debía acudir a cualquier lugar donde un equipo español o un deportista representara al país, sin escatimar medios, ni económicos ni personales. De esta manera programas como Radio Gaceta de los Deportes o Tablero deportivo cambiaron de formato y duración y los micrófonos de la emisora salieron a la Vuelta a España, al *Tour*, a los partidos de las selecciones de fútbol, baloncesto, balonmano, a las olimpiadas, campeonatos mundiales y europeos...

Este impulso también sacudió las paredes mohosas de Radio Nacional en Oviedo. D. Antonio decidió jubilarse y a mí me nombraron director de la información deportiva. Casi inmediatamente contraté a tres periodistas: uno se encargaba del Gijón, otro de Oviedo y el tercero recogía el resto de la comarca. Todos tratarían el fútbol, deporte muy extendido en toda la autonomía, y los demás deportes, con figuras tan populares como José Manuel Fuente o Vicente López Carril, triunfadores en el ciclismo, especialmente en el *Tour* y el Giro. Para trasladar mejor al aficionado esta nueva situación, creamos un nuevo espacio deportivo: *El deporte en Asturias*, de emisión diaria, a las ocho y media de la tarde, el cual rápidamente caló entre los aficionados, quienes convirtieron a la emisora en la favorita en información deportiva. Por primera vez comencé a narrar acontecimientos deportivos por toda Asturias y, en ocasiones, fuera, si un deportista asturiano tenía posibilidades de éxito. Me introduje plenamente en una actividad frenética, exigente, pero a la vez gratificante y, junto a ella, en una estrecha relación con las primeras figuras del campo de la divulgación deportiva a nivel nacional, además de especializarme en el deporte en Asturias, especialmente en el fútbol. Fruto de este trabajo diario fue la publicación del libro *Futbolistas leoneses en Asturias*, en el que recogía la significativa influencia de muchos jugadores leoneses. Destacaba, haciendo primero una selección biográfica, el papel de Marianín, el Jabalí del Bierzo, pichichi e internacional con el doctor Toba de seleccionador, torpe con los pies, pero con una habilidad extraordinaria con la cabeza, sin ser alto de estatura; a Félix, el Panadero, de técnica exquisita; a Puente, Puentón, todo fuerza y colocación; a César, portero ágil y espectacular; a Abel, goleador y correoso, etcétera. La venta de varias ediciones probaba el éxito, tanto en Asturias como en León. Sin duda, jugaba a mi favor la importancia del deporte asturiano en aquella época, relevante a nivel nacional con abundante presencia de equipos y deportistas de primera fila, junto a los afamados seguidores, siempre fieles a sus equipos, viajando por el país.

Pisando el barro de estos campos, especialmente de juveniles, observé por primera vez los movimientos agitados de los padres, siguiendo la actuación de sus hijos. En sus ojos brillaba la ilusión, la esperanza por alcanzar el triunfo; pero también el ansia de dinero, abundante entre los jugadores de éxito. Se enfrentaban con el árbitro, con los miembros del equipo contrario, y las amenazas e insultos cubrían el terreno de juego. Allí el «animal padre» resplandecía con fuerza, convirtiendo a sus hijos en objetos de sus deseos más ocultos o en la solución de sus fracasos. He conocido niños que han llegado a odiar el fútbol, víctimas de las continuadas broncas de sus padres; que han modificado su carácter, acomplejados por los fracasos deportivos. Exijamos al jugador profesional dedicación y esfuerzo, pero no lo hagamos con el niño que empieza, al cual únicamente las ganas de disfrutar le acompañan. Sin duda, el dinero manda en los deportes más populares, hasta convertir a los deportistas en sujetos de oro, envidiados por los demás; sin embargo, el niño debe moverse por otros intereses, que con el tiempo le convertirán en un hombre aprovechable, quizás también afortunado, sin necesidad de haber convertido su adolescencia en años de sufrimiento. «Dinero en el deporte, sí; pero no a cualquier precio», proclamaba Bernández, entrenador de equipos juveniles, a los padres cercanos a su banquillo.

No intervenía en las discusiones, pero la imagen airada de aquellos familiares me arrastró de inmediato a los partidos celebrados en las eras del pueblo, donde no resultaba raro oír insultos entre el grupo de vecinos hacia los jugadores del equipo contrario. Durante varios años se celebró una competición futbolística entre los pueblos cercanos. Sahagún, Joarilla, Grajal, Calzadilla y otros preparaban sus equipos y en fin de semana se celebraba una liguilla con gran expectación entre la población de cada pueblo. El orgullo mal entendido, la parcialidad extrema aparecían con demasiada frecuencia hasta situaciones difíciles de aceptar desde la lejanía en el tiempo, pues los palos amenazantes, los bastones rompían el aire entre las filas de los espectadores ante la contrariedad más minúscula.

Lo recuerdo desde la admiración del niño hacia los representantes del equipo, jóvenes mayores como Miquel Ángel, el portero gigante, Luis, Eloy, Gabino..., y años más tarde como integrante del propio equipo, sufriendo las acometidas de la lluvia en un partido en Joarilla donde perdimos el primer puesto de la clasificación. La infancia, siempre la infancia, revolviendo en el arca.

O el caso de Joaquín, un jubilado, extremadamente apasionado, con quien solía ver los partidos televisados en el bar de Pedro.

Joaquín, acompañado siempre por su hijo deficiente al que cuidaba con mimo, acariciándole, vigilando su presencia, era un madridista consumado. Veía todos los partidos de su equipo y lo hacía con gran nerviosismo, voceando, gritando, insultando sin piedad al árbitro por cualquier falta pitada o dejada de pitar. No disfrutaba del encuentro, sino que sufría de verdad, ante la mirada expectante de los demás aficionados, que temían por su salud, pues el corazón ya le había avisado alguna vez. Tenía suerte porque su equipo ganaba más que perdía, por lo cual abandonaba el bar satisfecho en la mayoría de las ocasiones. Cogía del brazo a su hijo y caminaba hasta su piso, en mi misma calle.

Ayer, al dirigirme al trabajo, vi una esquela en el portal de Joaquín: viudo, con dos hijos, será enterrado en el cementerio de San Lázaro. Al llegar a la emisora, alguien me soltó: «¿Sabes lo de Joaquín?». «Lo acabo de ver», contesté. Por lo visto, llevaba dos días muerto, sentado en el sillón del comedor con el hijo deficiente a su lado. El otro hijo, ante la ausencia de respuesta del padre a sus llamadas telefónicas, avisó a la policía, que se presentó en el domicilio y descubrió el cadáver del hombre. Qué imagen más cruel la del hijo incapaz de ayudar a su padre, impasible, superado, sin comer... «Otra víctima del fútbol», pensé, semejante a la de aquel hombre que permaneció en su asiento varias horas, terminado el partido.

El deporte ocupaba gran parte de mi tiempo, pero no todo; también hacía otras cosas, como pasear por la ciudad o asistir a espectáculos musicales, de gran tradición en Oviedo, ciudad con multitud de aficionados a la música (sesiones de ópera en el teatro Campoamor), al teatro y al cine (cines Paladium y Aramo), mis aficiones favoritas, como he contado. Algo semejante me ocurrió con la Biblioteca Pública de Oviedo (conocéis mi estrecha relación con el mundo de los libros), remanso apacible de estudiantes sin espacio en su domicilio. Cuando se agotaban mis lecturas o para buscar algún libro raro, acudía a la biblioteca. En la de Oviedo conocí a Pablo, un bibliotecario abierto, muy activo, dispuesto siempre a ayudar al visitante, sobre todo si provenía de otras provincias. Él me introdujo en los entresijos de la biblioteca, todavía con huellas del pasado franquista, que una zona de la misma, oculta detrás de cortinas, mantenía a resguardo de los ojos de la policía multitud de ejemplares prohibidos, provenientes casi todos de editoriales hispanoamericanas, como el Ruedo Ibérico y Losada, con multitud de títulos del exilio español, y que Pablo prestaba a lectores de confianza, entre los que me encontraba. Su figura desgarbada, cubierta por un guardapolvo gris, llenó mi estancia en Oviedo de gratitud y agradecimiento. «Para libros y escritores el pasado nunca fue fácil», decía.

En uno de mis paseos vi el anuncio de una clínica de psicología, cuya titular era Beatriz Robles, la chica con la que había salido en Madrid en mi etapa estudiantil. Apunté el teléfono y me prometí llamar para saber de ella, aunque suponía que le iba bien: al menos tenía una clínica propia. Pasados unos días, llamé a la hora de cierre y concerté una cita para el día siguiente, a las ocho. En mi recorrido hasta la calle Santa Cruz, número cinco, recordé mi tiempo con Beatriz, la Biblioteca Nacional, los cafés, las muchas sesiones de cine en el Alphaville —allí vimos *Stromboli y Dersu Uzala*—, la constante preocupación por la delicada salud de su madre... Me recibió levantada, con el chaquetón y las llaves en la mano:

—Hola, qué alegría me has dado, a pesar de que algo había oído de ti. No me interesa el deporte, pero, chico, la gente habla de ti como de un periodista de primera línea, lo cual me satisface mucho, de verdad.

Le di dos besos y un abrazo sentido y continuado, que la ayudó a soltar unas lágrimas de emoción o de pena. No había pasado mucho tiempo, pero sí el suficiente para esperar posibles novedades.

—Yo también me alegro, Bea. Verte aquí, en tu tierra, con clínica propia, haciendo lo que te gusta, te tiene que llenar de orgullo y satisfacción —repliqué sonriendo.

—No te creas; en España apenas se va al psicólogo, salvo en situaciones extremas, a diferencia de lo que ocurre en otros países. Solo hace un año de la inauguración de la clínica y todavía no tengo demasiados pacientes —me dijo mientras nos dirigíamos a una cafetería cercana.

—Estás muy guapa, Bea. Si cabe más que en la etapa madrileña.

—Como te conté conocí a un chico y al acabar los estudios decidimos casarnos. Tenemos una niña. En ese aspecto me va bien, estoy contenta.

—No es poco. Yo, en cambio, sigo esperando o buscando a alguien que se escapa o se hace de rogar, pero no desespero por ahora.

—Tú verás, ya eres mayor. Para ocupar un corazón de nuevo, antes ha de estar desocupado, dos inquilinos no caben en la misma casa —contestó risueña—. Tú aún no has limpiado tu piso, por lo cual no es habitable, nadie querrá entrar en él. Recuerda con qué ilusión preparan los pingüinos su nido antes de contraer matrimonio. Además el amor es un sentimiento peligroso: siempre estamos diciendo adiós.

—Es posible —contesté—, pero a veces no puedes limpiarlo porque careces de medios o porque crees que no está sucio. Lo amueblaste con amor y, aunque la persona esperada todavía no haya llegado, confías que lo haga por fin y por ello no cambias nada, aunque la ausencia no carece de riesgos.

—En los asuntos amorosos parece recomendable ser idealista, romántico, si empleamos expresiones de moda, prudente, paciente, pero apoyados en bases reales, comprobables, no en teorías o actitudes favorables, o en miradas, besos, que con frecuencia son de cumplido, para salir del paso —argumentó con seriedad.

—¡Qué te voy a decir yo! Si eres la especialista. Gracias, pensaré en tus reflexiones. ¿Y tu madre? —le pregunté con la pretensión de cambiar de tema.

Beatriz rompió a llorar desconsolada, sin articular palabra durante varios minutos.

—Tranquila, me hago cargo. Las madres marcan nuestras vidas siempre.

—Murió al poco tiempo de acabar la carrera. No pude curarla, fui incapaz de ayudarla siquiera, de aminorar su dolor, torpe de mí. Hago la carrera por ella y no me sirve de nada. No puedo soportar sus últimos días, mi desesperación, la impotencia del especialista inútil. Jamás lo olvidaré. Enfermó con mi nacimiento y murió sin mi ayuda, ese es el triste resumen.

Bea miraba la taza de café, le temblaban las manos, los labios. La contemplaba desde la silla de enfrente con dolor, sin saber bien cómo consolarla.

—Eres cruel contigo por culparte de lo sucedido. Has hecho todo lo que un hijo puede hacer por una madre, en todos los aspectos. No te martirices. Trato de entender tu dolor, legítimo, lógico, del cual no debes avergonzarte, pero tampoco permitir que te venza. Lo que me pides a mí también sirve para ti, la misma receta. ¿Vamos a comprarla? —traté de animarla.

Acaricié su mano derecha, le sonreí, la miré y me levanté de la silla.

—Bea, qué grande eres, cómo me gusta oírte. Gracias por este rato, a ver si nos vemos más a menudo. Yo trabajo en

Radio Nacional. Pásate por ahí cuando quieras o llámame, siempre encontraré un momento para saludarte. Mientras tanto luchemos por hallar nuestro lugar en la vida —le dije preparado para abandonar la cafetería.

—Gracias a ti. Damos consejos a los demás y los necesitamos nosotros más. Supongo que el tiempo me ayudará, aunque en Asturias invita a lo contrario, y mi hija, la cual ahora representa mi papel. Adiós, no tardes en venir a la clínica, tal vez te necesite.

Nos despedimos y cada uno se dirigió a su domicilio con la sensación de haber realizado algo beneficioso, de haber colaborado en la solución de nuestros problemas, aunque parezcan graves y las fuerzas escaseen ya por la tardanza acumulada.

Terminaba la liga 1986-87 cuando recibí una llamada de Roberto Solano en la emisora anunciándome que pretendía extender aún más la información deportiva general que se generaba en Madrid para el resto de emisoras. Para conseguirlo precisaba de buenos profesionales, experimentados, con iniciativas, no de vuelta en la profesión, «y he pensado en ti, pues te conozco bien de tu etapa en prácticas y de tu trabajo en Oviedo, donde has transformado totalmente una emisora casi muerta. No busco presionarte, sino ofrecerte nuevos horizontes en tu carrera periodística. Te doy de plazo hasta septiembre para decidirte».

Me sorprendió la oferta, no la esperaba, creía que estaba haciendo una buena labor en Asturias y con eso me conformaba. Además, ahora, que había formado un equipo preparado y unido, con una notable aceptación por parte de los aficionados, ¿qué dirían los compañeros de la emisora? ¿Y los oyentes? Vivía cerca de casa, del pueblo, había terminado el libro y deseaba presentarlo. Tal vez no sea el mejor momento para irme; sin embargo, en Madrid se guisa todo, allí trabajan los mejores periodistas, cuentan con los medios técnicos más avanzados, no siempre se presentan oportunidades así. Por otra parte, conocía a Solano y apreciaba su amor al trabajo bien hecho, su simpatía, su apoyo a los jóvenes, luego no debía temer una encerrona, ya no era un novato sin experiencia.

Estas dudas ocuparon una parte importante del verano, especialmente las vacaciones, que disfruté en casa, León y el pueblo. Mi madre no me animaba: «Otra vez solo. Madrid es muy grande. Mejor que estás en Oviedo no te vas a poner. ¿Por qué no te casas y fijas tu residencia de una vez? Vas siendo mayor, hijo, y todos necesitamos de los demás. No te has comprado un piso, te gastas el dinero pagando rentas, debes cambiar y hacer lo que prefiere la mayoría». Este rosario de objeciones surgía cada comida, cada reunión con mis hermanos, hasta el punto de que me llegué a cansar y en alguna ocasión contesté mal a mi madre, que lo hacía por mi bien, como repetía una y otra vez.

La semana anterior a la fiesta presenté el libro en Calzada: «Aquí lo tenéis, para que comprobéis la fortuna de nacer en este pueblo con una extensa historia importante en la zona, núcleo del coto del monasterio, que sufrió durante siglos la prepotencia de los monjes de san Benito, pero que salió adelante con su esfuerzo y sacrificio. Conoció guerras, injusticias, castigos, probablemente alguna vez el agua del reguero del plantío estuviera teñida de sangre; sin embargo, no se vino abajo y desde la escasez y la necesidad consiguió sobrevivir y llegar hasta nuestros días libre y triunfante. Sin el sacrificio de nuestros antepasados, nosotros, hoy, no estaríamos aquí», les arengué desde los bancos de la ermita de san Roque, lugar de la presentación.

Había consumido muchos años en mi trabajo, había gastado muchas horas, había precisado de la lectura de muchos documentos, de preguntar y escuchar a los mayores, pero, finalmente, veía concluida la obra, lo cual me llenaba de satisfacción. «Algo le he dado al pueblo donde nací, donde disfruté de mi niñez, que todavía hoy me acompaña con su dulzura, y es que siempre veo las cosas a través del sol de la infancia», me decía constantemente, convencido del acierto de tanto esfuerzo. El libro se vendió muchísimo, tanto en la comarca como en León, porque, según algunas críticas, ofrecía un estudio dialectal interesante para conocer la situación lingüística de la zona, tan olvidada por los estudiosos de estos temas. «Es un libro de investigación, no una novela. Se lee a ratos y se deposita sobre la mesita para consultas», contestaba a algunas quejas de lectores sorprendidos.

Antes de terminar agosto lo había decidido: iré a Madrid. Desde la capital, centro de todas las comunicaciones, me podré desplazar fácilmente ante cualquier contratiempo, incluso a Cataluña, donde suponía que vivía Elsa, al menos para saber con certeza noticias de su persona. Viajé a Oviedo para comunicárselo al director de la emisora, a mis compañeros del área deportiva, a quienes ayudaría en la reestructuración de los equipos y programas, me despediría de los oyentes, de Bea, de la ciudad, que había llegado a querer, excluido su clima, del hermoso paisaje, verde exuberante, del mar, para alguien nacido en el interior cubierto de magia y misterios, de Javier, mi guía y orientador en tantos programas.

En Oviedo había conocido la cara oculta del deporte, esa que no perciben los aficionados, pero sí los periodistas a quienes acuden los deportistas a solicitar ayuda por mil razones. Los jugadores, con frecuencia, son inmaduros, con escasos estudios, propensos al halago, amigos de la fiesta y de la buena vida, sin pensar en la cortedad de sus carreras y en cómo sortear el futuro con tan poca preparación. Por teléfono o en visitas a la emisora, recibía un montón de peticiones, de todo tipo, con predominio para las económicas o contractuales. Recuerdo el caso de Ángel, jugador del Oviedo, triunfador muy joven, casado, con dos hijos pequeños, al cual una lesión inoportuna le retiró del fútbol a los veintiocho años, después de pasar por varias operaciones. Venía a la emisora y me pedía de todo: un puesto de trabajo, influencia con los presidentes de los clubes para que le ofrecieran un cargo técnico, dinero para abonar la hipoteca antes de que lo echaran del piso... Yo hacía lo que podía, más bien poco porque carecía de medios; sin embargo, sí le conseguí alguna colaboración en la emisora como conserje y recadero.

Por unos motivos u otros debía dos meses de renta a la dueña del piso. Sabía que no desconfiaba de mí, no obstante, no quería abusar; al fin, era una viuda con pocos ingresos, a quien mi dinero le sacaría de algún problema con toda seguridad. La llamé por teléfono y le rogué que viniera a casa cuando deseara. «Esta semana trabajo de tarde. Mejor de mañana», le dije después de saludarla. «Iré pronto porque tengo que contarte algo», me contestó. Noté preocupación en su voz, seca, cortante, sin ganas de hablar, rasgos distintos a los que había mostrado hasta ese momento: simpática, habladora, con el deje asturiano característico y las terminaciones en «e» tan reiteradas.

Reuní el dinero, lo introduje en un sobre y lo dejé sobre la mesa del comedor. En efecto, al día siguiente de mi llamada, se presentó la señora Rosalía, vestida con el traje de cuadros que tantas veces me había enseñado.

—Pase, pase. Ahora le preparo un café. He comprado unas pastas para acompañar.

—Gracias, hijo. Te lo agradezco, aunque no sé si debiera porque estoy muy nerviosa. Igual tú me puedes ayudar, ¡estoy tan sola! —respondió abrumada, dejando su bolso en la esquina de la mesa.

Llevé los cafés y las pastas, y le conté alguna aventura de mi último viaje a ver a los «cazurros», como habitualmente denominaba a los leoneses.

—Ahí tiene el dinero, guárdelo en el bolso.

Cogió el dinero y lo introdujo cuidadosamente en uno de los departamentos interiores con cremallera. Luego se dispuso a tomar el café. Me alertó de su nerviosismo el temblor de su mano derecha y la irritación de uno de sus ojos.

—Te tengo que contar una desgracia —dijo mirándome con fijeza—. Este mes has de dejar el piso. Lee esta carta.

Agarré la carta y comprobé que le comunicaban que en un plazo de un mes debía abandonar su piso porque un banco era ahora su dueño. Lo volví a leer, traté de encontrar razones entre líneas, pero no vislumbré nada inquietante.

—¿Y esto por qué? Supongo que habrá algún motivo conocido por usted.

—El banco me informó cuando acudí con la carta. Tengo un hijo, Jose, un desgraciado, a quien le gusta todo menos trabajar. Compramos aquel piso porque este nos quedaba pequeño y como éramos mayores, para ahorrar gastos al chico, lo inscribimos a su nombre, y el banco, por unas deudas, ha hecho efectivo el embargo. Mis lágrimas han podido menos que el dinero.

Me quedé de piedra, sin saber qué contestar ante la imagen desvalida de una pobre mujer de más de ochenta años, víctima de su hijo y de la usura del banco.

—¿Y su hijo, qué dice? —repliqué con ira.

—Nada. Está desaparecido, ni me llama. En este momento, desconozco si vive en España o en el extranjero —me contestó avergonzada, retorciendo su pañuelo.

—No obstante, algo se podrá hacer: consultar a un abogado, negociar con el banco...

—Soy muy mayor y no quiero pleitos. Allá Jose y su conciencia, si le queda un trozo.

—Los hijos dan problemas, a veces terribles —le dije por romper el silencio que se había adueñado del salón.

La señora cogió su bolso y se preparó para salir.

—Espere, le acompaño hasta su vivienda. Por mí no se preocupe: cuando quiera, recupera el piso, en un día yo me mudo. Es pequeño, pero para usted suficiente.

Atravesamos la calle Uría y nos dirigimos a la zona donde se ubican las cocheras de Alsa. En una de las calles con edificios nuevos, en el número dos, 2ª Izda., vivía Rosalía.

—Adiós, no desespere, quizás todavía se arregle y su hijo recupere la sensatez.

—No lo creo —dijo abriendo la puerta del ascensor.

Regresé a casa agitado, deseando que a Jose le ocurrieran todas las desgracias. Se lo tiene merecido, por cabrón, eso no se le hace a una madre que te lo ha dado todo, sinvergüenza, ojalá caiga el cielo sobre ti. Por otra parte, preferí no comunicar a la señora que marchaba a Madrid. Total, no le aliviaría su pesar.

Para hacer la despedida más formal preparé un viaje con Javier por la zona de Villaviciosa, Colunga, Lastres..., lugares que me habían gustado preferentemente. Antes me despedí de Bea, usando el teléfono para evitar lamentos o lágrimas: «¡Adiós, Bea, volveré a verte, te lo prometo!», le repetí varias veces, con decisión. Una mañana perezosa recogí a Javier y nos dirigimos a Villaviciosa, que recordaba por la pesca de cangrejos en la ría y por la estupenda comida que ofrecían sus numerosos restaurantes. Antes pasamos por san Salvador de Valdediós y nos detuvimos delante del Conventín, hermosa representación del románico asturiano, y por la parroquia de Villaviciosa, monumental, mostrando su fortaleza pétrea. Luego cruzamos la sidrería el Gaitero, donde la sidra asturiana resplandece con mayor esplendor (siendo estudiante en el colegio religioso nos trajeron aquí para vendimiar manzanas, poco apetecibles para comer) hasta llegar a Colunga, con su preciosa playa de La Griega, paseo primario de los dinosaurios, y a Lastres, un pueblo fabricado de escaleras, en el cual tienen prohibido caminar los operados de cadera y rodilla. Nos desviamos al Santuario de Covadonga, en cuya explanada recordé una anécdota que me contó D. Valentín: «Todos los veranos venía G. de Lama a dictar un curso a los seminaristas, de literatura casi siempre, invitado por el arzobispo de Oviedo, amigo y conocedor de la sabiduría y didactismo del cura de Valderas. En los descansos, G. de Lama, fumador empedernido, se escapaba del grupo y buscaba la soledad para liar un cigarro, acción que estaba prohibida. El arzobispo lo echó en falta y lo buscó. Cuando divisó el conferenciante a la autoridad eclesiástica, guardó su cigarro dentro de la manga de su sotana, confiando que la visita fuera breve. El arzobispo se dio cuenta de la travesura al observar que salía humo de la manga y tranquilizó al trasgresor: "A usted se le permite todo, incluso fumar". G. de Lama sonrió y recuperó lo poco que quedaba de su cigarro caldo tan deseado».

Comimos en un restaurante de carretera: almejas con arroz y pescado. Entre plato y plato recuperamos nuestro lugar común: la infancia y los primeros años de adolescencia en el pueblo, salpicadas con multitud de experiencias vividas conjuntamente, como las orquestas de la hora de la siesta en el patio de mi casa, reconfortadas por los aplausos de las gallinas (Javier estrenaba su saxo de negrillo recién cortado), las primeras conversaciones con las niñas de fuera, las romerías a pie de los pueblos cercanos, desde las primeras horas de la tarde...

—Yo resumo aquellos años contemplando la fotografía de todos, chicos, niños y hombres, rodeando al gobernador civil de la provincia, un señor calvo, gordo. La expresión de la cara, los abrigos, nos definen como un pueblo sufrido y noble —le dije mirándole fijamente a los ojos.

—¿Qué foto? ¿Dónde aparezco con abrigo crecedero y sandalias blancas? —respondió Javier—. La he visto, pero no la tengo. A esa edad no existe el dolor, ni la rebeldía, lo tapa la obediencia y las ganas de vivir. Años terribles. Te compraban un abrigo para que te durara tres inviernos, sin importarles cómo te quedara.

—Luego nos fuimos del pueblo, tú a Pravia y yo interno al colegio, iniciándose en parte la separación, pues el verano nos volvía a juntar: tú más desenvuelto y yo más torpe, especialmente en las relaciones sociales.

Javier citó algunas aventuras primerizas, citas incumplidas, cartas sin respuesta y otras experiencias, propias de la edad y del momento.

—Yo nunca olvidaré la miel de tu madre —comentaba—. Exquisita, la mejor medicina para la afonía y el dolor de garganta, decía mi madre.

—Dímelo a mí, que todavía hoy la echo de menos —le contesté entre risas.

Ya eran las cinco de la tarde cuando nos levantamos de la mesa. Desde el aparcamiento se veía el mar, las olas azules simulando ligeras cuestas que chocaban contra el cielo en la lejanía. Le dejé en Gijón y me dispuse a regresar a León.

—Hasta luego, en el pueblo nos veremos, no lo olvides.

Caía lentamente la tarde —noche temprana— porque apenas quedaba luz a pesar de estar en verano. Todo cambiará cuando pase el Negrón, el túnel de separación de las dos provincias: en unos kilómetros, en unos minutos, la noche dejará paso al día, la oscuridad a la luz. Y así fue, pasado el túnel, tuve que detenerme en una gasolinera para proteger mis ojos de tanta claridad, la cual imposibilitaba contemplar las montañas, peladas, grises, reclamando lluvia y verdor. Sentado en el asiento pensé: «¡Cuánta melancolía te inyecta el clima de Asturias!: húmedo, enemistado con el sol, te acuestas entre sábanas mojadas para levantarte pensando en el paraguas, miras por la ventana y llueve —persiguen tus ojos una gota que resbala por el cristal—, pero has de ir a trabajar a una oficina oscura (todo el día encendida la luz), respondes con ira a una broma amistosa, maldices del jefe y del trabajo, vuelves a casa de noche, llueve, corre el agua por las alcantarillas, escuchas el lamento de los árboles de san Francisco, entras en casa, enciendes la tele, abres un libro, la música de Serrat te obliga a pensar en la vida...». Sacudí la cabeza y recuperé la carretera a León, confiando que esa luminosidad, aunque preñada de frío durante gran parte del año, sanara las enfermedades de mi espíritu decaído, en este momento enfermo de soledad. La fuente de la Copona, el Monte de san Isidro, el Colegio, mostrando su pétrea fortaleza, el convento de las Carmelitas, que conocía por dentro, reconfortaron mi ánimo una vez más hasta abandonar el coche en el garaje.

Cuarta parte

DE NUEVO EN MADRID

Una vez decidido comuniqué mi intención a Solano, quien me citó para el 10 de septiembre en los estudios de la emisora. Llamé por teléfono a varias inmobiliarias para que me buscaran un piso pequeño o un apartamento en una zona no alejada del centro (prefería pagar más, pero habitar cerca de los teatros y museos). Antes de abandonar León, visité al catedrático de Gramática de la Facultad de Filosofía y Letras, especialista en lenguajes sectoriales, con quien deseaba iniciar mi tesis doctoral. Lo encontré en su despacho, entre libros, ambientado por alguna sonora carcajada de resonancia llamativa. Hablamos del tema, me prestó algún libro y quedamos en vernos de vez en cuando. Entre tanto recopilaría bibliografía y diseñaría el esquema de desarrollo de la tesis. No corría prisa. Haríamos lo que fuera sin agobios, pues lo novedoso del tema dificultaba un proceso rápido.

En Madrid, en un apartamento viejo en la calle de san Bernardo, con escasez de luminosidad y numerosas deficiencias, intenté recuperar mi mundo estudiantil, no demasiado alejado, especialmente a Felipe, el amigo comprometido políticamente; a Julio, el periodista de casta; a D. Juan, profesor admirado. Felipe había marchado para su tierra y ejercía de alcalde en Baeza: «Pretendo transformar el pueblo, hacerlo más habitable y mejorar las condiciones laborales de mis vecinos, todavía sometidos a los caprichos de los ricos, trabajando de sol a sol por unas soldadas mínimas. Andalucía ha mejorado, no lo dudo, pero partía de cero y hemos llegado a cuatro, aún nos resta alguna mejora importante. Si tienes tiempo, ven por aquí. Me he casado y tengo dos niños. Te aseguro que te va a gustar la zona y te alimentaré bien; aceitunas y aceite sobran», me dijo entre risas y bromas. Busqué a Julio en la Asociación de Periodistas Madrileños, adonde acostumbraba a ir cada tarde. No lo encontré ni en la biblioteca ni en el bar y pregunté al conserje, quien me informó que había regresado a Hispanoamérica: «A la zona de Perú, creo. Sigue soltero y no le importa vivir lejos. Tal vez Madrid le quede pequeño, acostumbrado a viajar de un lado a otro». Con D. Juan no fallé. Continuaba con sus clases y con sus luchas diarias de escritor de alma sensible y dolida, y del periodista con una visión del mundo esperanzada. En esta ocasión preferimos hablar en su casa, oliendo a libros, que íbamos quitando para desplazarnos desde la puerta hasta el estudio.

—Cuéntame, «majadero», ¿cómo te va? —me dijo entre risas.

—No me puedo quejar. Regreso a Madrid llamado por Roberto Solano, ya sabes, uno de los periodistas deportivos con trayectoria más brillante en España. Todavía no me ha explicado mi trabajo, pero, sin duda, será atrayente porque le conozco y sé que me estima —le contesté convencido.

—El periodismo deportivo está creciendo en España como prueban los muchos periódicos existentes y los suplementos especializados de la prensa generalista. Se nota la abundancia de lectores y el interés mayoritario por el deporte. A mí no me ha gustado nunca, luego no esperes ayuda por mi parte.

—A mí, al contrario, el deporte me entusiasma, practicarlo y verlo. He pasado muchas horas y mucho frío en estadios y calles —le dije apoyando mi elección.

—Como periodista, el deporte te permitirá mayor libertad y no te exigirá gran responsabilidad; ahí vale casi todo: noticias falsas, medias verdades, rumores, invenciones... ¡Cuántos fichajes falsos hace cada temporada el Madrid o el Barcelona! Participando en este tipo de periodismo te evitas los graves problemas del político, del económico o cultural; siempre subidos al alambre, con la amenaza constante de la desaprobación y del despido. No obstante, la esencia del buen periodismo se halla en ellos, no lo olvides nunca. El periodista ha de mojarse, ir a la plaza para observar, comprometerse con la verdad, aunque te cueste una cornada en el bajo vientre —argumentó desde su experimentada perspectiva.

—Tiene razón. Quizás algún día me canse y pruebe en los otros tipos. No me considero un periodista cobarde, además en el deporte también existe porquería, compra de partidos, primas por perder, dopaje, etcétera.

Callamos unos minutos mientras D. Juan se desplazaba hasta la cocina para traer una botella de vino y unos trozos de chorizo.

—Aprovecha, es de la tierra. Me lo han traído unos sobrinos que vinieron a verme, porque yo cada año voy menos, desconozco por qué, la pereza, el viaje, los años...

—¿Ha publicado algo últimamente? —le pregunté para sacarle de una melancolía que parecía iniciar.

—Artículos, muchos; ensayos, algunos, un resumen de mi tesis, que luego te daré porque te puede ayudar, y una antología; de creación, ando ahí, luchando con la poesía, la cual se me escapa al menor descuido. De una u otra manera, continúo peleando contra este mundo indómito y contra este hombre olvidadizo. Cristo sigue presente en mi pluma y en mi corazón.

—Lo sé, siempre he admirado su capacidad de lucha a pesar de tanta incomprensión —le dije para animarle a seguir.

—Bueno, y tú, ¿te has casado? Ya tienes edad, como dicen en los pueblos (mozo viejo).

—No, desde mis primeros años de adolescente persigo un amor que no consigo atrapar, pero no desisto de conseguirlo un día. La persona amada no se entera o no quiere enterarse, y sufro porque me encuentro en un pozo a punto de ahogarme, sin poder pedir ni auxilio —contesté apesadumbrado, sin ganas de dar más explicaciones.

—En ese terreno, yo poco te puedo ayudar. Te diré lo que en una conferencia le oí a un especialista en psicología juvenil: «Cuidado con lo que se hace en los últimos años de la infancia o primeros de la adolescencia, puede marcarnos de por vida, convertirnos en peleles, anular nuestra voluntad». Me parecen palabras gruesas, duras, haz con ellas lo que te apetezca.

—En verdad, estoy desconcertado y debo solucionarlo cuanto antes, si no quiero sufrir sin sentido, sobre todo en opinión de los demás. En verdad, he dejado a la intemperie el latido de mi corazón y no sé qué hacer con el amor. Escribe Diego Doncel con acierto: «Haberse conocido en la niñez / no bastaba para la inmortalidad».

D. Juan apuntó la cita, pero no hizo comentario alguno. Bebí el vaso de vino y me levanté de la mesa con una sensación rara.

—Adiós, D. Juan, como siempre he aprendido un montón, le tendré informado de mis múltiples dudas y vacilaciones —me despedí con una ligera sonrisa.

—Adiós, «majadero». Ven por aquí cuando quieras.

Marché preocupado, muy despacio, pretendiendo aclarar mis sentimientos, esa confusión que casi nadie entendía: tantos años de espera, sin saber casi nada, apoyándome únicamente en una despedida que, probablemente, he sobrevalorado en exceso. Busqué un jardín y me senté en un banco verde como el césped que me rodeaba por todas partes. Caía la tarde, a lo lejos el sol, de nuevo, prendía las nubes de algodón blanco. Unos niños corrían y chillaban a mi lado, ajenos a mis problemas; para ellos era la alegría, la libertad, el presente. Me levanté de un salto y me dirigí a casa deprisa, convenciéndome de que debería salir inmediatamente de esta situación. Puesto que mis idas al pueblo no habían conseguido solucionar nada, iría a Barcelona y me presentaría en la delegación de Médicos del Mundo para preguntar por ella. «Con mi carné de periodista me resultaría fácil, no creo que se nieguen a informarme», me reconfortaba mientras subía las últimas escaleras del piso.

Al día siguiente, de mañana, subí a un avión y aterricé en Barcelona. Un taxi me llevó a las oficinas de Médicos del Mundo, cercanas a la estatua de Colón. Durante el viajé pasé por momentos de desánimo, cada vez más convencido de mi error: «Tienes que usar la cabeza, tonto —me decía—. Lo que para ti es un claro signo de certeza amorosa, de espera obligada, para ella no son más que unas simples caricias, en esa edad, tan habituales. Total un beso de despedida, unas manos dentro de otras manos, sin palabras, sin promesas, carecen de peso, no dejan huella, por tanto no puedes exigir nada a cambio». Sin embargo, pasados unos minutos estaba convencido de todo lo contrario: «No habrá podido, seguro, la gente tan solidaria se introduce tanto en el mundo de los demás que llega a olvidarse de sí mismo. Cuando me vea, se acordará. Ya lo verás».

Me presenté como un periodista de Radio Nacional —entregué mi carné—, interesado por la gran labor de la ONG. Una empleada me recibió mostrando una evidente muestra de aceptación, afortunada porque un medio de comunicación tan relevante se acercara a sus oficinas. Me regaló algunas revistas y me informó de cuáles eran sus fines fundamentales, los medios con los que contaban, la plantilla de colaboradores fijos y voluntarios, las cuotas de los socios, etcétera y se puso a mi disposición para contestar cualquier duda o curiosidad por mi parte. Entre preguntas y respuestas, aproveché la ocasión para referirme a Elsa Rodríguez, una leonesa de un pueblo cercano al mío, con quien me unía amistad desde la infancia. Buscó en el archivo y extrajo una ficha: «Sí, la conozco bien, una chica morena. Menudo susto nos dio en la misión del Sudán cuando fue secuestrada junto a otros médicos y enfermeras. Pedían un rescate costoso para nuestros escasos medios económicos y ya sabes que, si no pagas, la vida peligra a cada minuto. Por fin lo conseguimos y pudimos sacar a los compañeros de las manos de esos terroristas. Pasado un tiempo, también participó en una vacunación masiva en Bolivia, y desde hace dos años no ha participado en otras misiones por maternidad», me dijo leyendo lo escrito en la ficha de Elsa. Me sorprendió la parte final de la información y miré a la chica como no creyéndome lo que me leía.

—¿Sabe dónde vive? —le pregunté armándome de valor.

—Aquí no lo pone. Espere un momento.

Salió de la oficina y por un pasillo se dirigió a otro despacho. Oía hablar, pero no conseguía entender lo que se decían.

—Lo siento, no aparece en los documentos referidos a ella. Mi compañera me asegura que vive en Barcelona por la zona de la Catedral del Mar, aunque su piso era de renta y ha podido mudarse; en Barcelona, las rentas resultan caras y siempre procuras encontrar alguno más barato.

—¿Sabe si trabaja en el hospital o en otro sanatorio? —le pregunté levantándome con la intención de dar por terminada la breve entrevista.

—No, probablemente vuelva con nosotros porque está muy integrada en la organización y la última vez que hablé con ella me pareció convencida de volver pronto.

—Gracias, me ha sido muy útil. Le haré llegar mi artículo.

Abandoné las oficinas cabizbajo, grogui, como un boxeador al que acaban de golpear en el mentón y se tambalea sobre la lona del cuadrilátero. Busqué un banco y me senté a esperar. Soplaba con fuerza el aire del mar, oía murmullos cerca, pisadas de palomas, el martilleo constante de los coches, pero nada me importaba, el mundo había dejado de interesarme. Alguien se sentó a mi lado, quizás sospechando de mi estado, con la intención de ayudarme.

—Buenos días —me dijo.

—En verdad, están bastante buenos —le contesté.

—No parece usted de aquí. ¿Necesita algo?

—No, solo estoy un poco cansado. Las ciudades grandes me agobian y pasado un tiempo de ajetreo debo descansar si no quiero caer redondo. No obstante, gracias.

Esperé unos minutos y abandoné el banco para dirigirme a la Catedral del Mar, de la cual había oído hablar mucho, pero a la que no conocía. Me sorprendió la gran cantidad de turistas agolpándose en todo su diámetro, por fuera y por dentro, admirados ante la belleza arquitectónica del grandioso edificio. Entré como hacía siempre que tenía problemas. El silencio de los lugares de culto me ha ayudado enormemente, bajo su protección he hallado solución para varias situaciones difíciles. Desconozco si es pura psicología personal o va más allá, en la fortaleza de lo religioso, en la presencia soberana del Dios vigilante, pero algo hay, os invito a comprobarlo. Me senté en un banco, cerca del altar, y esperé la llegada del auxilio. Pronto mi espíritu se sosegó y comencé a ver las cosas de otra manera. Ya no tenía la sensación de estar perdiendo el tiempo o de haberlo perdido inútilmente; había cumplido con mi deber, había sido honesto, idealista también, utópico, engreído, tal vez. Me levanté, di un paseo por las distintas naves y capillas, encendí una vela, como hacía mi madre en el santuario de la Virgen del Camino y, por una de las puertas laterales, salí al exterior. En las escaleras de la entrada, grupos de chicos y de niños jugaban golpeándose sin pudor ni delicadeza. Me senté a su lado para contemplarlos: «La infancia, los primeros años de la adolescencia, qué agradables son, cuánto ayudan, sin ellos no sabríamos reír ni soñar». Estando inundado en medio de estas dulces aguas, pasó Elsa empujando un coche de niño, de un año y medio aproximadamente. Me fijé bien —hacía años que no la veía—, la seguí durante un trecho en dirección a un parque cercano. En un semáforo, estuve a su lado. Era ella, sin duda. Apenas había cambiado, quizás más gruesa, pero igual de erguida y guapa. Me retiré lentamente, como jugador derrotado al final del partido y busqué una boca de metro para dirigirme al aeropuerto. Inmediatamente acudieron las explicaciones de D. Manuel referidas a las mujeres enamoradas de las *Jarchas*, lamentándose, llorosas, ante su madre por la ausencia reiterada de su novio o esposo, lejos, en la guerra, con escasas probabilidades de volver, conocida la crudeza de las luchas cuerpo a cuerpo. Claros ejemplos de fidelidad, de servidumbre a un amor auténtico: «Tanto amar, tanto amar/ amigo, tanto amar/ enfermaron mis ojos/ y me duelen mucho». Versos que el profesor trasladaba con una voz muy sentida. O los hermosos versos de Salinas: «No quiero que vayas / dolor, última forma / de amar».

Dentro del avión regresaron las imágenes, los recuerdos, las acusaciones, pero, poco a poco, se fueron yendo como las nubes que contemplaba por la ventana. «No te quejes, por fin has solucionado el problema, ya era hora, estás a punto de cumplir cuarenta años, edad aún idónea para reinventarte y convertirte en otro, más audaz y atrevido, con menos complejos, mira para adelante, te esperan nuevas oportunidades, el amor depende de dos: uno puede poner toda la carne en el asador, pero si el otro no echa el aceite, la carne se quema y se estropea», trataba de convencerme, quieto en el asiento, cuando el comandante anunció el próximo aterrizaje en Barajas.

Aunque ya llevaba varios días en Madrid, todavía no había ido a saludar a Solano para que me comunicara las primeras indicaciones laborales. Me levanté con ganas de trabajar y después de desayunar y escuchar las noticias, me dirigí a la emisora. Allí estaba Solano, como acostumbraba, trabajando, preparando proyectos, escuchando las iniciativas de los demás, que yo conocía de mi etapa en prácticas. Me saludó con entusiasmo, con las voces de bienvenida acostumbradas: «Os presento a quien me va a jubilar. Cuidado, que este trabaja, lucha, pronto lo comprobaréis, sobre todo si os dormís», comentó entre risas. Luego me acompañó a su despacho, donde un señor mayor ojeaba un periódico. «Es de mi pueblo, utillero jefe del Madrid, jubilado. Me acompaña a veces para ayudarme en algunos trabajos. Le entusiasma el fútbol, pero ahora le gusta más oírlo que verlo. ¿Verdad, Cosme?», me presentó. Le di la mano al señor, que cojeaba bastante, y me ofrecí para acogerle si también prefería acompañarme en alguna salida. Solano me mostró mi lugar de trabajo: una mesa alargada, usada por otros muchos compañeros de la redacción, citándome para mañana con el fin de precisar con calma mi tarea en la emisora: «Debemos evitar los celos».

Subí al día siguiente, como habíamos quedado, para que, definitivamente, Solano me dictara mis obligaciones habituales.

—Serás mi segundo; es decir, quien me sustituya en caso de que no pueda, por diversas razones, hacer el programa, cosa que trataré de evitar, porque me gusta trabajar, estar en la pomada, y si te descuidas, igual no vuelves. Este oficio tiene estos riesgos —comentaba con gracia—. Además coordinarás el equipo de periodistas deportivos de la casa y estarás en contacto con el resto de emisoras regionales, escribirás editoriales, guiones, comentarios, etcétera para criticar o alabar, según el caso y circunstancia. Conozco tu habilidad en este género y deseo que la ejerzas con frecuencia. Muchos días, probablemente, encontrarás a Cosme en el despacho. No le pongas mala cara ni pienses que estás ante un parásito curioso, todo lo contrario, te puede ayudar mucho, sabe cosas que ni tú ni yo sospechamos.

A continuación me contó la historia de este hombre, jugador en las categorías inferiores del Madrid hasta que una maldita lesión en el tobillo le retiró de los campos, quedándole de recuerdo perpetuo una ligera cojera. El Madrid, con buen criterio le colocó en el club como utillero, oficio que aprendió pronto, consiguiendo gran pulcritud en su trabajo, estimado por los jugadores de la primera plantilla, quisquillosos siempre.

—Arreglaba sus botas, corregía los defectos, incluso a alguno les hizo sus propias botas, y a la vez escuchaba los comentarios de los profesionales, egocéntricos, envidiosos, propicios a formar grupos enfrentados... Yo le usaba como confidente y gracias a él me enteraba de algún secreto de vestuario, que luego revelaba, con mucho cuidado, claro está. Ya conoces que cada periodista tiene su infiltrado en todos los campos, incluido el político. A mí este servicio no me costaba nada, alguna cerveza de vez en cuando. Cuando se retiró, se ofreció para acompañarme en la emisora y yo le acogí con gratitud. Sigue viéndose con los jugadores y aún trae noticias frescas. Está soltero y no sabe qué hacer con el tiempo. En verano, pasa unos meses en el pueblo, junto al mar de su querida Cantabria —concluyó satisfecho Solano.

—No me molesta su presencia —le contesté, por lo tanto Cosme podría venir cuando quisiera, aunque suponía que al principio extrañaría el cambio de lugar y de personas.

Durante los dos primeros meses lo pasé mal: tantos trabajos nuevos, dirigir a compañeros —algunos veteranos en la profesión— me agitaba. Además, temía la posible sustitución del jefe, improbable conocida su energía, pero nadie está exento de una enfermedad o de una crisis. Algunos éxitos conseguidos con mis escritos me abrieron el horizonte y alejaron las dudas, de ahí que con el tiempo conseguí realizar el trabajo con seguridad, sin grandes esfuerzos.

Ya habían transcurrido varios meses en Madrid y mi vida social y también personal carecía de alicientes. El trabajo lo ocupaba todo: trabajar y dormir para seguir trabajando se convirtió en mi lema preferido. Apenas salía de casa, ni los fines de semana, tan recargados en deportes, exigiendo dedicación plena hasta pasadas las doce de la noche. Pero tampoco miraba para mí mismo, descuidado, con poca ropa, ajeno a los requiebros del corazón, escasos, lo reconozco, pero a mi edad todavía obligados, aunque, por fin, había logrado alejar a Elsa lentamente, cual gripe invernal.

Suponía que el tiempo acudiría en mi auxilio, atento en la atención de los necesitados, de los confusos, para prestarles ayuda, reconfortarles, entregarles alimentos nutritivos; sin embargo, era consciente de que no siempre consigue sus propósitos, a veces fracasa y sangra con mayor fuerza la herida. Para tapar tantas vacilaciones me propuse trabajar en la tesis, abandonada desde el verano y viajar a León o al pueblo tratando de recuperar fuerzas e ilusión, pues allí seguía viviendo mi infancia y primera juventud con idéntica fortaleza, dispuestas a resistir.

El periodismo deportivo, cada día más exigente e internacionalizado, te pide establecer contactos con periodistas de otros países, considerados punteros en la especialidad, como ocurre en Estados Unidos a la hora de escribir de baloncesto, en Inglaterra, con el fútbol, o en Francia e Italia, con el ciclismo, y más si trabajas en una emisora importante como Radio Nacional. Aprovechando estos contactos, conseguí alguna relación amistosa con periodistas de medios extranjeros, como *Corriere dello sport*, en Italia, y *L´equipe*, en Francia, dos periódicos prestigiosos, con profesionales en primera línea mundial. Mi conocimiento del francés y del italiano facilitó las conversaciones, encaminadas a consultas en temas comunes y a la petición de ayuda en la búsqueda de bibliografía de temática deportiva, muy desarrollada en ambos países, en los cuales ya existían tesis doctorales ligadas a aspectos deportivos, sociales y lingüísticos, y multitud de estudios puntuales de la mayoría de los deportes, especialmente en Italia, en las universidades de Roma y Milán. En España aún no se hacía nada, los lenguajes especiales no habían calado en el mundo universitario, salvo algunos artículos en revistas, relacionando el deporte con la política de la etapa franquista. Sirviéndome de la ayuda de dichos periodistas amigos, obtuve muchos libros publicados en sus países e incluso visité a los autores en las universidades donde trabajaban, y con ello me ayudé significativamente en el avance de mi tesis, carente de ayuda orientativa propia y de libros de consulta en castellano.

Con espíritu renovado, seguro de la novedad de mi tesis, comencé a leer crónicas deportivas en periódicos deportivos exclusivos y generalistas, regionales, locales y a subrayar expresiones, léxico, recursos literarios, rasgos morfológicos y sintácticos, etcétera, y a escuchar narraciones radiofónicas y televisivas, recogiendo también las particularidades del lenguaje deportivo hablado, bastante más independiente y libre. A ese ritmo, en algo más de un año, logré mi propósito: terminar mi tesis. Una mañana de noviembre de 1995, en el aula magna de la Facultad de Filosofía y Letras de León, ante un tribunal entendido, la defendí. Había andado un largo camino, lleno de baches y curvas pronunciadas, sin embargo, con las botas descosidas había traspasado la meta y había levantado las manos como ganador. Quizás no fuera la mejor carrera, ni el tiempo fuera de récord; otros vendrán que lo mejorarán. No obstante, ahí queda el primer estudio amplio y serio del lenguaje deportivo en España (la editorial Cátedra publicó un resumen que se vendió bien).

Al mismo tiempo que iba completando mi tesis, recuperé mis gratas aficiones, dormidas por abandono: volví al cine, a los conciertos, a las conferencias, a las tertulias (sobre todo con el grupo de escritores leoneses residentes en Madrid) y a las visitas a los museos y salas de arte. En una exposición conocí a Irene, de quien os contaré alguna circunstancia más adelante.

En uno de mis recorridos por los museos de Madrid, entré en el convento de la Encarnación, regido por las Agustinas

Recoletas. Una sucesión de claustros, pasillos, salas de pintura, esculturas, relicarios convierten la visita en un amplio compendio artístico de primer orden. Me detuve ante un cuadro de José Ribera: *San Juan Bautista*, en el cual se representa la figura del santo muy joven, imberbe, recostado sobre una tela de color púrpura, en la mano izquierda una cruz y en la derecha, alzada, sobresale un dedo. A su lado, un cordero observa expectante y tierno.

Siempre me ha llamado la atención este santo, representante del hombre decidido, valiente, conocedor de su papel en la vida, que está dispuesto a cumplir cueste lo que cueste. Sin su presencia el mensaje cristiano hubiera sufrido más dificultades para penetrar en el pueblo judío. Sus gritos, sus críticas alertaron a los gobernantes, quienes, muy pronto, lo consideraron un enemigo, capaz de ridiculizarlos en cualquier momento. No le importaban los riesgos ni los peligros, sino preparar el camino de ese cordero, de Cristo. ¿Se puede ser más fiel? ¿Se puede amar con mayor intensidad? No, estoy convencido.

La repetición de mis visitas al museo, mis habituales detenciones ante el cuadro llamaron la atención de sor Ángela, una monja joven, encargada de revisar las salas al final del horario.

—Le gusta el cuadro, ¿eh? Pues tiene buen gusto porque es lo mejor del museo —me dijo colocándose a mi lado.

—Pues sí, me gusta. Siento debilidad por este santo tan importante para el Cristianismo —contesté con decisión.

—En efecto, en cierta ocasión le oí a un crítico italiano ensalzar la figura de san Juan Bautista por encima de los apóstoles: «Desde la lejanía amó a Cristo, aunque solo gozó de su presencia en el bautismo. No participó de sus triunfos ni de la importancia posterior de su doctrina. Se entregó a la misión solicitada como el mejor de los esclavos». Yo también me paro con frecuencia ante el cuadro y hago votos por cumplir con mi papel con idéntica dedicación, en algunos aspectos cercana —explicó convencida de la fortaleza de sus argumentos.

—Tiene razón, los hombres, alguna vez, somos san Juan Bautista. La vida nos coloca en un escenario y nos entrega un papel, que, a veces, representamos con soltura, pero otras lo olvidamos y debemos recurrir al apuntador.

—¿Qué papel le dieron a usted, si se puede saber?

—Uno que no he sabido representar y por ese motivo me lo han quitado.

La monja me miró, se rio levemente y se alejó lentamente.

—En la próxima visita le resumo mi papel. Ame, ame de verdad y comprobará cómo al final de la función suenan los aplausos de aprobación —concluyó.

Regresé al museo y continué hablando con sor Ángela. Había entrado en la Orden por un amor fallido.

—Únicamente he cambiado de pareja, y esta es mejor; jamás me ha fallado y he bailado muchos tipos de baile.

—No me parece mala solución —contesté—, aunque requiere valor, borrón y cuenta nueva, y no ando sobrado de ambas cosas, a pesar de lo que acabo de leer de un poeta boliviano: «El mundo es un sitio para amar».

Como le prometí a D. Juan, me cité con él en el restaurante leonés acostumbrado, pues debía ponerle al día de mi nueva situación amorosa, a él, entendido en todo, sabio, dispuesto para el consejo o la simple escucha. Le encontré como siempre: menudo, tal vez más delgado, dicharachero, irónico, en una palabra, D. Juan. Escogimos una mesa retirada y pedimos el cocido leonés que había encargado para la ocasión.

—Gracias por venir —le dije—. Abuso de su escaso tiempo.

—En la vida tenemos momentos para todo, si te organizas bien. Además a los amigos hay que cuidarlos porque si no se van —contestó.

—Está como un roble, no pasan los años. Le sienta bien la lejanía de los turbulentos aires leoneses.

—De eso, estate seguro. Aquí, aunque soplen fuerte, no llegan —respondió con rapidez.

Llené la copa de vino, guardé unos minutos de silencio y me dispuse a referirle con detalle mi viaje a Barcelona y las noticias novedosas de mi relación con Elsa.

—Vamos al grano, por si la cosecha fuera abundante —inicié con decisión mi discurso—. Elsa se ha casado y tiene un hijo. Pertenece a la ONG Médicos del Mundo, en la cual ha participado en distintas misiones. De mí es probable que ni se acuerde.

Me observó con detenimiento, dejó de comer, se limpió con la servilleta, bebió un poco de agua y sonriéndose me dijo:

—Para todo existe medicina, no te preocupes, sanarás. De esta sales robustecido.

—Yo, por ahora, no la encuentro.

—Mira, los escritores, y tú también lo eres, tenemos la posibilidad de analizar la realidad que pisamos, el realismo objetivo, pero también gozamos de la posibilidad de imaginar otra realidad, la realidad subjetiva; es decir, inventarnos acciones, sucesos, relaciones... que únicamente ocurren en nuestra cabeza, y si las impregnamos de verosimilitud, son tan creíbles como las otras, fieles reproductoras de lo cercano y comprobable. En resumen, en eso consiste la literatura, y así la han interpretado múltiples escritores a lo largo de la historia. ¿Qué hizo Garcilaso en las *Églogas*? ¿Y Lope? ¿Y Bécquer? ¿Y Pedro Salinas?: imaginar una relación amorosa, intensa, llena de fuerza, con una mujer que se resistía en la vida real a vivir con ellos ese amor tan deseado. El escritor se refugia ahí, inventa situaciones que la imaginación le facilita y las recrea, dándoles certeza, de tal manera que cualquier lector las considera vividas de verdad. Lee el soneto de Lope *Suelta mi manso* y lo comprobarás con exactitud, o diversas rimas de Bécquer de la segunda y tercera parte.

Me quedé mirándole, extasiado, sin saber qué decir, pensativo, ¿será así?

—No sé qué decirle, D. Juan. Me parece que no debe ser fácil introducirse en situaciones no vividas, que las has inventado.

—Si de verdad quieres a alguien, si estás convencido de tu amor, resulta sencillo meterse en un mundo inventado, en el cual los dos estáis compartiendo lo que conocéis que existe, que viven otros, pero que a vosotros, por unas u otras razones, se os ha negado, o se ha escapado —aseguró mirándome a los ojos.

—Entonces, ¿puedo vivir en mi imaginación lo que me hubiera gustado vivir en la realidad con Elsa, consiguiendo que me llene, me satisfaga, me consuele? —le contesté, dando a entender que me parecía ilusionante, pero utópico.

—Analízame a mí: si el obispo hubiera ganado la batalla, tendría que haber renunciado a todo en lo que verdaderamente creía o amaba, sin embargo, no lo consiguió, y seguí contribuyendo al conocimiento de Cristo en este mundo, a divulgar sus ideas, buscando la solidaridad, el amor entre hermanos, la equidad. Quizás lo he hecho de otra manera, expresándolo con distintas palabras, sirviéndome de otros medios. A veces, también me he refugiado en la poesía. ¿Tienes mis libros?

—Sí, sí, los tengo y he leído muchos de sus artículos en revistas y periódicos.

—Pues piensa y verás que no eres tú solo quien sufre contratiempos. Este mundo es una carrera de obstáculos; debes saltarlos si pretendes llegar a la meta, aunque seas el último. Bueno, debo irme, muchacho. Tenme informado —concluyó, levantándose de la mesa y cogiendo la chaqueta.

—Adiós, gracias de nuevo. Lo pensaré y volveré con la mochila llena, seguro.

Salí del restaurante pesaroso, como si me hubiera puesto una tarea imposible de cumplir. ¿Vivir un amor sin experimentarlo realmente? ¿Imaginar paseos, besos, palabras, experiencias, que, en verdad, no han existido, sino solo en tu imaginación, y que eso te consuele? En cierta ocasión le oí a un compañero, de esos que presumen de frecuentes ligues, que él besaba a quien quería, aunque lo hiciera únicamente con la que estaba a su lado en ese momento; la imaginación me traslada de una a otra en un viaje supersónico. ¿Es posible? Me parece muy superficial, oficio de inseguros, de gente sin escrúpulos, de esos que llegan a casa ahítos de pasear entre la niebla, sin apreciar claramente nada. Con el tiempo, entendí a D. Juan y practiqué con éxito sus consejos, también en poesía.

Por no alterar la costumbre, aquel año marché de vacaciones a León, para ver a mis padres y hermanos, por supuesto, pero aproveché para visitar a mi director de la tesis y a mis amigos, escasos, pues la edad había casado a la mayoría, según exigía el modelo de sociedad aceptado por todos. El regreso a la ciudad de origen, para alguien que vive habitualmente fuera, siempre resulta gratificante: comprobar las reformas habidas, visitar la catedral, tan querida y admirada, sentir el fervor callado de san Isidoro, patear los bares del Barrio Húmedo, las piedras desiguales de la original plaza del Grano, visitar alguna zona desconocida de la provincia me reconfortaban y sacaban de mí la versión antigua, la de los años de juventud. Además deseaba fervientemente ir al pueblo a respirar su aire, a llenar los ojos de ese cielo infinito, a pisar sus caminos y sendas, a sentarme a meditar bajo la sombra del Roble Mirador, aún vigilante, de sentir el silencio misterioso de Villarrubia, bebiendo su agua curandera... pero, antes que nada, añoraba recuperar la infancia, conservada en infinidad de lugares y objetos. Desde luego lo que no esperaba era encontrar a Elsa, sabedor de que ese mundo quedaba lejos de sus intereses actuales. No a todos nos convoca la tierra con la misma insistencia; algunos le dan la espalda o se hacen los sordos, equivocándose gravemente porque todos estamos hechos de tierra, y si no regresas a la tuya, la nueva acabará rechazándote por intruso. Cada día lo observo con crudeza en las grandes ciudades, sobre todo contemplando a la población extranjera.

Llegué a León a primeros de agosto, para un periodista deportivo el mes más tranquilo del año, por el descanso en muchas de las competiciones. Visité al director de la tesis y le entregué lo hecho hasta el momento: el plan diseñado, la biografía encontrada, y le comenté mi propósito de agilizarla con la intención de no demorarme más de un año. No me presentó dificultades y me animó a seguir con la misma ilusión y ganas de trabajar. Después me acerqué al Diario para saludar a mis viejos compañeros. No permanecían muchos, pero sí vi en sus ojos deseos de seguir luchando por la información en una ciudad bastante ingrata. Pasados unos días, me trasladé al pueblo, primero solo y luego con la compañía de mis padres y hermanos. La casa seguía mostrando su mirada altiva desde su altura dominante, cuyo tejado el viento desordenaba cada invierno, con la voraz chimenea, faro humeante para los trenes, pasado el monte. No había nacido bajo sus techos, pero sí había gozado de su calor a partir de los diez años, en las veladas nocturnas, a la orilla de la lumbre, entre juegos infantiles y deberes escolares. Pronto se acercó María, la gata fiel, acariciando mis piernas. En un cuarto lleno de trastes, arriba, primer piso, dormían distintos juguetes infantiles: un caballo de cartón, de enormes ojos, una muñeca de gran tamaño, tabas, el aro, la carraca, cartones, platillos brillantes... a todos escuchaba contándome su especialidad, olvidados desde tiempo. Me senté a su lado, los limpié, los ordené y los dejé descansar por si todavía hubieran de acompañar alguna infancia de niños futuros.

Salía de mañana y tarde por el pueblo, las bodegas y lagares, desiguales, algunas muy viejas, junto a otras nuevas, escavadas en la ladera con maestría; a hablar con los vecinos, fundamentalmente los mayores, atentos siempre y dispuestos a contarte la última novedad o el recuerdo más antiguo. Me sorprendió la renovación de muchas casas que sustituían el adobe, caliente o frío según la estación, pero débil y monótono con su color terroso, por el ladrillo, más duradero y variado; las obras en la plaza, donde su caño, mentidero diario, había sido transformado; el frescor placentero del agua de la fuente, al servicio de la sed veraniega; el cambio del alambique, trasladado a la estación, abandonando la lejanía del Noque; y el nuevo asentamiento del bar, lugar preferido para el encuentro con chicos de mi edad, hombres, pues las mujeres aún debían alejarse de estos lugares peligrosos, como mandaba la moral todavía en vigor, aunque algún cambio se vislumbraba. De dichos encuentros, animados por la presencia del vino de la tierra, surgían nuevos viajes al pasado, en cuyas estaciones todos nos habíamos bajado alguna vez: los trabajos duros en las tierras de cultivo, las costumbres festivas, tan deseadas, las visitas al monte o a la dehesa por distintos motivos, los juegos, variados, las celebraciones religiosas, abundantes... Disfrutábamos contando anécdotas, experiencias vividas, alguna aventura atrevida, en una sociedad aparentemente desordenada, apoyada en la libertad y el respeto, los valores supremos de la infancia, etapa a la cual regresábamos con inmensa alegría. Nunca he oído quejarse a nadie de su infancia, y en el pueblo, algunos lo pasaban mal, sin embargo, esa etapa posee tal fuerza que todo lo oculta, lo transforma, para que resplandezca con mayor brillo su inmenso poder: «Regresarás a la casa donde siempre hallarás brasas para calentarte y pan y miel para saciar tus ganas de vivir», le escuché a un señor de Madrid con quien compartía asiento en el tren.

Como cada año salí a recibir el carro de la hoguera, la mañana del 15 de agosto, igual de sugerente que siempre, repleto de mozos vociferantes, agarrados a las botellas de orujo casero, de pie sobre las ramas de encinas que mostraban al público sus frutos, y me acordé de mi única participación en el corte de mi quintada; de mi colaboración en el traslado de los santos Esteban y Roque, patronos de la iglesia y de la ermita, quienes intercambiaban su trono durante dos días; del llamativo racimo de uvas, ya maduro, colgando de la mano del santo, el primero, anuncio de la cercana cosecha. Mis ojos de niño lo guardaban todo y ahora, cuarentón, lo mostraban orgullosos. Luego, al atardecer, comí las uvas que ofrecían a la entrada de la ermita: «Dan suerte», me dijo la abadesa. «Falta me hace», contesté.

Después de degustar el cordero asado, alimentado en el campo propio, de regar algunos recuerdos en las tertulias obligadas de la familia, de sujetar el hombro de amigos lejanos, de visitar con traviesas intenciones las viñas, de probar los andrinos, los cascabelillos y las moras, regresé a Madrid, satisfecho, con los pulmones hinchados del mismo aire que purificó y fortaleció mi infancia.

—No lo olvides: las flores silvestres también huelen —me dijo mi madre, apoyada en la puerta de entrada a la casa.

—Ya, y duran más —le contesté desde el asiento del coche.

En la emisora todo evolucionaba según el plan propuesto por Solano, que los demás ejecutábamos sin rechistar. Habíamos conseguido subir la audiencia y nuestros programas no envidiaban en nada a los de las emisoras privadas o incluso los mejoraban al contar con buenos profesionales y carecer de otros intereses inconfesables. El periodista deportivo se siente un ser afortunado en comparación con los demás, porque sus informaciones pueden alegrar hasta la locura o entristecer hasta la desesperación, pero nunca pasan desapercibidas. Ayudan a la gente, pues la radio acoge con cariño a los más necesitados de compañía, a los enfermos, a los impedidos, a los dedicados a oficios solitarios, quienes buscan en sus programas fuerza para seguir soñando a pesar de su situación, y escriben y llaman por teléfono, contando sus amarguras o sus pequeñas conquistas, de la mano de la esperanza, su fiel compañera. Contaré algunas de las experiencias vividas a través de las ondas radiofónicas:

«Me llamo Manuel, tengo doce años y soy de Granada. Todos los días escucho su emisora, especialmente Radio Gaceta de los Deportes, por eso me atrevo a escribirles. Perdonen si robo su tiempo, pero necesito, de verdad, un poco de ayuda. Jugaba al fútbol en un equipo infantil de mi barrio hasta que comencé a sentir debilidad en ambas piernas. Mi madre me llevó al médico quien, después de muchos análisis, ecografías, escáner, me prohibió seguir jugando mientras no se solucionara mi problema. Desconozco el tipo de enfermedad que sufro, pero cada día me siento más débil, ahora ya me cuesta andar. En la última visita al doctor le dije que yo sin el fútbol no podía vivir, que me curara, por favor. "Mira —me contestó— para lograr la curación debes dormir con una camiseta de Cruyff, que haya usado en un partido". Para mi familia conseguir eso resulta imposible, por eso me dirijo a ustedes, sabedor de su influencia como periodistas y como hinchas —alguno— del Barcelona. Si me la consiguen, estaré eternamente agradecido y les prometo que les dedicaré mi primer gol, ya curado. Saludos».

Recibimos muchas cartas y llamadas, la mayoría pidiéndonos algo; sin embargo, la de Manuel me ganó enseguida porque trasladaba la problemática de una enfermedad grave y que, por tanto, urgía la ayuda. Me desplacé a Barcelona un miércoles, día de partido de copa. Nunca había entrado en el Nou Camp, aunque sí conocía los alrededores. Con la ayuda de un compañero de la emisora en Barcelona hablamos con el jugador, quien nos prometió la entrega de toda su equipación. Al concluir el partido, el delegado de campo nos la dio en mano. Regresé a Madrid pletórico, con la grata sensación de haber contribuido a la curación del chico, al cual la enfermedad le perseguía con garras afiladas. Me puse en contacto con él y, en persona, viajé a Granada para entregarle la equipación. Pasamos unos momentos emocionantes, en los que el niño lloraba y reía a la vez sin saber hacia dónde mirar: «Cuando te cures, vendré a presenciar tu primer partido», le dije. «¿Me lo prometes?», me contestó agradecido.

Mientras regresaba en tren de Granada, ocuparon mi mente un montón de imágenes ligadas a la enorme influencia del deporte en los estados de ánimo de los aficionados, entregados siempre a su equipo. He visto llorar después de un mal resultado, irse a la cama sin cenar, mantener una guerra contra todo bicho viviente... Yo, sin participar de esas situaciones extremas, era amigo en el colegio de las discusiones deportivas acaloradas, en las batallas por leer el primero la prensa deportiva, e incluso, en una ocasión estuve a punto de ser expulsado por saltarme el horario de unas preces en la capilla, dominado por el resultado de dos equipos de la quiniela dominical. Callados, a oscuras, oyendo la débil voz del transistor, sonaron unos golpes en la puerta de la habitación, provenientes de los nudillos de una sombra negra con gafas: «Buscaba a vuestras señorías», nos dijo con tono burlesco. En esta ocasión, el deporte amargó mi sueño y además no acerté la quiniela.

Viví otro caso parecido que tampoco olvidaré. Ocurrió en una Vuelta a España, con un corredor holandés, alto como un castillo y fuerte cual guerrero antiguo. Las primeras etapas eran llanas, en las cuales el ciclista se defendía bien, consiguiendo triunfar en tres. Al ganar la segunda, observé que hablaba con una de las azafatas a la que, segundos antes, había dado tres besos, como dicta la costumbre de los países norteños. Cuando hacíamos entrevistas en uno de los hoteles, vimos salir apresurados al ciclista holandés y a la azafata, tomar un taxi y abandonar la concentración del equipo. Estas salidas se repetían después de cada etapa, influyendo claramente en el rendimiento deportivo del ciclista, quien unía a su falta de descanso la dificultad de la montaña, que finalmente había llegado, para un ciclista pesado («culogordo»), un auténtico martirio. Etapa tras etapa, siempre en la cola del pelotón, el holandés pedaleaba para no llegar con el control cerrado, lo que impediría ver a su chica. Resultaba penoso contemplar cómo sufría en la carretera, agarrándose a los coches, buscando el empujón benefactor de los espectadores, sin importarle las probables sanciones de los jueces, incluso un día cayó en una bajada y la gravilla quemó parte de su cuerpo. Tenía un único objetivo y debía cumplirlo por encima de todo: llegar a Madrid. En la última etapa, ya en la capital, Paseo de la Castellana, el holandés enamorado volvió a rodar en cabeza, participando en el *sprint* final, que no ganó, pero sí hizo segundo. A la salida del hotel, de la mano de la azafata, nos vino a despedir: «Gracias por no haberlo contado en vuestro programa».

Esta es la otra cara del deporte, limpia y lavada, oliendo a colonia de la buena, alejada de tantos míseros intereses, que envilecen a los deportistas convertidos en esclavos del dinero, del éxito a cualquier precio. El deportista profesional es fácilmente manipulable, pues su formación educativa no resplandece y el dinero le desborda, por eso muchos acaban en la ruina y otros se suicidan cuando dejan de ser vitoreados en la calle o en el campo. La fama en el deporte cabalga sobre el viento, que hoy sopla aquí y mañana lo hace lejos o se amaina escondiéndose en las cuevas de las montañas. Estas situaciones el deportista las conoce, las experimenta cada jornada, aunque rara vez lo diga en antena para no arrojar alcohol en la herida, sino cremas balsámicas que aminoran el dolor.

Aquel septiembre comenzó como los anteriores: probando nuevos formatos, añadiendo algunos aspectos novedosos, copiando otros de la competencia, «cercanía», en boca de Solano. Cada periodista deportivo, al regresar de sus vacaciones, debía aportar alguna novedad a lo hecho en la temporada pasada. Yo, en los meses de julio y agosto, oí programas franceses e italianos, muy distintos a los nuestros, con ideas renovadoras a la hora de contar el espectáculo deportivo, que intenté adaptar a nuestros gustos. Por ello, cuando nos reunimos por primera vez para defender las aportaciones, añadí las mías, ajeno a lo que la vida me reservaba unos meses después.

Seguía yendo a León con frecuencia. Mis padres vivían solos y, aunque estaban sanos, se quejaban continuamente de las escasas visitas que recibían. Pasamos las Navidades juntos y el último día del año brindamos por el bienestar de la familia. Sin embargo, en abril de 1991, mi hermana me llamó preocupada: «El abuelo ha dejado de andar». «¿Cómo? Si le dejé bien, fuerte e ilusionado con las mejoras en la casa del pueblo; si sigue trabajando las viñas; si vende salud allí donde va; si, si...», me decía una y otra vez. Le internaron en el hospital por un problema de las vértebras en la columna, según el primer diagnóstico, preparándole para operar cuando hubiera sitio en quirófanos. Tardaron más de un mes hasta que, por fin, le operaron. La recuperación nunca fue buena y con el tiempo salieron a la luz las verdaderas causas de la falta de movilidad en las piernas: un cáncer con metástasis en cerebro y médula, que la operación había acelerado. Le mandaron a casa a esperar la muerte en su cama, a él, modelo de ganas de vivir, fuerte y grande como un castillo. Fueron unos meses terribles, cada día amanecía llevándose un poco más de esperanza en su bolsa. Resultaba especialmente doloroso esperar, solo esperar, sabiendo que la única persona, viajera de ese tren, era una señora burlona, vestida de negro. Desde que naces vives al lado de la muerte, pero nunca llegas a temerla de verdad hasta que no la ves cara a cara, mirándote a ti, el próximo en la lista. Jamás estamos preparados para recibirla en nuestra casa, aunque acuda con un montón de razones, fácilmente explicables y comprensibles.

En octubre murió mi padre y para mí el mundo se partió en dos mitades: la anterior a su muerte y el resto. Fue tan paralizante la sacudida que durante varios días apenas pude moverme; mi mente no aceptaba el hecho y protestaba contra el suceso con agresividad: «Un hombre trabajador, que siempre le regaló una sonrisa a la vida, pero que, sin embargo, esta no le correspondió de igual manera y le zarandeó como a una hoja en otoño, ahora, recientemente jubilado, comenzando a saborear la dulzura del descanso ganado, y le arrastró sin miramiento alguno por el terraplén de la injusticia. No, Dios, en su inmensa bondad, no debe permitir estos abusos si no quiere que le demos la espalda y olvidemos su nombre». Estas enrabietadas reflexiones u otras semejantes ocupaban mis horas, día y noche, alargándolas, impidiendo la llegada de otras, más complacientes o al menos tranquilizadoras.

Mi padre fue enterrado en el pueblo (otro triunfo de la infancia), donde había predispuesto, y yo, al cabo de unos días, preferí refugiarme en el trabajo con el propósito de aminorar tanto sufrimiento al entrar en contacto con la alegría de los demás. Vana tarea, porque no lo logré: mi mente no dejaba sitio para que penetraran otros visitantes. Estaba nervioso, me movía constantemente, perdía los papeles, los mezclaba, transitaba por los pasillos como alma en pena, sin saber dónde esconderme y, como consecuencia lógica, volvieron los gritos, las riñas, los enfrentamientos con los compañeros, hasta que Solano, preocupado, conocedor de la situación, me llamó a su despacho:

—Debes pedir un mes de excedencia —me sugirió con dulzura—. Así no puedes seguir, te estás haciendo daño, a ti y a la emisora. Entiendo tu dolor, pero la vida tiene que continuar y los programas preparados también.

—Yo..., ya..., te entiendo, sin embargo, esto me domina, soy una cometa en manos de un viento huracanado.

—También puedes ir a Cóbreces, un monasterio del Císter donde el hermano Severino receta medicamentos para curar el alma, con éxito evidente —apostilló.

—Déjame pensarlo. Algo debo hacer, el agua de este pozo bordea mi boca —le contesté.

Una semana después estaba en Cóbreces en manos del hermano Severino.

Cóbreces es una pequeña población cántabra, entre Comillas y Santillana del Mar, donde un indiano rico construyó un inmenso edificio, rodeado de prados y árboles, ocupado en la actualidad por una comunidad de monjes de distintas nacionalidades, entre los cuales vive el hermano Severino, encargado por el abad de atender las habituales visitas de enfermos psíquicos. Con los asistentes, el monje formaba dos grupos: quienes buscaban a Dios después de una vida equivocada, repleta de errores, y el de aquellos que necesitaban sosiego, paz para su espíritu, alterados por alguna contrariedad grave en su vida. Únicamente había hombres, maduros, cabizbajos y entristecidos, con pocas ganas de saludar a nadie. La terapia duraba una semana y los asistentes debían cumplir los horarios de clases y comidas estrictamente; también podían unirse a la comunidad religiosa en sus actos litúrgicos. Insistían en la conveniencia de participar en las últimas preces, posteriores a una misa concelebrada, a la conclusión de la tarde. En dicho acto, el abad bendecía a los fieles con agua bendita en la puerta de la capilla, a la salida.

Mi grupo lo formaban siete hombres, con el siguiente plan preparado: un día, para charlas con coloquio; dos, de reuniones en común para exponer el caso que nos había llevado allí; y otros dos, para reuniones individuales con el hermano Severino. Teníamos reuniones de mañana y tarde, aunque podíamos salir del monasterio o acudir a otras actividades. Yo preferí permanecer en el centro y participar en todas las sesiones programadas. Colaboraba con el hermano un seglar, médico, muy ligado a la Orden, quien se encargaba de dictar las primeras charlas. Los temas tratados resumían los graves problemas de la sociedad actual, causa principal de las frecuentes depresiones, intentos de suicidio, enfrentamientos familiares... Uno a uno, el conferenciante desgranaba el tema del terrorismo en España, el consumo de drogas entre los jóvenes y su repercusión en la familia, la violencia en el entorno familiar, las agresiones sexuales, etcétera, en un tipo de sociedad en la cual el amor había dejado de marcar la vida de los hombres, sustituido, en demasiadas ocasiones, por la violencia y la agresividad. Se ayudaba de vídeos, de películas, de diversas publicaciones, de libros específicos, y leía a muchos autores, literatos conocidos y representantes de vivencias religiosas ejemplares. «Desde el cristianismo, desde la fe, todo resulta más sencillo», pensaba mientras escuchaba al doctor. El coloquio acostumbraba a ser interesante, con intervenciones sinceras, expuestas con claridad y profundidad por parte de los alumnos, algunos muy preparados, quienes habían llegado allí después de décadas de sufrimiento. El ponente dejaba hablar y apenas aportaba nada a lo dicho, y continuamente repetía que tomáramos apuntes, que reflexionáramos, que sacáramos conclusiones para trasladarlas luego a las puestas en común del grupo. Así lo fui haciendo, ayudado por el silencio dominante de una celda oscura, entre una mesa de madera y una silla de paja, que invitaban al recogimiento y la meditación. Solo al amanecer el canto de unos pájaros, en los árboles cercanos, te avisaba de la nueva jornada. Alguna tarde, mientras subrayaba los apuntes, recordé mis horas de estudio en el colegio, detrás de una mesa de madera blanca, sentado en un sillón de mimbre que abandoné en el centro a mi salida como únicos testigos de mi estancia en aquel edifico enorme, de ladrillo rojo, donde sueños y realidad se mezclaban con frecuencia.

Preferí no participar en las sesiones en común. Después de escuchar el caso de Luis, creí que debía retirarme, mi problema era menor en comparación con el suyo, tal vez fruto de mi soberbia más que de una auténtica desgracia. El hombre, envejecido, extremadamente delgado, con casi sesenta años, voz entrecortada, lentamente expuso su caso: su hija había sido raptada a la salida de la universidad por un grupo organizado que le reclamaba una cantidad de dinero por su rescate. Cuando consiguió el dinero, los llamó por teléfono y lo introdujo en una bolsa de plástico, dentro de una mochila, que había de dejar en la caseta de riego de una finca. Así lo hizo, pero su hija no regresó a casa, como habían acordado. Al día siguiente apareció degollada a las afueras de la urbanización. Mi mujer, no pudiendo soportarlo, se arrojó por la ventana. «Yo, solo, entre las paredes de una casa enorme, no puedo soportar los gritos acusadores de la soledad, que constantemente me recuerda mi abandono de la familia y, como consecuencia, el castigo merecido que he de cumplir». Jamás olvidaré la cara descompuesta de ese hombre, sus ojos perdidos, el temblor de sus manos sobre el pupitre, las lágrimas. El hermano Severino le abrazó, le besó, «tienes razones para estar abrumado, tu mente no entiende lo que te ha pasado y se rebela con decisión, exigiendo mil porqués; sin embargo, no todo está perdido. ¿Quieres a tu mujer y a tu hija? Pues habla con ellas, pídeles consejo para vestirte, para preparar la comida, y comprobarás su ayuda. El amor que se tiene a los seres queridos que físicamente no están con nosotros es el más auténtico y verdadero. Luis, limpia tu conciencia, careces de culpa, no te martirices y piensa en qué puedes hacer por ellas. No escuchas sus risas, las oigo yo, te piden que vuelvas a reír», le aseguró el fraile mirándole fijamente a la cara.

Me entrevisté con el hermano Severino el viernes, el último día de sesiones. Le conté con detalles mis caso: la espera gratuita de un amor que creía real y la muerte inesperada de mi padre, «un trabajador a quien la vida no le había gratificado, aunque oído lo que han dicho mis compañeros lo mío parece una queja caprichosa», le dije algo acobardado. «Los grados del dolor los pone el interesado, no los demás», me contestó. Me cogió las manos, me pidió que le mirara a los ojos, acercó su silla: «¡Cuántas burlas propicia el amor! Parece un mago haciendo ver otra realidad. Tú has querido, lo demás no importa. Puedes seguir queriéndola, existen otras maneras de hacerlo y te sentirás recompensado. A la muerte no la debemos juzgar con los instrumentos de los hombres, impregnados de lógica y sentido común. La muerte puede ser caprichosa, injusta y, por tanto, muy dolorosa. ¿Cómo librarse de sus pinzas de acero? Laborando para que la imagen del fallecido se perpetúe, visitando su sepulcro, hablando con él, portando una foto en la cartera y, sobre todo, recordando sus hechos, los ratos pasados junto a él, las fiestas, las luchas por derribar algún obstáculo... Piensa que la muerte nos une a todos, del dolor que causa participa la humanidad entera, a tu lado camina un hermano a quien también le ha escogido para que sufra su crudeza». Son algunas de las frases que recuerdo después de dos horas de diálogo amistoso. Algo posee este monje que te obliga a detenerte, a retroceder para buscar otro camino por el que seguir andando. Quizás no cure, pero sí sabe aplicar una pomada benefactora, al menos para aminorar el dolor.

El sábado todavía permanecí en el monasterio, participando con deleite en los muchos actos religiosos o visitando la huerta, amplia, o hablando con los hermanos, atareados entre varios cultivos. También escuché a lo lejos los aullidos de las olas y las llamadas del viento rozando las campanas de la torre. El domingo, de mañana, abandoné el lugar, prometiendo regresar si el alma me volviera a doler. En el viaje de vuelta a Madrid, pasé por Comillas y visité el museo romano, caminé por el paseo marítimo, junto a su inmensa playa de arena fina, me detuve delante de la obra de Gaudí —el Capricho— y de la Universidad... Camino a Santillana del Mar, me detuve en la Colegiata de santa Juliana, con su espléndido claustro, pateé sus calles antiguas, que mostraban su belleza en casas y balcones, me acerqué a las cuevas de Altamira, hoy cerradas, pero que recordaba de niño en un viaje con el colegio —húmedas y resbaladizas cual cristales—. Antes de las ocho de la tarde, estaba en Madrid dispuesto a ir mañana a la emisora y reiniciar mi trabajo.

La experiencia te dice que los niños sienten especial atracción por un objeto determinado, como pudiera ser un trapo, un juguete, un juego... sin que se conozcan razones lógicas que lo justifiquen, porque, con frecuencia, puede ser el menos valioso, el más feo o gastado. E igual ocurre con las personas: seleccionan la mano, los brazos donde recogerse, las piernas para descansar, y a veces ni siquiera son sus padres, ni abuelos, ni hermanos. ¿Por qué? El calor, una sonrisa, una lágrima secada a tiempo, un cuento que ayuda a dormir, la leyenda inventada, cualquier cosa, pero lo cierto es que el niño no lo olvida y lo busca o lo echa de menos constantemente. Así forja su carácter, sus querencias, sus sentimientos, los cuales le van a acompañar siempre, aunque cada año cumplido sepa disimularlo mejor. En el fondo de su corazón continuará buscando aquello donde se apoyó para crecer, donde aprendió a amar, a ampararse bajo sombra segura, y si eso desaparece, sentirá el agrio desamparo de la ausencia.

Acudí tranquilo al trabajo, sabiendo que mis compañeros me ayudarían o al menos hubieran entendido mi situación.

Antes de iniciar la tarea, busqué a Solano en su despacho. Allí estaba, el primero, como de costumbre.

—Hola, jefe. No hay quien te coja la delantera —le dije.

—Prefiero madrugar: lo que has de hacer hazlo pronto —me contestó con esa sonrisa suya tan característica—. Siéntate un momento, te explicaré el plan de la semana.

Revolvió un montón de papeles, revisó varias carpetas, me observó detenidamente.

—¿Qué tal tu espíritu? ¿Vienes recuperado o todavía necesitas las muletas?

—Bueno, algo he aprendido: que el dolor lo sentimos todos, no es patrimonio de nadie.

—Claro, ¿qué te crees? No solo te pasa a ti. Te contaré un caso para que aprendas a asimilar las desgracias y seas más humilde. Yo perdí a mi madre a los dieciocho años, cuando no me había dado tiempo ni a imaginarlo siquiera, y salí adelante, con la ayuda de mi familia, por supuesto, y de algún profesor del instituto. Uno de ellos me aconsejó consultar con el hermano Severino. La charla que mantuve con el monje me orientó, me dio confianza en mis posibilidades, me ayudó a encontrar mi sitio en la vida y me enseñó a querer sin tener cerca a la persona amada.

Me quedé de piedra, sin saber qué responder. «Lo de este hombre no se puede comparar con lo mío, debo callar, no tengo derecho ni a quejarme siquiera», pensaba contemplándole con pesar.

—Me dejas admirado, Roberto. Lo tuyo sí que tiene mérito, me imagino tu primer año y me pongo a llorar, aunque no todos tenemos la misma fuerza, a algunos nos pasa como a las espigas: cualquier viento las mueve perdiendo fácilmente su verticalidad —le contesté bajando la cabeza.

—Ahora bien, si te confieso la verdad, el hermano Severino me ayudó, mi familia también, pero lo que más empujó en mi recuperación fue el trabajo: laborar de sol a sol cura los males del alma porque careces de tiempo para lamentarte. Cuando llegas a casa, te recibe la soledad, la ausencia del ser querido, pero no te quedan fuerzas ni para atenderlas, por lo cual cenas e inmediatamente te acuestas. Hasta el día siguiente, que harás lo mismo.

—Es posible. Por eso trabajas tanto, para aminorar las decepciones o los recuerdos dolorosos, que siempre están al acecho.

—Exacto, y tú harás lo mismo desde el próximo fin de semana. Irás conmigo a comentar el partido de la jornada, en esta ocasión un Sevilla-Betis, duelo local en la tierra de España más apasionada, en la que la gracia y la mofa llaman a todas las puertas. Te introducirás entre el público y comprobarás por ti mismo lo que acabo de decir.

—Lo que tú mandes —contesté—. No me vendrá mal un cambio: el periodismo en directo se escribe con mayúsculas. Sientes de cerca la emoción, la fuerza conjunta de tantos corazones juntos latiendo a la vez, parece que estuvieras pisando un cable del tendido eléctrico o al lado del ring en un combate de boxeo.

Salí del despacho renovado, convencido de la terapia acertada de Solano. Trataría de imitarle, aunque, seguramente, yo no fuera tan fuerte.

La cercanía de la festividad de Todos los Santos incitaba a mi madre a recordármelo cada noche: «Tienes que venir. Ya me encargo yo de las flores, o tu hermana». Al día siguiente me comunicaba la hora de la misa: «La misa será a las doce. Luego comeremos en casa». Recordaba bien esta fiesta de la exaltación de la infancia, pues convocaba a los nacidos en el pueblo que habían gozado de la alegría de los primeros años, imborrable, por eso habían decidido regresar a la hora de rendir cuentas de una vida desarrollada lejos o para agradecer a sus familiares su nacimiento en una tierra dulce como la miel. Se celebraba la festividad de la gratitud, que la muerte, sin pretenderlo, propiciaba. Por ello acudían todos, estuvieran donde estuvieran. La imagen de la iglesia llena, de la procesión ordenada y silenciosa y la visita al cementerio —cada uno junto a la tumba de su familiar— forman parte de mi álbum más querido. Llegué directamente al pueblo, sin pasar por León, y deposité unas rosas sobre la lápida, recién arreglada, de mi padre.

La emigración, abundante a partir de la década de los sesenta, había llevado a familias enteras a Asturias, País Vasco, Madrid, Cataluña, sin embargo, no rompían sus lazos con el pueblo y regresaban cuando podían, especialmente este día, obligado, a rendir el homenaje a los vecinos desaparecidos. Era el triunfo supremo de la tierra, del amor a un lugar que te vio nacer y donde pasaste tu infancia, cuyo recuerdo, aún vivo, nos trae aquí, hoy, y nos convoca para el próximo año. Sirviéndonos de la muerte, agasajamos a la tierra y a la infancia, las dos ataduras que nos aprisionarán el resto de nuestra vida y de las cuales nunca lograremos soltarnos.

Entre los rezos del sacerdote y el silencio entrecortado de los asistentes, se mezclaban las miradas buscando al amigo, al familiar añorado, al vecino que no veías desde el año pasado... Pasados unos minutos, regresaban los saludos, las breves conversaciones que han de asegurar los lazos de las generaciones siguientes, a las que, tal día como hoy, la muerte convocará de nuevo, aunque, en verdad, celebrarán el triunfo de la vida en común, pasada y venidera. Al abandonar el cementerio, alguien me dijo: «También en este lugar cantan los pájaros, aunque no los oigamos».

Comí con mi madre y hermanos y decidí regresar pronto a Madrid. Solo, envuelto en el lamento de un pájaro sobre el ciprés, hablé con mi padre, le conté mis preocupaciones, le agradecí su ayuda —como en un film de muchos metros de rodaje visioné sus risas, la comicidad de muchos de sus movimientos, sus comentarios, la fortaleza de su cuerpo, la inocencia de su mirada...— y subí al coche satisfecho, llevando conmigo la fuerza interior de una tierra que me hacía más fuerte. Mañana debía trabajar en la emisora y preparar una salida al extranjero.

«Las tormentas de verano humedecen las morenas y obligan a abrirlas, pero el sol pronto las seca y regresan a la trilla», me decía. Recuperé las sesiones de cine, las conferencias, las visitas a museos y galerías, las tertulias en los cafés. Me atraía especialmente la reunión mensual de los literatos leoneses residentes en Madrid, muchos ligados a la revista *Claraboya*, de gran importancia en León en los años sesenta. Por allí pasaban José Mª Merino, Luis Mateo Díez, Julio Llamazares, Juan Pedro Aparicio, Agustín Delgado y otros, quienes me introdujeron en el mundo de las artes, sobre todo de la literatura: novela y poesía, que había cultivado como aprendiz en mi etapa universitaria, en la cual conocí a grupos de poetas experimentales, jóvenes atrevidos, buscando un sitio en el difícil campo de la creación, y antes, como alumno primerizo en el colegio, donde aprendí la dinámica de la rima y de la medida. Fruto directo de estas asistencias fue la lectura de libros recomendados, de poesía y crítica poética, y el conocimiento de poetas en recitales, defensores de distintos tipos de poesía. Impulsado por este ambiente comencé a escribir, sí, a escribir, no para distraerme sino con fines literarios, como hacían ellos. Reconozco que en esta aventura colaboraron, de forma decisiva, la muerte de mi padre y el amor hacia Elsa, pues es de sobra conocido que el dolor, más que la alegría, engrasa la maquinaria de la creación poética. Había oído hablar de la inspiración, del duende de Lorca, de la predisposición favorable de unos días frente a la ausencia de otros, aportando opiniones enfrentadas entre los creadores: «El trabajo, solo el trabajo. Lo demás, habladurías vanas», defendían unos. Sin embargo, a mí algo me ocurría en determinados momentos —un nerviosismo especial, una agitación que recorría mi cuerpo—, que impulsaba la aparición de versos enteros, sin tachaduras, frente a otros de sequía absoluta. Consecuencia de esta estrecha ligazón con la poesía fue la aparición de mi primer libro, en el cual la muerte y el amor frustrado impregnaban casi todos los poemas. Un compañero me comentó: «La tristeza rezuma en estas páginas». «Y un amor sincero», respondí. Reconozco, desde la lejanía que concede el tiempo, que el dolor me dominó; sin embargo, no me arrepiento de lo escrito, porque en el libro hay más verdad que literatura.

Os he prometido contar noticias de Irene, y no se me ha olvidado. La conocí en una de mis habituales visitas a las galerías de arte, en este caso atraído por la obra de un pintor leonés, nacido en Sahagún, de quien había oído hablar mucho y bien, Ignacio Gómez Domínguez, autor de una obra interesante por sus paisajes y figuras humanas. Fui invitado a la inauguración, en la galería Velázquez, por su dueña, Irene. Saludé al pintor y a la vez a la directora, que iba presentando a los asistentes. La repetición de mis apariciones en la galería hizo que creciera cierta confianza con su dueña, gran conocedora del arte moderno en España, especialmente de los componentes del grupo Paso. En una de mis visitas, me trasladó por señas aviso de que la esperara a la conclusión, requerimiento que cumplí, pues aquella tarde no tenía previsto hacer nada especial.

—Te invito a cenar —me dijo decidida—. Si te parece bien, claro.

—Bueno —le contesté—. Tú dirás.

—Conozco un restaurante aquí cerca, Casa Isaac, donde voy con frecuencia. No resulta caro y está bastante bien. Ahora le llamo.

Entró en el despacho, puso la alarma, apagó las luces, revisó las ventanas...

—Vamos.

Irene vestía un traje chaqueta gris con una raya azul que se ajustaba a su cuerpo, no grueso, pero tampoco delgado. Habría cumplido cuarenta y tantos, bien disimulados por el maquillaje, en ojos y labios sobre todo, acompañado por anillos y pulseras, junto a unos zapatos negros de plataforma pronunciada. En efecto, teníamos una mesa reservada, hacia la cual encaminamos los pasos.

—Aquí preparan buenas sopas de pescado, ensaladas, un buen congrio, pero pide lo que te apetezca.

—Yo cenaré una sopa de pescado y un filete.

—Para mí prepárame una ensalada y un lenguado —aclaró Irene—. Para beber, un vino de Rueda que nos ofreciste el otro día.

Cenamos tranquilamente, dejando las prisas detrás de la puerta, y nos contamos nuestras vidas de forma aproximada, supongo. Me aseguró que estaba divorciada de un hombre a quien llamaba Toño o ex, y que tenía dos hijos, Antonio e Irene, el primero estudiando en Estados Unidos y la segunda en la Complutense, ambos buenos estudiantes, responsables y cariñosos. Ella había estudiado Historia del Arte, especializándose en pintura contemporánea. Llevaba diez años con la galería, lo cual le había convertido en una profesional muy conocida en los ambientes artísticos. «Por aquí pasan muchos pintores pidiéndome fechas para exponer». Viajaba con frecuencia a Londres, París, Milán, Berlín, «donde abunda el dinero», y en España, a Barcelona y Palma, «a la búsqueda del turista deseoso de gastarse la pasta». Es una profesión que exige tener mucha vida social, participar en las ferias, en las grandes exposiciones, con la correspondiente parafernalia final. Y tienes que jugar ese juego, te guste o no, si no te borran de la lista.

—Este trabajo, a la larga, cansa, pero mueve dinero y ya conoces lo dulce que resulta el parné. No me deja tiempo ni para ligar, ahora que he conseguido una segunda oportunidad —concluyó sonriendo.

—Debe ser complicado compaginar vida personal y pública en tu caso —le comenté.

—Para mí, imposible. No tengo amigos, pero sí un montón de conocidos. Vida atractiva, analizada desde fuera; pobre, desde dentro. A veces llego muy vacía a casa —argumentó pasándome la mano por mi brazo más cercano a su lugar en la mesa.

—Te comprendo, Irene —le respondí—. Yo he evitado esos círculos, que también existen en el campo de la comunicación, donde encuentras mucho divismo, con resplandecientes figuras de barro, con personajes que se sienten dioses, a quienes muchos adoran para mantener su sueldo, y no necesito aportar nombres.

—Es verdad, apenas sé nada de ti. Habla, hombre —me dijo alimentando su curiosidad.

Le relaté mi vida, desde mi infancia en un pueblo de la provincia de León hasta hoy, en Madrid, como periodista de

Radio Nacional. Insistí en mi larga y poco exitosa aventura amorosa y en mis trabajos periodísticos y literarios, «aunque me has conocido en un momento delicado: la muerte inesperada de mi padre me ha roto las entrañas». Escuchaba atenta, interesada, sonriendo débilmente en ocasiones, arrugando la frente en otras.

—Con la ayuda de mucha gente y de mis aficiones y mi trabajo confío en salir del atolladero, de hecho creo que ya he salido —le dije a la vez que miraba el reloj.

—Yo no tengo padre ni madre —contestó muy seria—. Un hermano que apenas conozco porque vive en Turquía, y nada más. He tenido que hacerme fuerte si he querido salir adelante. Mis padres tenían dinero, pero hay que saberlo mover y yo lo he hecho, con la ayuda de mi marido al principio y después sola, trabajando y cediendo en muchas cosas. Probablemente no sea tan sensible como tú y por eso he despegado antes, pisando, tal vez, algunas cabezas en esta vida tan competitiva, que te obliga a actuar así si quieres sobrevivir —argumentó decidida, apurando el último vino.

—Sí, y admiro tu fuerza, tu valentía, de verdad. Debemos marcharnos, Irene, yo madrugo mañana: tengo que fichar antes de las ocho.

—Vamos. Esta vez pago yo, pues te he invitado. Para otra, Dios dirá —aseguró riéndose a carcajadas, con cierta malicia.

—De acuerdo, iré ahorrando.

Acompañé a Irene hasta su coche, me despedí de ella y me dirigí a mi piso andando, por si el aire frío de la noche despejaba mis pensamientos: «La vida reparte para todos, incluidos aquellos que parecen más afortunados, como Irene, triunfadora, adinerada, positiva», reflexionaba mientras sorteaba, por las aceras, los abundantes despojos de la noche.

Con mi primer libro de poesía en la mano recientemente publicado, me dispuse a llevárselo a D. Juan, poeta y un buen teórico de la creación literaria. Mientras andaba la distancia hasta su domicilio, recordaba cuánto había luchado por sacarlo a la luz, porque poesía lee mucha gente, pero no la compra nadie, no es comercial y los editores se resisten a correr aventuras fallidas, aunque reconozcan su necesidad y valía. Llamé al timbre y la voz tan peculiar del profesor brotó como de una lata rota.

—D. Juan, le traigo mi primer libro de poemas —le dije eufórico.

—Sube, «majadero». Ese árbol ya dio frutos, lo regamos y mira cómo ha crecido. Acabo de despedir a los alumnos que se ofrecen voluntarios para confrontar sus textos. No asisten muchos, pero te aseguro que son reuniones fructíferas para su formación.

—Tengo dudas sobre la idoneidad del libro, tal vez haya estado muy condicionado y se me haya ido la pluma. Sin embargo, he leído mucho durante este tiempo y me identifico claramente con la poesía de Cernuda, tan sentida, y de los poetas de los sesenta; es decir, poesía humana, sencilla, alejada del experimentalismo y del culturalismo. La poesía ha de emocionar, sacudir tu modorra, sentimiento más que cerebro, sin despreciar la técnica ni el ritmo, ni caer en el prosaísmo, claro está —intenté justificarme adelantándome a la probable crítica.

—Te cuento que he estado en León dando una conferencia en la Obra Cultural de la Caja de Ahorros para celebrar el veinticinco aniversario de la muerte de D. Antonio, el mejor crítico de poesía que he conocido; él, como nadie, sabía unir sensibilidad personal y preparación intelectual, cualidades imprescindibles para un buen crítico. Guardaba un poema manuscrito, inédito, uno de los últimos que escribió y en torno a él he hablado a un público atento, deseoso de conocer novedades de un sabio, el más importante del siglo XX en León. Se trata de un poema de corte amoroso *Tus manos en mis manos*, de un amor que parece escaparse, expresado con sutileza y recursos por el autor. A muchos les sorprendió que D. Antonio, un sacerdote en apariencia conservador, escribiera ese poema. ¡Qué poco conocen de poesía! La poesía es ante todo de temática amorosa, refugio obligado de todos los poetas, de todas las épocas, aunque, en verdad, este tema se orienta de diversas maneras y todas respetables. Una es la que escogió D. Antonio, la cual no canta un amor vivido por él sino la interpretación literaria de la pérdida amorosa, tan recurrida siempre. Yo también he escrito poemas amorosos, a mí la figura de Cristo me conmueve, me evoca deseos amorosos claros —se explayaba D. Juan como si de nuevo dictara la conferencia.

—No conozco bien la obra de D. Antonio y menos su poesía, pero coincido con su opinión: el amor, la muerte, el paso inexorable del tiempo forman el esqueleto en el que se sujeta la poesía de todos los tiempos —le respondí con convicción.

—Además, di un paseo por León, por sus barrios viejos fundamentalmente: Santa Ana, el Barrio Húmedo, Santa Marina, la catedral, tan bella como siempre a pesar de los habituales andamios en la torre norte. Vi a los amigos: a Paco, a Crémer, a los miembros de Claraboya, que se acercaron raudos a saludarme, y al día siguiente, un sobrino me llevó a mi pueblo, donde el hijo del cartero había corrido tantas veces alrededor de las murallas. Visité al alcalde y al concejal de cultura para ofrecerles mi biblioteca, únicamente debían encargarse del traslado de los libros. Conoces mi manía de comprar y comprar libros, hasta que se han adueñado del piso y tengo que echarlos o irme yo —me confesó con ese humor tan personal.

—Me parece una buena solución. Los pueblos necesitan leer, conocer la cultura, única guía del mundo, amarla, y para conseguir eso no se necesita dinero, sirve acudir a una biblioteca y leer sus libros, en ellos encontrarán al hombre de cualquier tiempo y también estarás tú, identificado con algún personaje o autor —le respondí levantándome de la silla.

—Quería pasarme por la Asociación de Periodistas Madrileños, donde he organizado una mesa redonda sobre Ética e información, tema que a mí me preocupa mucho. Leeré con detenimiento tu libro y te prometo que te daré mi opinión sincera. No olvides mi consejo: la literatura nos acoge a todos, posee unos brazos largos y un regazo caliente; déjate querer por ella.

—Gracias, una vez más. Cuando salgo de aquí, quisiera comerme el mundo. Seguiré luchando, le debo muchas cosas y algún día se las pagaré.

Tomé un vino en el bar de León y dirigí mis pasos hacia mi domicilio. Caminaba despacio, pensando en lo dicho por D. Juan, siempre atinado en sus juicios. Sonaron las siete de la tarde y la gente paseaba o volvía de sus trabajos. Aún lucía el sol en las aceras y el viento, suave, jugaba con las hojas amarillentas que buscaban refugio entre las ruedas de los coches. Mañana debería acudir temprano a la emisora para preparar los programas, escucharía propuestas, escribiría guiones, haría varias llamadas, visitaría a Solano, quien me gritaría, como siempre, desde la mesa ovalada de su despacho, oculto detrás de desiguales montones de papeles, sonriente, con esa cara de trabajador empedernido que Dios le dio.

Desde que participo en las salidas para ofrecer acontecimientos deportivos de especial relevancia, el periodismo ha recuperado interés para mí, de alguna manera he vuelto a los campos maltratados, cubiertos de charcos de Asturias, con Javier. Observar tan cerca la práctica deportiva: una caída en el *Tour* a ochenta kilómetros por hora, el agotamiento del maratoniano dando tumbos a escasos metros de la meta, los gritos de dolor de un jugador sujetando su pierna rota... han añadido ilusión, fuerza a mis textos, los han sacado de la rutina, de los modelos consabidos, verdaderamente me han reconfortado y me siento útil, ya no soy el teórico del despacho o de la redacción, sino que también bajo a la calle, hablo con el público, como joven recién licenciado. El periodista necesita estar cerca, tocar al deportista, oír su respiración entrecortada para no convertirse en un burócrata. Con la intención de evitar este riesgo, comencé a acompañar a Solano en sus salidas, que eran muchas, pues prefería no dejar el micrófono a nadie, aunque su voz se resintiera y el sueño le jugara alguna mala jugada en las ruedas de prensa.

Nos preparamos para acudir al *Tour* del 96', en el cual Induráin debía batir todos los récords existentes en la mejor carrera ciclista del mundo. El patriotismo, muy señalado en este deporte, nos convocaba y Radio Nacional, la emisora pública del Estado más poderosa, debía, la primera, contar los éxitos de un patriota, el mayor ciclista español de todos los tiempos, Miguelón, el Extraterrestre. Nos desplazamos a Francia un equipo numeroso de locutores y técnicos para ocupar todos los sitios de interés informativo, desde la preparación mañanera de la etapa hasta la noche, en los hoteles de descanso. A mí me asignaron la preparación de aspectos de la faceta humana del ciclismo, un deporte exigente, duro, que, sin embargo, es practicado por jóvenes de carne y hueso, no por superhombres. Yo les he visto llorar por tener que abandonar la carrera o por las lesiones que el masajista trataba de reducir. Conocí a un ciclista colombiano que cada tarde, a la conclusión de la etapa, buscaba el hotel de un equipo español para tocar la guitarra y cantar, y todo después de una paliza de doscientos kilómetros, con un dolor de piernas insoportable y probablemente con alguna grieta en el corazón. Además debía subir al coche del director del Banesto en etapas fundamentales, sobre todo en las conocidas como reinas, con varios puertos en los Pirineos o en los Alpes.

Las primeras etapas de cada *Tour* acostumbran a ser llanas, aptas para rodadores y *sprinters* belgas, holandeses, fundamentalmente. En ellas, los ciclistas españoles observan y procuran no caerse. Esto hacía Induráin desde su alta atalaya de rey temido, ocupando el centro del pelotón, rodeado por los compañeros de equipo, y contemplando con atención los movimientos de los adversarios. Sin embargo, en la etapa diez (así decíamos), la Reina, en plenos Alpes, entre Francia e Italia, Induráin comenzó a rodar a cola del pelotón, posición que solía evitar para librarse de las caídas. Enseguida noté el nerviosismo del director, no parecía buena señal, algo le ocurría. «Durmió bien, en el desayuno no se quejó, es de tan pocas palabras». Pasó bien el primer puerto y el segundo, pero en el tercero, de primera categoría, comenzó a descolgarse metro a metro ante los ojos sorprendidos de dos compañeros que le acompañaban. Nunca olvidaré aquel cuerpo tan grande sobre la bicicleta, pedaleando con dificultad, metiendo la cabeza en el manillar y mirando, de vez en cuando, para la carretera, que no se cansaba de tirar para arriba, de martirizarlo, a él que había sido su mejor amigo, quien la había acompañado en tantas tardes de gloria. «A veces, la carretera no te quiere y te tira o te derrumba», decía un ciclista veterano.

Él, Induráin, el ciclista más poderoso, cuya fuerza parece infinita, ahora casi no puede ni mover los pedales, víctima de una «pájara» descomunal que le ha robado el vigor. No obstante, siguió sobre la bicicleta hasta el final entre los silbidos o el silencio de los espectadores. Para nosotros, el héroe había caído, adiós al récord. España llora.

Con la noche amenazando visité a Miguelón en el hotel, como hacía cada final de etapa. Encontré al corredor tirado sobre la camilla en manos de dos masajistas, que se esforzaban por recuperar su cuerpo, exprimido hasta el último gramo. Me miró, sonrió, levantó la mano izquierda: «La carrera ya no me quiere — afirmó—, se ha ido con otros, como ocurre en las relaciones amorosas. Nos hemos querido mucho y durante tiempo, pero en esta vida todo se acaba y en el ciclismo probablemente antes. A mí me lo aseguró la carretera esta tarde en cada pedalada y yo debo de obedecerla. Este será mi último *Tour*».

Induráin no se retiró de la carrera, como hubiera hecho la mayoría, avergonzados por el inesperado fracaso. Continuó hasta el final, ocupando el puesto décimo en la clasificación definitiva. Hoy, después de tantos años transcurridos, conocemos que quienes le superaron en ese *Tour* se habían dopado (así lo declararon los tres primeros). Cayó el gigante, el héroe, pero lo hizo con honor. Le echó el *doping*, y él lo sabía, aunque no lo divulgara por no molestar. La imagen del ciclista inglés Tom Simpson, tirado en la carretera, subiendo el Mont Ventoux insistía en su cerebro.

De regreso a España, Solano se mostró muy decepcionado. «Yo admiraba a los ciclistas, desde el primero hasta el último; para mí este deporte agrupaba a los más honrados, vencedores del sol, la lluvia y el viento, sus enemigos naturales. Hasta Faustino Cueli, un corredor de mi tierra, que ocupó la última posición en un *Tour*, merece quitarse el sombrero. Sin embargo, en este *Tour* he visto cosas raras y he oído conversaciones sospechosas. Alguna grave amenaza vislumbro para este bonito deporte», no se cansaba de predicar desde cualquier lugar. El tiempo le ha dado la razón. En la actualidad el ciclismo sufre las consecuencias de los contratos suculentos, que exigen rendimientos sobrehumanos si no quieres que ninguna casa comercial se acuerde de ti. «O rindes o te retiras; tú verás cómo lo haces», mensaje de los directores. De regreso a casa reflexionaba sobre los cambios imprescindibles en el deporte y, como consecuencia lógica, en el periodismo deportivo, el cual tendría que ser más crítico, de investigación, se acabaron las crónicas épicas, decorativas, literarias, las alabanzas desmedidas, será necesario bajar a la cruda realidad del momento si pretendemos informar de verdad y colaborar en la anulación de los abusos.

Seguía viendo a Irene con frecuencia. Me gustaba escuchar sus críticas de los cuadros, de ahí que buscara su compañía en las numerosas exposiciones que se estrenaban en Madrid. Sabía cómo introducirse en cada pintura, en el mundo del autor, en las circunstancias externas, en la importancia del color, de la luz, etcétera. Se ganaba con creces las cenas a las que le invitaba después de sus clases. Estuve en su casa y conocí a sus hijos. Fruto de esta confianza, surgió su petición para que la acompañara a Mallorca en una reunión de galeristas, en agosto. «Un fin de semana solamente. Te sentará bien tomar el sol de la playa; estás muy blanco», me dijo. Era mi mes de vacaciones, por lo cual no encontré razones para rechazar su oferta.

Llegamos a Mallorca en la segunda quincena de agosto, temporada alta, nutrida de ingleses y alemanes, quienes cubrían las calles de gritos descompuestos ante la mirada acusadora de los nativos. En el hotel, cercano a la playa, nos dividimos los papeles: ella acudiría al congreso y a mí me concedía tiempo libre para hacer lo que quisiera. Nos encontraríamos hacia las ocho de la tarde, preparados para asistir a la cena de cierre. Había visitado Mallorca para narrar un acontecimiento deportivo, pero apenas conocía la ciudad, de la cual alguien me habló muy bien. Con la intención de patearla, salí del hotel después de haber desayunado con ganas gran variedad de productos de diverso tipo. La guía me condujo a la catedral, extraordinaria, donde destacan los frescos de Barceló, tan llenos de vida y movimiento, su armónica arquitectura... Entusiasmado, me senté en un banco, bajo el amparo de la nave central, y enseguida acudieron a mi mente vivencias nacidas de mi estrecha relación con la catedral de León, a la que logré conocer bien durante mi estancia en el museo, por abajo y por arriba, paseando las sendas de las vidrieras, estrellas diurnas, de belleza suprema (aún guardo unas bonitas fotos caminando por el tejado). Subía a la torre norte para comprobar la destreza del campanero, quien, cual mago, ayudándose de pies y manos, además de su boca, hacía sonar un grupo de campanas perfectamente ensambladas. También se presentó presurosa la noche del incendio de la techumbre (el 19 de mayo de 1966), que yo seguía desde una sala de televisión junto a otros compañeros. Las llamas convocaron al bibliotecario del archivo, el cual nos dispuso para salvar los libros más importantes de la historia catedralicia. Filas de estudiantes iban cambiando de lugar los libros y pergaminos ante la mirada entristecida de la gente, alertada por el humo y los rezos callados, temiendo que la joya más esbelta de la ciudad cediera ante el peso de la madera y del agua derramada. En aquella ocasión, la suerte favoreció los buenos deseos; sin embargo, aquellas llamas enfurecidas todavía perviven entre mis recuerdos, que acostumbran a resucitar en cada visita a una catedral gótica. Después visité el palacio de La Almudaina, refugió de monarcas, con sabor a cultura árabe; san Francisco, con un esbelto claustro; y el valioso museo de arte moderno, en el cual Miró, el pintor de la tierra, ocupa el centro entre otros muchos cuadros de valor. Cansado, me senté en un banco de un jardín dispuesto a valorar lo que mis ojos recogieran: a lo lejos, entre nubes blancas, resplandecía el castillo de Bellver, prisión de Jovellanos, majestuoso, sorprendiendo al visitante por su esplendor arquitectónico; muchísimos hoteles, mirándose de reojo por la disputa del turista adinerado; el mar, exhibiéndose con la solemnidad de las grandes ceremonias, orgulloso de su dominio, pregona su existencia desde infinidad de puntos; y turistas de pantalón corto, gafas de sol, máquina de fotos, sombrero, camisas de rayas, arrastrando cansancio por las estrechas calles. Guiado por un coche de caballos, me acerqué al paseo marítimo, extenso como tortura oriental, donde hombres y mujeres trajeados observaban con añoranza a los bañistas jóvenes, quienes cubrían la arena de colores y gritos de satisfacción. Hacia las dos busqué el hotel para comer con tranquilidad.

Después de descansar un rato, ayudado por los arrullos de la tele, bajé de nuevo a la calle, pero en esta ocasión no buscaría las muestras artísticas, sino la vida de los comercios, de los artesanos, de los vendedores ambulantes, de los que reciben las migajas del turismo. Contemplé el curtido de las pieles en las zapaterías, las joyas, tan buscadas en Palma, el esfuerzo blanco de los obradores, cuyas manos fabrican dulces, empanadillas, helados, y la espectacularidad de algunos escaparates repletos de vestidos largos, de colores llamativos, llamando a gritos a las señoras adineradas. En fin, el bullicio frenético de una ciudad nacida para convertir la vida en un espejo donde se mira la riqueza, el lujo, junto a la apariencia y la mentira. Me restó tiempo, por lo que me trasladé a Valdemosa, la famosa cartuja, donde Chopin y Rubén Darío pasaron algún periodo. No me gustó, a pesar del concierto de piano y del museo. A las ocho esperaba a Irene con mi traje azul marino de las ocasiones importantes, en la habitación del hotel.

Llegó sofocada, hablando al mismo tiempo que arrojaba sobre la cama papeles, bolso, gafas, zapatos y se dirigía con rapidez a la ducha. Poco más de media hora le duró transformarse en una mujer dispuesta a acudir a una cena, en la cual un vestido rojo, suelto, con escotes generosos, sobresalía por encima de otros complementos.

Un taxi nos acercó al restaurante contratado. Mientras Irene buscaba la mesa asignada, pensé en lo absurdo de nuestra organización social, tan estricta: si no vienes en pareja, no acudas, porque te sentirás mal y te machacarán a preguntas. Tal vez sea esta la causa de mi estancia aquí: evitar los ojos inquisidores hacia Irene. Hallada la mesa, compartimos mantel con dos parejas, una de ellas extranjera. Hablaron y bebieron abundantemente: vino mallorquín y como tema de conversación único las falsificaciones en los cuadros de pintura. Por lo oído, las falsificaciones eran abundantes, sobre todo con algunos pintores, como Dalí o Picasso, prolíficos y cotizados. ¿Cómo defenderse ante ellas? Habían acordado utilizar medios técnicos modernos, semejantes a los empleados en las grandes subastas y consultar a los especialistas ante la menor sospecha. Irene se esforzaba en convencer a los demás de la conveniencia de exponer a pintores noveles y evitar a los consagrados, en quienes se encontraba verdaderamente el problema, pensamiento que no todos compartían. Yo contemplaba a uno y otro comensal e iba trasladando de lugar aquellos platos tan decorativos, con escasez de contenido —comida de autor la llaman—. Apurados los postres y el café, realizado con llamativa algarabía el brindis, nos trasladamos a una discoteca de moda, de luces cegadoras, ruidos estridentes, humos y chicas bailando sin apenas ropa que dificulte sus movimientos. Yo, chico soltero, conocedor de mi papel, busqué la defensa de la barra, tan recurrida, observando a Irene que bailaba a un lado de la pista. No me extraña que para soportar estos lugares los asistentes anulen su cerebro con alcohol, porque si no fuera así, difícilmente entenderíamos actitudes que contemplas con asiduidad, como si los hombres hubiéramos dejado en casa la conciencia o hubiéramos anulado las leyes durante un tiempo. Bebí varios *gin-tonic* esperando que Irene concluyera su sesión gimnástica. Finalmente, hacia las dos de la madrugada, conseguí sacarla del antro y llevarla al hotel. Sentada sobre la cama, quitándose pulseras y pendientes, entre dolidos gemidos por las rozaduras de los zapatos, comenzó a hablar:

—Me siento muy sola, en estas fiestas lo noto con claridad. Ya no tengo edad para solicitar un baile o para jugar a la comba, además tú te muestras alejado, sin importarte nada lo que me pase. Me gusta disfrutar de la vida, sentirme joven, ir de acá para allá, como hacen las personas positivas, trabajadoras, pero a la vez divertidas.

—Lo siento. Te lo dije antes de iniciar el viaje y te lo repito ahora: a mí estas fiestas engañosas, de alegría obligada, no me gustan, es más, las evito y procuro liberarme de ellas. Sin embargo, comprendo que a ti te entusiasmen y te animo a disfrutarlas —le contesté sentado a su lado.

En los sollozos alternantes apreciaba los efectos del alcohol, que Irene rara vez probaba, salvo algún vino seleccionado. Cuando uno está algo bebido suele confesar lo que siempre ha ocultado, por eso temía que Irene me dijera algo inconfesable, de lo cual luego se avergonzaría, pero no fue así. Pasados unos minutos, marchó al baño y yo a mi cama. Tardó tiempo en salir. Probablemente se duchó intentando despejarse.

—¿Estás dormido? Perdona, tal vez he bebido demasiado o el barullo de la discoteca me ha ofuscado la mente. Gracias por acompañarme, sé que para ti estos viajes son un tormento, pero yo no los debo anular, forman parte de mi trabajo. Traen consigo molestias, obligaciones sociales, no siempre beneficiosas —me dijo de pie, junto a la almohada.

—Esta profesión y todas tienen cosas buenas y malas, que casi nunca nos permiten escoger, hemos inventado una sociedad con deudas que tenemos que pagar.

—Hasta mañana. A la hora del desayuno me despiertas —me dijo sonriendo.

Se acercó, me acarició la cara y me dio un beso de niño en la frente. A lo largo de la noche, me despertaron sus comentarios, ininteligibles, sus risas, sus movimientos bruscos, que expresaban con claridad el nerviosismo de una mujer confundida, superada por unas circunstancias agobiantes, demasiado pesadas para su situación.

Mi madre había decidido pasar cinco meses en el pueblo, de junio a noviembre: «Hasta después de los Santos», decía, y arrastrado por esta decisión, mis visitas al pueblo se repetían con frecuencia. En vacaciones de verano, sobre todo, pasaba varios días con ella, contemplando su vida y llenándome de la vitalidad de la tierra, que tanto ella como yo necesitábamos, porque ambos escuchábamos la llamada de la niñez y obedecíamos complacidos (frecuentemente, recordaba con extrañeza a una maestra cubana fumadora).

Por la mañana, no acostumbro a salir de casa y desde la ventana de la cocina, la contemplaba o la ayudaba en sus tareas domésticas. Se sentaba bajo la higuera, en una silla de madera, y leía revistas de moda o de vida social de famosos. Cuando se cansaba, se dirigía a otra zona del patio a dar de comer a un gato callejero, que la visitaba hacia las doce. No hacía más, sin embargo, se sentía feliz, el pueblo la llenaba con plenitud y no echaba de menos la ciudad. «Otra conquista de la infancia», pensaba para mí.

Un día revisamos la antigua casa, contigua a la vivienda, que ahora usábamos como trastero y almacén de aperos agrícolas.

—Representa el modelo habitual de vivienda del siglo XVI-II o anterior, fíjate en las puertas, pesadas y bajas, pensadas para la estatura de la población de la época, la bodega bajo el piso principal, con sus cántaras de barro, el marco de las ventanas, rudo, de madera de chopo, zarzales debajo de las tejas y la madera en el piso del pasillo y habitaciones. No olvides que vivimos en la zona más vieja del pueblo, cerca de la iglesia, en la calle de la Sartén, estrecha y empinada. Las pocas casas altas son recientes, como ocurre con la nuestra —le explicaba a la vez que comprobábamos cada información.

—Mira, aquí había un lagar, probablemente de esa época también. A partir del siglo XVIII los trasladaron junto a las bodegas, en la ladera de la Fuente, entre los caminos de la estación y de abajo. Excelentes bodegas, cavadas a pico y pala, como se aprecia en las paredes, por maestros bodegueros que sabían hallar la temperatura adecuada, igual en todo el año, para la conservación del vino. Mi padre colaboró con alguno —hablaba moviendo lentamente las manos.

—Ya, de muchas de estas edificaciones existen documentos —le contesté.

—Y aquí estaba la colmena. ¡Qué miel tan rica conseguía! Todos los años la miraba —Cataba decía ella— por estos meses. A mí como no me picaban las abejas no sentía pereza. Siempre les dejaba bastante miel para que pasaran un buen invierno y no se fueran, porque son animales rebeldes y a veces protestan.

—Recuerdo que se mantuvo varios años después de marchar a León. Aquella miel amarillenta, gruesa, muy dulce, en tarros, que regalabas a medio pueblo, porque curaba los catarros y la afonía que aparece cuando las cuerdas vocales se resienten en las explicaciones, clases, etcétera.

—Un invierno lluvioso acabó con ella. Mojó en exceso la tierra y se desprendieron los cestos de entrada y salida. ¡Cuánto lo sentí! Sobre todo por ti, tan aficionado a merendar pan con miel. Voy a preguntar por si alguien conserva todavía la colmena —aseguraba iniciando la retirada hacia la «oficina» (así llamaba a su lugar de lectura).

—¿Habrás visto miel en la plaza a vender? Muchas veces, supongo, y miel muy distinta, con denominación de origen en la etiqueta. No existe una miel exactamente igual a otra, se aprecian multitud de diferencias en el color, sabor, textura, pues la naturaleza donde habitan las abejas es variada, con flores propias, distintas. Por esta razón, la miel de Calzada nace así, las abejas chupan el néctar de las flores buenas, nutritivas, variadas, y de su mezcla surge el resultado final: la mejor miel de España —le dije riéndome con convencimiento.

—Algo exageras, no obstante, me han dicho muchos forasteros que no habían probado una miel más sabrosa.

—Si de verdad quieres conocer al nacido en Calzada, prueba esta miel, porque en ella se esconde el alma del pueblo, lo que nos distingue, que nos obliga a estar agradecidos, a volver, aunque no hagamos nada, como tú y yo, pero nos sentimos bien, a gusto, lo cual nos basta —concluí dejándola leer otro rato las aventuras de mujeres guapas, felices, al menos en apariencia.

Sentado en una silla, frente por frente, contemplaba el movimiento de sus labios, los dedos humedecidos para pasar las hojas, los comentarios críticos ante la provocativa imagen de alguna artista, e imaginaba su infancia, difícil, severa, pero igualmente feliz, a pesar de la convivencia familiar con el dolor, y aplaudo su fidelidad: la de mi padre abrazado ya a la tierra, y la de ella y la mía, esperando turno. Muchas horas he pasado junto a mi madre por eso conozco bien su vida, tan esforzada en casa y en el campo hasta pasados los setenta años. Con ella aré varias tierras detrás de una pareja de mulas que se burlaban de nuestras escasas fuerzas y atendí diversas actividades en las viñas: días enteros cogiendo palos, sulfatando, levantando varas, alumbrando. Su figura desenvuelta, decidida, con un pañuelo desteñido en la cabeza, no retrocedía ante dificultad alguna, «como un tío». Esta imagen de mujer esforzada, buena madre y a la vez extraordinaria colaboradora en las tareas del campo, incluidas las más exigentes como ir a carrear, persistía en mi recuerdo. Ahora, ya mayor, «hacía lo que podía», porque en los pueblos las mujeres nunca se retiran del todo.

Por las tardes, iba al bar o a dar una vuelta por el campo o a Sahagún, a visitar la ermita de la Virgen del Puente, de historia atractiva, pues desde su trono ha contemplado guerras, cansancio de peregrinos y sufrimiento de enfermos en el hospital cercano. En el bar, buscaba la mesa de los coetáneos para recibir noticias nuevas, aunque siempre acabábamos recordando la infancia entre risas y gestos exagerados (cómo se fija la infancia, nadie la olvida). De regreso a casa, mis ojos tropezaban con las ventanas y puertas de Elsa, cerradas. Dicen los experimentados que el primer amor, como el beso primero, nunca se olvidan, dejan una huella imborrable en el corazón. Probablemente acierten, sin embargo, para otros, el hombre acaba adaptándose a cualquier cambio, incluidos los amorosos. Yo debo pertenecer a los primeros.

Al atardecer, con el sol bajo, acostumbraba a recorrer zonas del campo, andaba por los caminos y sendas más conocidos comprobando los cambios. A veces, me detenía en una mata de andrinos o ante las tentadoras zarzas de moras, difíciles y altas. Ayer me senté en los bordes del Corcho junto a la lenta corriente del reguero, rocé el agua con los dedos y tracé sobre ella la señal de la cruz, como hacía de niño cuando la sed apretaba y necesitabas beber agua, aunque no fuera potable. Con la amenaza cercana de la noche, pasé por el charco de las Culebras, mudo a esa hora, por el plantío, paseo querido de los niños, y dirigí los pasos hacia casa, donde me esperaba impaciente mi madre, tan valiente y decidida durante el día, temía, sin embargo, a la noche, encerrándose en casa hasta la mañana siguiente.

Los últimos años no esperaba a la fiesta —cosa de jóvenes— y marchaba antes, aunque siempre dejaba encargada a una sobrina para que elevara mis intenciones a san Roque, mezcladas en el humo y las chispas de la hoguera.

—No te olvides de comer las bolsas de moras, que son tan beneficiosas para la vista —me decía mi madre, a la puerta, mientras introducía las maletas en el coche.

—Ya las guardé —le contestaba contemplando su rostro arrugado y sus gruesas manos de mujer trabajadora, sin las uñas pintadas.

De nuevo en Madrid, cumplía el plan previsto: trabajo en la emisora, visita a los amigos, actividades culturales, cultivo de la poesía, actualización del lenguaje deportivo... Hacía tiempo que no sabía nada de Julio, probablemente en Hispanoamérica todavía, por lo cual me acerqué a la Asociación de Periodistas Madrileños buscando información de su persona que el conserje, el bibliotecario u otros compañeros me podrían comunicar. Allí encontré a D. Juan, quien enseguida me recordó la cita pendiente: «Majadero, hemos de hablar de poesía. Vete por casa». «Pronto», le contesté. El conserje me informó de la vuelta de Julio y de la grave enfermedad que sufría: «Está internado en La Paz». Salí del lugar preocupado por la edad de Julio y por lo dicho por el conserje, por lo que me propuse ir a verle al hospital. «Soltero, necesitará ayuda, seguro», me decía a mí mismo.

No había pasado una semana cuando me presenté en información de La Paz: «Habitación 305», me dijo una chica. Subí y lo hallé solo, más delgado, tumbado sobre la cama, con el goteo en un brazo y oxígeno en la nariz.

—Julio, este no es sitio de un periodista, y menos de un reportero intrépido como tú —le dije tocando suavemente la ropa de la cama.

—Tienes razón, pero también los valientes guerreros se detienen hasta que cicatrizan sus heridas —me contestó retirando el oxígeno, con alguna dificultad al hablar.

—¿Qué te pasa, por qué estás aquí?

—Aún no saben qué pueda ser. Parece una enfermedad propia del Perú, de tratamiento desconocido, aunque no lo confirman los médicos. La verdad es que cada día me siento más débil.

—Confía, hombre, la medicina ha avanzado mucho. Saldrás adelante.

—Estos días tan lentos en la cama me han obligado a plantearme la retirada, voy a jubilarme, ha llegado el momento, ya no puedo ser el periodista de antes.

—Bueno, tú cúrate y después hablamos.

—He pasado unos meses en Perú siguiendo las huellas de Sendero Luminoso por los pueblos donde tuvo mayor influencia. ¡Qué naturaleza la de este país! Contemplando las montañas, la selva, las ruinas de los pueblos indígenas es imposible no creer en Dios, como yo presumía anteriormente. Aquí tiene su centro la belleza, esplendorosa, total, quedas anonadado ante su dominio, tus ojos no saben hacia donde mirar y en tu alma no caben tantas emociones. Me sentaba sobre una piedra y observaba, acompañado por un viento constante: por un lado, la solemnidad del vuelo del cóndor; por otro, el pastar tranquilo de un rebaño de llamas. Dormí varias noches al raso sobre una manta, algo alejado de los poblados, en los que la gente se lamenta sin cesar porque sus carencias recortan su vida, no poseen nada, bueno, su existencia vale poco, por eso mueren por cualquier motivo. Aquí convive la belleza extrema junto a la violencia jamás imaginada y la pobreza más arraigada. He escrito el reportaje más importante de mi vida periodística, del cual estoy muy satisfecho. El último y el mejor —me confesaba emocionado, sintiendo su trabajo como no he visto sentirlo a nadie—. Si me lo permites, te leo un trozo.

> «Allí conocí a Inca, una mujer de unos cuarenta años, vestida según la costumbre de los indios peruanos, de mirada clara y rostro arado por mil surcos que la vida había dibujado en él, la cual, en un comienzo, se retiró al verme, penetrando en un chamizo que le servía de casa, donde, junto a la cama y algunos utensilios de cocina,

vivían varias gallinas, cuyo cacareo tapaba el silencio dominante. Después de presentarme, me ofreció frutos silvestres que había recogido del campo y me relató su historia, repleta de amor y amargura. Mantengo su mirada clavada en mis ojos pidiéndome una ayuda que no le podía prestar. Había perdido a su marido en una emboscada de unos paramilitares, quienes le acusaron de haber contribuido al levantamiento de sus vecinos al exigir mejores condiciones de trabajo a D. Teófilo, el dueño de las tierras cultivables. Su hijo, alcanzada la mayoría de edad, se unió a Sendero Luminoso con la intención de vengar la muerte de su padre, abandonando el domicilio paterno. "No sé nada de él desde hace cinco años. Probablemente haya muerto o esté encarcelado. Todas las noches rezo por él y hago ofrendas ante este altar que ves sobre el arca. Regresará, me lo ha dicho el viento, que nunca miente". Yo no me he casado ni he tenido hijos, pero entendí en las palabras de la mujer la vigencia del amor, capaz de mantener con vida al ser más abandonado, en medio de condiciones extremas. Si, por casualidad, el hijo regresara, encontraría a su madre dispuesta a abrazarle e iniciar de nuevo la reparación de la casa, destartalada, sí, pero en la cual uno y otro habían pasado su infancia».

—¿Has publicado el reportaje?

—No, me prometieron que saldría un día de estos. Léelo, es mi testamento.

—Un periodista nunca muere, seguirás estando donde las noticias te reclamen —le dije con firmeza.

—Ya, yo soy periodista de otro tipo de noticias.

—Bueno, Julio, tengo que marchar y tú debes descansar, pues las emociones también cansan, aunque sean agradables. Volveré a verte. Dime si necesitas algo o llámame por teléfono.

—Agradezco tu visita y recuerda que prometimos volver a nuestra tierra originaria; quiero conocer mejor la provincia de Palencia, tan rica en arte y repostería.

—En las próximas vacaciones. Me encargo de preparar el viaje. Adiós, Julio.

Me levanté de la silla, observé sus manos temblorosas, el color amarillento de su piel, los ojos inexpresivos y le dejé en aquella habitación reducida, sin una mano familiar que alisara la colcha ni unos ojos que vigilaran el goteo. «Carencias habituales de los solteros», pensé.

A la semana siguiente, apareció el reportaje: emocionante, con un texto poético de calidad y unas fotografías asombrosas cubriendo páginas enteras. «Para estar orgulloso». Lo guardé con la intención de comentarlo con él en el hospital, pero la muerte no lo permitió y, pasados dos días, Julio, el gran reportero palentino, dejó de existir «habiendo cumplido dignamente su misión en la vida: dar voz a los olvidados, a los sin nombre», dijo el sacerdote en su funeral.

La emisora caminaba con soltura, sin mirar atrás, introduciendo las innovaciones técnicas del momento, pero conservando las mismas voces, engrasadas por la fuerza e ilusión de Solano, incansable, a pesar de la edad. No obstante, algo fluctuaba en la redacción que presuponía la llegada de cambios inmediatos: impulsar crónicas cortas, sin retoricismo, el empleo de ordenadores, abandono paulatino de las máquinas de escribir, la aparición de jóvenes con la pretensión de derribar los programas viejos... En la sociedad actual, iniciado el proceso por los bancos, la edad comenzaba a ser decisiva en el mundo laboral: a los cincuenta ya eres viejo, no vales, te has quedado anquilosado, vete a casa, jubílate, en tu lugar vendrá un joven preparado, dominando las nuevas tecnologías, luchador y, además, cobrando menos. La prensa escrita se había anticipado a los cambios y había modificado sus rotativas, el color, las fotografías ganaban terreno al texto. Hasta los periódicos generalistas habían diseñado cuadernillos exclusivos dedicados al deporte, que aparecían los lunes o antes de los grandes acontecimientos deportivos. La radio debía tomar ese camino si no quería quedar al margen y perder oyentes. No importaba que hubiera excelentes profesionales, probablemente los mejores en su especialidad, era igual. Habían cumplido sesenta años y había que sustituirlos para trasladar una imagen de renovación permanente. Esta amenaza, en forma de rumor sin fundamento aparente, comenzó a propagarse por la emisora, pero, poco a poco, se fue generalizando y surgieron las inevitables dudas. Mientras se aclaraba el panorama, seguimos ofreciendo la misma parrilla: salíamos a los terrenos de juego, entrevistábamos antes y después de los acontecimientos deportivos, escribíamos valoraciones, críticas, etcétera, con idéntica ilusión y profesionalidad, buscando entretener, saciar el hambre deportiva del oyente, sin desánimo; si los rumores se convertían en órdenes, analizaríamos las consecuencias, y más en la radio pública, amenazada siempre por la voracidad del político de turno.

Influido por tanto cambio, inicié una renovación de mis trabajos en torno al lenguaje deportivo, superados por las nuevas líneas del periodismo. La publicidad, la globalización, el dinero, iban mermando los rasgos locales, lo específico y propio de cada deporte, dejando paso libre a la internacionalización, lo general y lo común. Para apoyar esta creencia, consultaba la bibliografía nueva en la biblioteca de la Facultad de Periodismo, muy cuidada y al día, tanto de las novedades españolas como mundiales. De paso, llamé a la puerta del despacho de D. Juan, por si estuviera. Tenía pendiente una cita, que había pospuesto varias veces. Me respondió la voz inconfundible del maestro:

—Adelante.

—Hola, D. Juan. Pasaba por aquí y he aprovechado para verle.

—Hola, «majadero». Cuánto tiempo ha pasado desde la última vez. Creí que te habías olvidado de mí; el curado ya no necesita médico.

—No, jamás, le estoy muy agradecido —le contesté sonriendo.

—No tengo aquí las notas de la lectura de tu libro de poemas, pero me acuerdo bastante porque lo leí con detenimiento. El libro, en general, me parece mejorable, aunque posee algunos poemas interesantes, como *Amor siempre*, muy intenso, o *Imo*. A un poeta primerizo no se le debe pedir más. Tienes madera, conoces la técnica, sabes utilizar el ritmo, eres sensible, trasladas bien los sentimientos, sobre todo el dolor... El siguiente libro será mejor, sin duda. No te desanimes y continúa escribiendo; la poesía cura el mal de espíritu, todo lo capta y todo lo purifica, refúgiate en ella y saldrás adelante —me dijo mirándome, tal vez temiendo algún gesto de desagrado por mi parte.

—Gracias, lo reconozco, es un libro de circunstancias, por eso le falta equilibrio al estar demasiado ligado al problema individual, debo olvidarme de mi dolor y acercarme más al dolor de los demás. La literatura sirve a la mayoría, no tenemos derecho a convertirla en esclava de nuestra situación personal.

—Ya veo que estás curado. La poesía resulta maravillosa y ser poeta es de lo mejor que te puede pasar en la vida, aunque nadie te lea o, incluso, seas motivo de comentarios jocosos o de burlas. Sigue, sigue escribiendo y notarás cómo tu alma descansa —reflexionaba el profesor, buen conocedor de los efectos de la poesía en un espíritu dolido como el suyo.

—El segundo libro lo trabajaré más, abriré mi campo, observaré el mundo, la vida, tan precaria para mucha gente y me olvidaré algo de mis problemas. Cuando lo termine, se lo traeré. Y usted, ¿ha publicado algo nuevo? —le dije para cambiar de tema.

—Sí, siempre tengo algún proyecto, en concreto estoy trabajando sobre un libro nuevo de poesía y sobre un ensayo que analiza el papel de la religión en nuestra sociedad. Escribo despacio porque carezco de tiempo, además de muchos años y escasas fuerzas, pero, si Dios quiere, los terminaré. El otro día escuché una reflexión tuya en la emisora. ¡Cómo influye el deporte en la gente, la transforma para bien o para mal!

—Adiós, D. Juan. Cuánto agradezco sus lecciones. Le debo una comida leonesa. Le avisaré con tiempo para que ese día no desayune.

—Adiós, «majadero». No olvides lo dicho y continúa, no hagas que la poesía te dé la espalda (es bastante infiel), sería peligrosísimo y caerías en el desánimo total.

Ya en casa, me acordé de una conferencia a la que había asistido, titulada *Poesía necesaria*, ofrecida por un poeta madrileño. Busqué los apuntes, muy apropiados en este momento. Copio algunas de sus ideas: «La poesía me ha salvado, como antes lo ha hecho con otros. Es una inyección directa al espíritu, de efectos inmediatos, un desahogo contigo mismo, una terapia de recuperación, una confesión aliviadora... A lo largo de la vida estamos muchas veces enfermos, y para hallar solución a nuestro mal vamos al médico, quien nos receta algún medicamento, que pronto nos sanará. Otras veces nos duele el alma, por mil razones que todos conocemos, pero no sabemos a qué especialista acudir. A menudo nos encerramos y esperamos a que el tiempo nos cure, como anuncia el refrán, mas casi nunca se produce el milagro y continuamos enfermos. Si me permitís un consejo, leed poesía; ella os salvará. Posee tal fuerza que ningún espíritu resiste su influencia. Conozco casos de personas famosas, muy enfermas, a quienes la poesía ha sacado del abismo, de las tinieblas, de los intentos de suicidio. Os cito algunos ejemplos: "*La poesía es un refugio que da sentido a la existencia*", afirma César Antonio Molina. La poesía puede renovar al hombre, e, incluso, a la humanidad. El que fuera primer ministro francés Villepein ve en ella un instrumento inestimable para encontrar el camino correcto en la vida, como le ocurrió a su hermano, desorientado y confuso, el cual superó sus problemas gracias a la poesía. El poeta Javier Egea escribe: "Y me mantengo firme gracias a ti, poesía, pequeño pueblo en armas contra la soledad"». Guardé los apuntes y me fui tranquilo a dormir.

Seguí acompañando a Irene en sus viajes. El papel de amigo fiel y obediente lo había aprendido bien y en cualquier teatro lo representaba con soltura. De esta manera, por una razón u otra, viajamos por varios países de Europa. La hija había decidido permanecer con la madre en la galería y, más libre, aprovechaba exposiciones temporales o las propuestas de descanso de los puentes para abandonar Madrid, «la capital del agobio», como ella la llamaba. De esos viajes recuerdo especialmente dos: uno a Londres y otro a Milán. En la capital británica, pasamos tres días durante los cuales paseamos por los hermosos parques, compramos regalos en los enormes almacenes, aplaudimos el cambio de guardia y visitamos la Galería Nacional, un museo de pintura extraordinario, y la Tate Modern, en la que exhibían una colección de cuadros de los pintores más atrevidos y experimentales del momento, donde ella disfrutó plenamente. En Milán coincidimos con el triunfo de la selección italiana en el Mundial de 2006. ¡Cuánta alegría engendra el fútbol! Noche loca en el hotel: invitaciones, cánticos, bailes, abrazos internacionales cubrieron las horas de lágrimas y satisfacciones compartidas. De mañana, durante las visitas obligadas de los turistas, contemplamos los restos del triunfo sobre las escalinatas, en los portales, en los jardines. En la portada principal de la catedral, un grupo de chicos repetía constantemente «campeones del mundo», como si no lo pudieran asimilar o rezaran constantemente a su patrona. En verdad, el deporte une los pueblos, reconforta al débil, anima al pusilánime, aunque solo sea por unas horas. No pienses en el mañana, disfruta hoy y hazlo con ganas, eslogan de estas ruidosas celebraciones.

No obstante, los años no pasan sin dejar huellas, casi siempre profundas, imposibles de borrar. En muchos momentos, después de la comida o cena, o sentados en el banco de un jardín, observaba a Irene y veía mis años en su rostro: más de cincuenta, en el umbral de la vejez, que, por cierto, preocupa a todos, pero más a los solitarios, aunque para consuelo de estos he visto pasear la tristeza agarrada de la mano de los ancianos con varios hijos. La vitalidad de los primeros viajes había dejado sitio al sosiego, a la tranquilidad, a la vida ordenada de los mayores. Nada de fiestas, ni discotecas ni bailes entre humos y olor de ginebra. Si participábamos en cócteles por alguna inauguración enseguida marchábamos o evitábamos los grupos de compañeros jóvenes. Con frecuencia Irene me preguntaba:

—¿A ti no te asusta la soledad? Yo la siento mucho, parece que duerme a mi lado sin poderla ahuyentar. Cada noche, cuando me encierro en casa al terminar mi trabajo, me espera en la puerta y pasa conmigo sin asustarse ante mis protestas —decía preocupada.

—Yo, hasta ahora, me llevo muy bien con ella, es más, nos buscamos como si fuéramos una pareja modélica. Existen remedios contra ella, si de verdad te agobia: algunos dependen de ti, viven en tu interior; otros debes buscarlos fuera, en el exterior —le respondí con firmeza.

—Tú me dirás, porque he probado con todo, incluidas actuaciones que después me han sacudido la conciencia.

—En primer lugar, tu trabajo puede ayudarte si lo haces con amor, juez inquebrantable a quien no puedes engañar. Si consigues esto, no echarás de menos nada o casi nada. Además te puedes apoyar en otros elementos, serios, profundos, satisfactorios, como la participación en ONG, en la ayuda a grupos marginales, a emigrantes... Estas actividades propician grandes satisfacciones y regresarás a casa repleta, como si hubieras acabado con los problemas del mundo. Mira, no está más solo Robinson Crusoe, símbolo de la soledad, por vivir en una isla sin otros hombres a su lado, sino alguien en medio de una multitud, pero a quien nadie conoce ni saluda; esa es la única soledad insoportable, la de no importar a nadie; es decir, sentirse solo en medio de la gente, circunstancia que ni tú ni yo hoy padecemos.

—Tal vez esté demasiado metida dentro de mí, sea egoísta, me falte espíritu solidario. Hasta ahora solo he hecho que trabajar, y he obtenido éxito, tengo dinero; sin embargo, no me llena, estoy vacía, noto que me falta algo —protestaba con rabia la mujer.

Desde mi sitio observaba su pelo teñido, seco, su rostro arrugado a pesar del maquillaje, las manos con manchas oscuras, su cuerpo, y me veía a mí mismo con idénticos rasgos, proclamando con claridad la decadencia física, razón por la que era recomendable encontrar otras salidas: ¿un amor nuevo?

—¿Te gustaría volver a casarte o tener pareja? ¿Crees que está ahí la solución de tus problemas? —le pregunté con atrevimiento.

—Pues... —me contestó convencida—. Si encontrara un hombre volvería a creer en la vida y seguramente se aminorarían mis males, que, ahora, me dominan.

—Yo, permíteme que te lo diga, lo dudo. No pongas demasiada fe en esos asuntos; fallan con demasiada frecuencia. ¿Por qué no vuelcas tu capacidad amorosa en otros aspectos? Conoces muy bien la pintura, ¿cuántos pintores han vivido solteros toda su vida, enamorados únicamente de sus obras? ¿Y los músicos? ¿Y los religiosos? Conocí a un monje benedictino que había gozado del mundo con plenitud, contaba y no paraba de enumerar situaciones satisfactorias en las cuales había participado; sin embargo, con sesenta años, se daba cuenta que nada de lo hecho le satisfacía, que necesitaba probar algo nuevo, y buscándolo había entrado en la Orden, circunstancia que hasta hora le había modificado significativamente su vida, hasta el punto de proclamar a gritos que, por fin, había hallado la felicidad.

—A mí esas cosas me superan, siempre he vivido ajena a ello, me parecen de otro mundo, no me interesan; soy una pobre mujer con más cuerpo que espíritu, aunque me mueva entre artistas y la belleza me rodee —se disculpó humildemente.

—Fíjate en mi persona, que soy como tú o parecido y no me considero ningún héroe ni un ser afortunado. A mí me ha salvado la poesía, especialmente, y el trabajo. La poesía me permite desplazarme donde quiera, liberarme de todo, soñar, crear, sacudirme de lo que me oprime. Gracias a ella puedo afirmar que no necesito nada, mi espíritu vive saciado. Quizás creas que voy de farol, pero te aseguro que lo siento así de verdad y por esa razón la sigo cultivando y leyendo —le dije avergonzado por haberle confesado un secreto que, probablemente, pocos entiendan.

—Te admiro, periodista. Ojalá pudiera afirmar lo mismo.

Estas conversaciones se repetían en cada visita. Me daba cuenta que Irene estaba dentro de un pozo de aguas pantanosas, como un jugador a quien únicamente le resta una carta, y además no era de triunfo. Comencé a pensar que, tal vez, le estuviera haciendo daño, que quizás esperase más de mí. No la había engañado, tan solo jugaba al juego que ella había preparado. Con el tiempo me convencí que esta amistad se acababa y que cualquier día habría otro con quien seguir jugando al juego superficial, tan repetido, de las fichas marcadas.

En el argot periodístico, el rumor es la antesala de la noticia y así sucedió una vez más. Por fin, después de infinidad de reuniones y consultas, los sindicatos nos informaron del parto de los políticos: jubilación anticipada para los mayores de sesenta años con condiciones económicas muy favorables, tanto que aconsejaban no desaprovechar la ocasión y solicitar la jubilación. Los afectados, profesionales reconocidos, iniciaron un proceso deliberativo consigo mismo: por un lado, a nadie le gusta trabajar por la cara, y en este caso pueden cobrar más los jubilados que los que permanezcan en activo; por otro, no aceptaban de ninguna manera su ineficacia, su escasa adaptación a las nuevas tecnologías, su decadencia profesional, en una palabra, ellos seguían siendo los mejores periodistas de la emisora, con muchos años de experiencia acumulada que aseguraba la continuidad exitosa, mientras que los jóvenes sustitutos apenas conocían nada del funcionamiento real de la cadena pública. Además presumían de no haberse guiado por dinero (si lo hubieran hecho estarían en empresas privadas), sino por dedicación y amor al deporte, en el cual muchos habían participado. A esto se añadía la falta de tacto por parte de sus jefes a la hora de comunicarles el proyecto: no existe cosa más dañina que decirle a una persona mayor que no vale y que debe irse para casa. ¿Por qué? La experiencia suple otras carencias. Un periodista debe ser experimentado porque la juventud suele cometer muchos errores, y estos, en una emisora, son graves y motivo de mofa durante algún tiempo. No se trata de llegar el primero a la cabina sino de hacer bien el trabajo. ¿Cuántas amonestaciones hemos recibido nosotros? Ninguna. ¿Y premios? Todos, hasta algún Ondas. En la vida, en cualquier profesión, no todo es dinero, a veces, es lo de menos; frecuentemente da mayores satisfacciones marchar para casa después de haber realizado bien tu trabajo. Dile a Solano que no ama el deporte, cuando parece una enciclopedia de consulta; a Gregorio Parra, quien posee una estadística completísima de participantes y marcas en atletismo; a Ángel de la Casa, narrador de miles de partidos en todo el mundo, etcétera. No, el periodismo no debe regirse por la edad, sino por la preparación y profesionalidad de sus actores. La juventud no constituye un mérito: es una etapa en la vida del ser humano, y no la más brillante. Ahora bien, cualquier cosa menos sentirse un estorbo, como ocurre con demasiada frecuencia en TVE al ser sustituido un director de programa o de la cadena: «Haces pasillo porque ni despacho te queda».

Nada más conocer la noticia busqué a Solano en su despacho. Le acompañaban otros afectados, envueltos en un humo asfixiante, que no permitía ver los rostros con nitidez.

—Entra, no molestas, comentábamos qué postura tomar. Además ya se iban, antes de ponernos a llorar todos —me recibió con la amabilidad acostumbrada.

—Menudo hachazo —le dije—, como en las carreras ciclistas.

—Es verdad. En las empresas públicas valoran más los años cumplidos que la dedicación. ¿Cuántos años llevo yo al pie del cañón? De aquí para allá, dejando a la familia, a veces por largos periodos, durmiendo y comiendo sin lujos, narrando y comentando cualquier deporte de interés, donde fuera... y todo para recibir una patada en el alma, que duele más que en el culo —contestó muy excitado.

—En estos casos yo siempre me remito a la conciencia, nuestro mejor juez. Te podrán echar o decirte que te vayas, que no sirves, pero jamás podrán poner en duda tu trabajo, ahí están los miles de oyentes, de distintas generaciones para atestiguarlo. Por otra parte, todavía te resta un cartucho: no aceptes la propuesta —le dije convencido.

—En estas condiciones sería un suicidio. Desean apartarnos y elaborar la información de otra manera, seguramente peor, pero no hay vuelta de hoja. Mi experiencia me dice que cuando ocurren estos cambios, debes marcharte con honor, no esperes a que te humillen —insistió con pesar.

—Lo siento, Solano, es como si me hubieran cortado un brazo, el derecho, con el que escribo.

—No dejo huérfanos, seguro que no os perderéis sin mí.

—Te echaré de menos, te lo aseguro, sin tu ayuda no hubiera resistido. Y ahora, si decidieras aceptarlo, qué piensas hacer, porque estar quieto no va contigo.

—No lo he decidido todavía, pero seguramente me desplace a mi tierra, Cantabria, y me quedaré allí, la infancia me reclama. Deseo volver a oler a vaca, a sentir la maldita humedad en mis huesos, a escuchar la voz estruendosa del mar, a jugar la partida en el bar con mis paisanos y dormir tranquilo junto a mi familia. Se acabaron los mortificantes ruidos de la gran ciudad, las prisas, las voces en la redacción, los celos periodísticos. Quizás los eche de menos al principio, pero los olvidaré pronto. Alguna vez vendré a verte, y si no lo hiciera, vete tú a verme a mí.

—Gracias por todo, serás feliz, porque donde vayas harás el bien —le contesté emocionado, con las lágrimas a la puerta.

En un mes Solano abandonó el despacho y se trasladó a su tierra. A mí esta primera ofensiva renovadora no me había afectado por mi edad; sin embargo, algo me comunicaba que no tardando me hallaría en una situación semejante, pues no eran muchos los años de diferencia y mi formación y maneras de actuar pertenecían a la vieja escuela, esa que pretendían derribar para edificar otra con materiales más débiles, pero probablemente más vistosos. Viendo marchar a mis compañeros derrotados, la cabeza baja, pasos lentos, pretendiendo retardar la despedida, se cubrió mi cuerpo de rabia e impotencia, la misma que cuando expulsaron a varios residentes —algunos muy queridos—, de diversos cursos por motivos nimios, inconfesables para alguien con sentido común. A veces, los directores, los jefes de sección, valoran sobremanera las órdenes, las normas, sin considerar que detrás de su cumplimiento o rechazo se esconden personas luchadoras, sensibles, capaces de renunciar a todo por el bienestar del grupo. A veces lo que llaman revolución no es ni evolución.

Siguieron varios meses de dudas y vacilaciones, de no saber qué hacer ni a dónde ir, entre despachos ocupados y vacíos en una emisora que quería evolucionar, pero que carecía de un plan asimilado por todos. Un periodista no se hace de la noche a la mañana, necesita tiempo; ni es lo mismo escribir en un periódico que hablar en la radio o en la televisión. Puedes ser joven y tener ganas de hacer cosas, sin embargo, la realidad acostumbra a poner frenos a los caballos más decididos. Para triunfar en estos medios resulta imprescindible formar equipos unidos, hallar los compañeros idóneos, y esto tarda en conseguirse. Mientras pasaba el huracán de los cambios, la emisora se resentía y los oyentes huían de una guerra en la cual ellos no participaban. Yo abandoné mi despacho y dejé de hacer lo que hasta ahora hacía; tampoco acudía a las salidas programadas, de tal manera que iniciaba cada jornada sin conocer qué me esperaba, el tiempo o el jefe de turno me lo comunicarían sobre la marcha.

Según la normativa aceptada no me quedaba mucho tiempo para jubilarme, pero creo que comencé mi jubilación antes como consecuencia de los cambios, para mí incomprensibles e inaceptables. Cumplía mi horario, sin embargo, la ilusión, la pasión necesaria para hacer creíble la información deportiva quedaban en casa, ya no iban conmigo. En medio de este pantano, recuperé el interés por concluir el trabajo en torno a las nuevas tendencias del lenguaje deportivo. Trabajaba en un nuevo libro que recogiera las nuevas orientaciones de este lenguaje en constante cambio, muy influido por la prensa en Internet, rápida y esquemática, por necesidad. Por esta razón, visitaba con frecuencia la Asociación de Periodistas Madrileños, en cuya biblioteca encontraba periódicos y revistas de todo tipo, españolas y extranjeras, imprescindibles para la elaboración del trabajo.

En una de estas visitas, en lo alto de una escalera, hallé a D. Juan, con un libro en la mano.

—Hola, D. Juan. ¿A esta hora por aquí? —le dije afectuoso.

—Hola, «majadero» —me respondió sorprendido—. He dejado la Universidad, los años me han mandado para casa, y para llenar mi tiempo he decidido trabajar como bibliotecario de la Asociación y de paso preparar la edición de un libro que recoja la labor de los periodistas madrileños destacados. Todo sin agobiarme, mientras me duren las fuerzas, con horarios reducidos porque el corazón y la tensión ya me han avisado varias veces.

El cuerpo menudo de D. Juan se movía con lentitud y precaución al andar, contemplando con esos ojos vivaces, todavía llenos de ilusión y fuerza, los peldaños y recovecos existentes hasta alcanzar su mesa.

—¿Continúas escribiendo poesía e investigando? —me preguntó de forma inmediata.

—Sí, busco una editorial para publicar otro libro de poemas, en el cual he puesto todo mi saber, y pretendo concluir un trabajo en torno a las nuevas tendencias del lenguaje deportivo. Conoces mi amor al deporte y mi obsesión por la lectura de textos deportivos. Por cierto, con esta misión acudo aquí, donde tenéis todos los periódicos. También la radio, tan variada, y la televisión me ayudan. Sigo de cerca los comentarios y crónicas de los periodistas hispanoamericanos, muy espectaculares y retóricos, y a figuras como Andrés Montes y Ramón Trecet, muy creativos, impulsores de cambios venideros interesantes.

A continuación le expliqué mi situación en la emisora y mi pesimismo de cara al futuro inmediato.

—No te desanimes y trabaja en lo que te guste, de esta manera tu vida tendrá sentido. De los líos y luchas en las empresas mantente alejado, en ellos se pierde mucha energía —afirmó desde su trono de periodista curtido.

—¿Entonces no piensa volver al pueblo? —le solté con dudosa intención.

—No, rotundamente no. Lo decidí pronto. Reconozco que no he sido justo con mi tierra, a la cual apenas he recordado en mis escritos, pero es tarde para rectificar. Le donaré mis libros, no mi presencia, por varias razones, siendo la principal la falta de familiares en el pueblo; no me queda nadie, ni un sobrino, y entenderás que en algún sitio debo vivir. Claro que echo de menos mis años de infancia, corriendo por las plazas o alrededor del viejo convento agustino, pero estas cosas, hoy, las disfruto en la lejanía, no puedo hacerlo de otra manera. Me limitaré a ir de vez en cuando, para alguna conferencia o acto literario. He pasado la mayor parte de mi vida en Madrid y aquí, en esta ciudad sin guardas, quiero acabar mis días. Tampoco mi situación me parece ideal, lo reconozco, sin embargo, algún amigo me queda y tengo una casa donde cobijarme —me dijo al tiempo que observaba mi reacción a sus palabras.

—Le entiendo perfectamente, aunque, personalmente, preferiría que regresara a nuestra tierra. Sé que allí viven muchos a quienes les serviría de ayuda, pues echan en ausencia sus consejos y su sabiduría.

—Lo puedo hacer desde aquí; siempre he estado dispuesto a colaborar en lo que fuera, y si miras para atrás, te citaré muchos ejemplos.

—Yo, al contrario, pienso regresar, sigo añorando mi tierra, con la cual firmé un contrato que he de cumplir —le dije bromeando—. Ahora que sé que está en la biblioteca vendré a verle más a menudo. No se olvide de avisarme ante cualquier problema: le debo mucho y me gustaría pagárselo de alguna manera.

—Sé que Dios me tiene reservada una muerte rápida, para no dar problemas a nadie —me contestó dejando oír esa risa suya tan especial.

—Seguramente. Dios siempre premia a sus buenos servidores.

Después de tomar algunas notas de varios periódicos italianos del día, siempre tan espectaculares en el tratamiento de los triunfos propios, abandoné la sala dejando a D. Juan explicando algunos detalles a dos jóvenes periodistas extranjeros.

Me llegó a la redacción de la emisora un tarjetón con el anuncio de la próxima inauguración de una exposición de pintura leonesa contemporánea en la galería de Irene. Aparecían reproducciones de cuadros de Petra Hernández y Herminia de Lucas, pintoras de corte realista, de Vargas y Jular, incorporados a las tendencias más atrevidas del momento, de Modesto Llamas, pintor de obra abundante, que ha pasado por multitud de etapas, de Vela Zanetti, el gigante burgalés, afincado en León, autor de muchas obras por la ciudad, pero que, al final de su vida, ha decidido refugiarse en Milagros, su pueblo, donde dejó su infancia (otro regreso), y algunos pintores jóvenes como Antonio Redondo, Miguel Escanciano y Esteban Tranche.

Llegado el día señalado me desplacé puntualmente a la sala. Saludé a Irene, radiante, envuelta en un vestido verde, recibiendo a autoridades y a hombres conocidos de la cultura leonesa. Por allí paseaban los dirigentes de la Casa de León en Madrid, el alcalde de León, el presidente de la Diputación, y algunos pintores leoneses y escritores, afincados en la capital, como Mateo Díez y Julio Llamazares. Irene, buena conocedora de la obra de estos pintores, explicó, citando abundante documentación, distintos cuadros de los representantes. A la conclusión, participé en el ágape acostumbrado de cualquier inauguración.

Cuando me disponía a marchar, Irene se acercó y me dijo al oído que me quedara a cenar con ella. «Espérame en el restaurante acostumbrado». Así lo hice, con tranquilidad, confiando que se librara pronto de aquella gente, amiga de la charla y de la comida. Habían pasado treinta minutos cuando, por fin, apareció Irene, sofocada, moviendo la melena, preparada para pedirme disculpas por la tardanza.

—Perdona, estos actos siempre se alargan porque acuden asistentes a quienes les gusta hacerse notar, pedir explicaciones o darlas, por lo cual cuesta trabajo concluir.

—Lo sé, he estado en muchos y casi siempre ocurre lo mismo —repliqué.

—Bueno, ¿qué tal te va? Hace tiempo que no vienes a verme ni tengo noticias de ti.

—He estado bastante ocupado, y preocupado.

—Pues, ¿qué te ha pasado?

Le conté con pelos y señales el proceso sufrido en la emisora, la salida de varios compañeros de toda mi vida laboral, la desorganización actual y los graves problemas de adaptación hacia lo nuevo, a mi edad.

—Lo siento, verdaderamente vivimos en un mundo difícil de comprender. La palabra «cambio» se emplea constantemente, como si hubiera que modificarlo todo, como si lo hecho hasta ahora no valiera para nada. «Viva lo nuevo; muera lo viejo», es el grito más escuchado de nuestra guerra —protestó con energía.

—No me restan muchos años de trabajo. Probablemente acepte la oferta de jubilación y busque caminos nuevos en el campo de la creación o en el de la investigación —contesté intentando quitar hierro al problema.

—Haz lo que creas más conveniente. Si tu trabajo en la emisora no te satisface, déjalo, no sufras. A tus años, te has ganado el derecho a decidir —trató de tranquilizarme acariciando suavemente mi mano derecha.

—Te tendré informada porque lo más probable es que huya de Madrid al reencuentro con la tierra que dejé hace ya muchos años y que sé que me acogerá con los brazos abiertos —le dije con tono irónico.

—Pido la cena. Lo habitual, si te parece, pues no acostumbra a ofrecer novedades.

—De acuerdo. Mejor pide un plato; en la exposición hemos pinchado bastante.

—Te daré una noticia antes de empezar, periodista, no sea que te atragantes con los alimentos —dijo riéndose—. Me caso, el mes próximo volveré a probar fortuna con un pintor madrileño que viene mucho a la galería, al cual le tenía en gran estima pues me ayudó cuando se lo pedí. Mis hijos, sin duda, el principal obstáculo, no lo ven mal. Estaba muy sola, se me caía la casa encima y la venta de cuadros ya no me llenaba, necesitaba otra cosa, un hombre con el que compartir penas y alegrías.

—Te entiendo y te admiro; a tus años lo cómodo es evitar nuevos problemas, vivir tranquila, disfrutar del dinero. Has preferido arriesgarte, eres valiente, ojalá te salga bien y disfrutes del matrimonio —le repliqué.

—Gracias, sabía que tú me animarías. Lo he pensado mucho, de verdad. Y tú, ¿piensas permanecer soltero toda la vida? ¿No crees que la existencia compartida resulta más beneficiosa?

—Ya te comenté que mi corazón rebosa, en él no cabe nada. Lo que tenía reservado para una mujer con el tiempo lo he ido llenando con la poesía, en la cual hallo la gratitud de las vivencias amorosas. Seguramente que te parezco un utópico, como a los demás; sin embargo, el mundo de la utopía no concluye y el amor humano sí.

Se me quedó mirando, se fijó en las rayas de mi frente, en mi cabeza, de la que habían huido muchos pelos, en mis ojos gastados...

—No sé qué decirte, pareces un hombre de otra época. Me hubiera gustado conocerte de joven; quizás el amor te ha hecho daño y por eso huyes de él o lo temes. Pudiera llamarlo cobardía o valor, porque tu postura tampoco resultará sencilla. Conozco a algún artista tan metido en su obra que para él no existe el mundo de los demás. Suelen ser hombres extraños, raros, y tú no lo eres. —Se quedó ahí, con ganas de añadir algo más.

—A mí no me parece una hazaña. Valoro el amor como un motor esencial en la vida del género humano, pero lo he enfocado de manera distinta para que no se consuma nunca.

Volvió a mirarme, bebió un poco de vino, alisó su vestido, limpió las migas del mantel, me sonrió con picardía...

—Bueno, hemos decidido jugar a juegos distintos, a ver quién gana. Llámame aunque marches de Madrid, por favor. Me gustaría saber de ti.

—Descuida, te llamaré, vendré a verte, no lo dudes. Tu compañía me ha salvado, pues no resulta fácil encontrar a alguien que soporte mis rollos, y menos en Madrid.

Nos levantamos de la mesa, nos dimos dos besos y nos citamos para otra ocasión.

Entiendo a Irene. El hombre necesita el amor para vivir, según creencia generalizada, por eso lo busca una y otra vez, aunque le duelan los fracasos, en esta materia especialmente sentidos. A muchos la soledad les puede y la evitan de mil maneras: abrazándose a un amor imposible, entregando grandes cantidades de dinero por conseguir que alguien te confiese su amor, incluso viajando a otro país tras una promesa repleta de dudas. Detrás de estos intentos anida nuestra debilidad; necesitamos un hombro donde apoyar la tristeza, unos oídos que escuchen las lamentaciones, unos ojos que capten la hermosura... De esta lucha nadie se retira. Presencié una fogosa discusión en una boda en la cual uno de los invitados comentó que la novia era la última chica de la familia en casarse. Una de las invitadas, soltera, de mayor edad, le respondió: «El amor no envejece, vive ajeno a la edad. Visita una residencia de mayores».

En verdad, creo comprender a Irene. Debe resultar muy complicado dar el salto de un amor físico, el de ella, a otro psíquico, el de los artistas, religiosos o gente rara, que vive en otro mundo, alejados de la realidad circundante en otra dirección, pobres dementes, soñadores, utópicos, como podría considerarse mi caso.

La pereza o la amargura me habían alejado de los compañeros jubilados, a quienes ni llamaba por teléfono, por lo cual me prometí no dejar pasar un día sin saber de ellos, especialmente de Solano, a quien en sueños veía paseando por las extensas playas cántabras. Se lo comenté a un compañero antiguo: «Soy un dejado, ni siquiera encuentro tiempo para llamar a Solano», le dije. «Yo pensé llamarlo ayer, pero no lo hice porque se rumorea en la redacción que padece una grave enfermedad», me contestó. Me quedé paralizado, sin saber cómo reaccionar. Conocía que había sido elegido alcalde de su pueblo y le había felicitado; sin embargo, nada me comunicó en aquella ocasión, y no había transcurrido tanto tiempo. Decidí hablar con él por teléfono para anunciarle una visita, si no molestaba o suponía alteraciones para su vida diaria. Me contestó con la afectuosidad conocida, riendo, voceando, como si me avisara de un riesgo en el trabajo, y me comunicó su delicada situación: «Leucemia, amigo, pero te aseguro que no va a poder con Solano. De eso estoy seguro». «No pudieron tantos años en primera línea de la información, con lluvia, nieve o sol, y va a poder esa señora entrometida», le contesté. Quedé en que un fin de semana o un puente iría a verlo a su casa.

Eran las doce de la mañana del último sábado de octubre cuando charlaba con Solano en su casa, junto a la ventana de un salón por donde se contemplaba la redonda plaza del pueblo. Atrás había dejado los hayedos, ocres, marrones, brillantes, mostrando su estacional belleza; el mar, tranquilo, hablando suavemente con las rocas vecinas; las aves, veloces, burlonas, jugando al escondite en los tejados; los pasos acelerados de los ganaderos tras sus vacas, que presumían de sus cuantiosas ubres, ingredientes imprescindibles de la mayoría de los productos de la tierra.

—¿Qué tal estás?

—Luchando, amigo. No me dejan descansar ni jubilado, y ya lo merezco, porque en vida no he hecho otra cosa que trabajar duro —contestó reivindicativo.

—Tienes razón, en tu persona se muestra claramente la falta de justicia de esta vida caprichosa —le dije con la intención de apoyar su rebeldía.

—Me presenté para alcalde con la intención de trabajar por mi pueblo. Siendo una persona conocida lograré alguna subvención que mejore la vida de estos sacrificados vecinos, y al poco tiempo me diagnosticaron esta enfermedad, pesada y exigente, que me imposibilita hacer otra cosa sino servirla como un esclavo. Me rebelo con frecuencia, me lo exige mi genio, aunque no reniego de la vida.

—En este tipo de enfermedades, una parte importante depende de los avances técnicos, del empleo de nuevos medicamentos, pero otra está ligada al ánimo del enfermo, a su capacidad de lucha, y tú de estas cualidades andas sobrado. Lucha y ganarás —le dije convencido.

—Eso hago, ya conoces la madera resistente de la que estoy hecho. Esta casa no se derrumbará por mucho que llueva.

—Bueno, Solano, no te quiero cansar más. Lo dicho, volveré pronto y me enseñarás tu ayuntamiento y las obras que hayas conseguido realizar.

Le miré con ternura, le abracé y me despedí con prontitud.

—No me olvides —me gritó desde la puerta de su domicilio.

— No, y escribiré de ti —contesté desde el coche.

Al regresar, pasé por Cóbreces para saludar al hermano Severino, a quien encontré envejecido —habían pasado muchos años—, pero todavía desarrollaba su labor con dedicación plena. Le busqué en el despacho a la hora convenida. No me reconoció hasta que no miró unas fichas para situarse antes de comentar nada.

—¿Qué tal te ha ido? —me preguntó

—Bastante bien. Si tu espíritu está sano, tu cuerpo también —le contesté.

—Esa filosofía no falla nunca, aunque este mundo materialista no lo reconozca. Cada año viene más gente enferma, con síntomas graves: ricachones, hartos de tener dinero, pero sin encontrar felicidad en ello; hombres desesperados, huyendo de sus casas, donde la mujer y los hijos no les comprenden; jóvenes buscando a Dios entre la niebla de su ideología; artistas, toreros, ahítos de placer, pero llenos de melancolía e insatisfacción... Yo apenas salgo de aquí, sin embargo, lo que escucho me inclina a pensar que la felicidad ha huido de nuestro mundo, por eso necesitamos buscarla en Dios, el mejor guía —argumentó el monje muy preocupado.

—Tiene mucha razón, hermano. Caminamos hacia el abismo, psíquico más que físico, muy profundo, al que debemos saltar si pretendemos salvarnos y no morir abandonados en medio de la nada. Adiós, hermano, gracias por su ayuda.

Di unas vueltas por los espacios comunes del convento, paseé por la huerta, oí la llamada de la campana invitando al rezo y aproveché para asistir a una de sus preces, cantadas en gregoriano, cuya extremada delicadeza te invitaba a sonreír sintiendo a Dios a tu lado.

De regreso a Madrid me detuve en Reinosa para comer en el Mesón Montañés, un lugar muy cutre, donde sirven comida típica de Cantabria, preparada por una mujer mayor, satisfecha de servir de este modo a su tierra. También visité la colegiata de san Pedro, en Cervatos, románica, famosa por las figuras lascivas de su fachada. Antes del anochecer había entrado en Madrid.

Cada septiembre, con el inicio de la nueva temporada, temía volver al trabajo. El periodismo, que me había llenado tanto, ahora me resultaba pesado, agobiante, falto de alicientes, reiterativo... motivado, fundamentalmente, por el pésimo ambiente dominante en la emisora, en la cual la sustitución de los periodistas veteranos por los jóvenes no se había efectuado adecuadamente, lo que continuaba causando enfrentamientos, suspicacias, resquemores ante cualquier decisión. Sí continuaban programas de gran tradición, como Radio Gaceta de los Deportes, pero la mayoría habían sido sustituidos por espacios con nombres rimbombantes, pero de calidad dudosa. Yo, como la mayor parte de los antiguos compañeros, había perdido protagonismo, ya no éramos imprescindibles, por lo que deambulábamos por la redacción esperando órdenes, qué hacer, a dónde acudir, cuál sería nuestro programa, y así un día detrás de otro, sin percibir la terminación. Finalmente me decidí y, pensando que podía ser más útil en otro lugar, pedí la jubilación anticipada. No tardaron mucho en gestionar mi demanda y en aceptarla. En unos pocos meses cesaría en mi trabajo y podría gozar de libertad de actuación.

Pocos días antes de abandonar la emisora, recibimos la noticia del fallecimiento del compañero Solano. Poco tiempo había saboreado la jubilación. Ojalá yo tenga más suerte y al menos me permita acabar algún trabajo que tengo en mente. Comencé a preparar mi marcha de Madrid, la ciudad que me había acogido y la que me había enseñado a ver el mundo desde los ojos de una gran urbe, donde cabíamos gentes de todas las razas e ideologías. Indudablemente pensaba volver, pero ocasionalmente, cuando aparecieran actos de especial relevancia. Había decidido regresar a mi tierra, recuperar las fotografías que pugnaban por salir de mi cerebro, representativas del mundo rural de mi nacimiento y donde he pasado los mejores momentos de mi vida: bendita infancia, cuya añoranza me ha acompañado siempre. Quizás algunos meses los pase en León, pero con la antena desplegada, dispuesto a acudir al pueblo cuando fuera necesario.

Trabajé los últimos días de mi estancia en la emisora melancólico, triste, temiendo el posible desacierto de mi decisión. El hombre es tan limitado que nunca está seguro de escoger el camino mejor cuidado. Visité la galería de Irene, en la cual vi a un señor delante de un ordenador y no entré. También acudí a la Asociación de Periodistas Madrileños para buscar a D. Juan y allí permanecía, al pie del cañón, colocando los libros nuevos. Le conté mis intenciones y nos citamos para la próxima comida. En la emisora, en una casilla con mi nombre, guardaba material de trabajo. Lo retiré todo, una parte la guardé y otra, inservible, la arrojé a la basura. Deseé suerte a los compañeros y salí sin mirar para atrás.

Dejé el periodismo con amargura, lo confieso, no entendí los cambios ni la mecanización excesiva —odiaba los ordenadores—, todo se resumía en preparar estadísticas, vídeos, originales fotografías, reduciéndose al mínimo el contacto directo, las entrevistas, la relación amistosa, hasta el punto de que se comentaban muchos acontecimientos deportivos desde los estudios de televisión o radio. Todo ello trajo consigo la reducción de las crónicas deportivas, que perdieron espacio en la prensa escrita en favor de las imágenes, de los grandes titulares y, lógicamente, se resintió el lenguaje deportivo, tan creativo y original desde su nacimiento. Los sofocos al concluir un partido o una carrera por enviar la crónica se acabaron, dejando paso a reducidos textos en Internet, más cercanos a las noticias de agencia que a las viejas crónicas, detallistas, perfectamente estructuradas según el devenir de cada acontecimiento. Esta mecanización excesiva acabó con la espontaneidad del periodista, vigilado por la cortedad de los espacios y la reducción de los presupuestos. Rapidez y generalización se convierten en las palabras fundamentales del periodismo moderno. Ante este triste panorama, un periodista educado a la antigua prefiere abandonar el carro, tirándose en marcha.

Mientras conducía camino de León pensaba en los comentarios de numerosos jubilados que me han precedido: «Sentí que se me acababa la vida, que ya no valía para nada, que la muerte me rondaba, y pillé una depresión que me tiene todo el día tirado en el sofá»; «Para mí fue una liberación carecer de horarios fijos, no soportar al irascible jefe, poder viajar, regresar al pueblo, que tanto añoro». Dos posturas contrapuestas, reales, que encontramos a la vuelta de la esquina. Sin embargo, debe ser penoso no servir más que para trabajar, vivir sin aficiones, no haber deseado algo distinto a lo largo de la vida. ¡Pobres hombres, qué existencia más amorfa! Intentaría escoger para mí la segunda postura, pues no me veía de ninguna manera en la primera. Otra cosa no tendría, pero aficiones un montón, y muy gratificantes, trataba de convencerme durante las pesadas horas de conducción. Abandoné la autopista, atravesé Valladolid y me detuve a comer en Medina del Campo: cordero asado en horno de leña, por supuesto. Al llegar a Mayorga, me saludaron las extensas llanuras, en las cuales los ojos se paralizan observando las blancas nubes, siempre en movimiento; los pueblos, itinerantes, vigilando la carretera; y hombres y mujeres, sentados a la puerta de sus domicilios, confiando en la bondad del cielo para alimentar sus hambrientas tierras de labor. «Tierra exigente, la nuestra, pero dulce como una madre». Eran las seis de la tarde cuando encerré mi coche en el garaje y subí a abrazar a mi madre. «Por fin puedo quedarme contigo», le dije.

Cuentan que las personas que viven solas sueñan más, y en mi caso el dicho se cumple a rajatabla, porque, al mismo tiempo que he cumplido años, han aumentado los sueños. Quizás la explicación provenga de la soledad o de la lejanía de los seres queridos; vendría a ser una manera de llenar el vacío de las ausencias. De la mayoría no recuerdo nada, dato que me enervaba con frecuencia, pues disfrutaba en medio de ese mundo fantástico, inventado, salvo, claro está, si lo soñado me había hecho sufrir, entonces la recuperación de la realidad me cubría de una calma muy especial. De todos ellos, siguen ahí, insistentes, dos: uno especialmente cruel, porque convirtió mi noche en un suplicio continuado, al sentir la persecución de un carro por una empinada cuesta, sin poderme librar de él hasta que me alcanzó pasando por encima de mi cuerpo, el cual quedó inmovilizado en medio de la calle sin que nadie acudiera en mi auxilio. Era un niño, de unos ocho años. Sudé y lloré amargamente durante horas en mi cama. Al despertarme, repasé mi cuerpo, extrañado de que no hubiera ningún rastro del accidente. «Solo fue un sueño», y sonreí. El otro no sé situarlo en el tiempo, pero sí en el lugar: paseaba con Elsa por el entorno de la Peregrina, en Sahagún, cogidos de la mano, envueltos por un paisaje solitario, abandonado, más bien, en el cual crecían hierbas de todo tipo, oyéndose únicamente el rumor tímido del agua en manantiales cobardes de unas cuevas. Al atardecer, regresamos a casa, desconozco cómo, pero sí satisfechos, felices por haber paseado según la costumbre de las parejas de enamorados en todos los lugares del mundo. Os aseguro que no me gustó despertar.

Quinta parte

REGRESO AL PUEBLO YA JUBILADO

Pasados los primeros días de euforia por un lado y de incertidumbre por otro, me dispuse a preparar mi asentamiento definitivo en el pueblo. «No olvides nunca —me decía— que vivir es un lugar. Al final de la vida somos como los salmones». Seleccioné la ropa, los objetos del aseo, los libros, el ordenador, la máquina fotográfica y algún juego por si no hubiera ninguno en la casa. Además, la presencia de mi madre siempre sería un buen apoyo, a pesar de su edad. Con el ánimo renovado, dispuesto a recuperar mucho de lo vivido, me presenté en el pueblo en buena época, pues todavía los días eran largos y el sol animaba a permanecer allí. Organicé mi vida de forma metódica para aprovechar mejor el tiempo: de mañana, leería, escribiría y haría viajes por la comarca; por la tarde, pasaría por el bar, visitaría a los amigos y pasearía por el campo. No conocía a todos los vecinos, sobre todo a los más jóvenes, pero sí a la mayoría, circunstancia que me ayudó mucho al principio, pues es de sobra conocido que el conocimiento de la gente propicia el acercamiento y la confianza mutua, valores imprescindibles para el estudio que pretendía realizar.

En mis paseos por las calles y por el campo me di cuenta de que muchos de los pobladores actuales habían regresado al pueblo, como yo, después de haber marchado siendo muy jóvenes a la búsqueda de una salida para su vida. De alguna manera, la tierra donde nacimos nos había expulsado, al no poder alimentar a tantos hijos en tiempos de escasez. No nos parecía una mala madre, pues nos seguía esperando y nos acogía en sus brazos al regreso; sin embargo, al comienzo, lejos de su regazo, nos sentimos desamparados, muchos, en lugares hostiles, con lenguas distintas, dominados por graves y múltiples reivindicaciones políticas, que nos convertían en invasores, gente sospechosa. Como ocurre siempre, el tiempo va templando las cuerdas y la guitarra, finalmente, recupera sus sonidos más puros. Al cabo de los años, el sabor de los años de la niñez, vigente en la boca, te convoca y aceptas su llamada, como hijo obediente que entiende bien a su madre. Todas las tierras del mundo poseen en su interior cuerdas invisibles e irrompibles, capaces de atar cuerpo y espíritu, y dispuestas a no soltarte jamás. Por eso, por un pequeño trozo de tierra, se mata, se declaran guerras, sanguinarias en grado extremo, y, cuando las fuerzas flaquean y los años avisan, se regresa para ocupar el sitio que tu nacimiento te ha reservado. La mayoría de los que aquí vivimos en este momento estamos de espera: «Esperando la hora», decían los viejos. ¡Cuánta gratitud trasladan estas palabras! ¡Cuánto amor esconden! La fuerza de la infancia no se agota, posee motores de uranio. La vida puede ser muy cruenta, pero jamás agotará la influencia de la infancia. ¿Y por qué hacemos esto, hoy, educados en la comodidad, en el materialismo? Vivimos en ciudades cómodas, ricas, divertidas, pero, al final, huimos de ellas y preferimos habitar casas viejas, incómodas, mal dotadas. Parece una contradicción, una crítica a la modernidad que nos salvó de la miseria, que nos dio trabajo, una familia, estabilidad... Sin embargo, nada parece suficiente y los emigrantes regresan, aunque en sus países de origen todavía el hambre pasee por las calles (observad las caravanas de coches marroquíes en el puerto de Algeciras). Será la segunda o la tercera generación la que ya no vuelva, porque oyen la llamada de la infancia en otro lugar, que no es la tierra de sus antepasados, sino la de acogida.

Estas reflexiones me las provocó Águeda, una mujer menuda, vestida de negro, a quien encontré varias veces paseando por el camino de la estación. Apenas la conocía, porque no la había visto por el pueblo, pero mi madre me había puesto en antecedentes, facilitándome el saludo. Hablaba con ella al cruzarnos en el camino hasta que me confesó el motivo de su venida al pueblo cada verano. Había nacido aquí y en el pueblo pasó su infancia, hasta que sus padres decidieron que debía buscar trabajo en la ciudad, y así lo hizo, sola, sin dinero, dispuesta a trabajar donde fuera. No tardó en encontrar un trabajo duro, exigente, mal pagado (limpiadora en una fábrica textil), pero con eso ya contaba. Pasados unos años se casó con un chico originario del lugar y tuvo varios hijos. Circunstancias favorables en la economía del matrimonio propiciaron el abandono de su puesto de trabajo y la dedicación exclusiva al cuidado de los hijos. No volvió al pueblo; su marido, «bastante raro», se lo impedía: «¿Qué se te ha perdido a ti allí?», me decía furioso. «En el pueblo he pasado los años más felices de mi vida», le contestaba. «De esta manera he vivido cuarenta años, añorando volver, intentando saber de mis hermanos, de la casa de mis padres, de la gente, la mayoría envuelta en tristeza y añoranza, porque alguna noticia, casi siempre dañina, conseguía conocer, con retraso, claro. No obstante, en esta vida nada dura eternamente, y mi marido murió, con lo que mi problema se solucionó de un golpe. Me propuse regresar al pueblo todos los veranos, sola, no necesitaba a mis hijos, también reacios a acompañarme. Orgullosa, satisfecha, me presenté en el pueblo, arreglé la casa y permanecí tres meses. En años venideros haría lo mismo y prepararía mi tumba en el cementerio». Al cumplir ochenta años, sufrió un infarto, del cual se recuperó sin graves secuelas y regresó de nuevo al pueblo. «Sin embargo, noto claramente el peso del tiempo y sé que me quedan escasos años de vida. Antes venía para disfrutar, para recordar mi infancia, para hablar con mis vecinas; ahora ya vengo buscando la muerte. Le pido a Dios que se produzca cuando esté en el pueblo, solo así me enterrarán aquí, en la tierra de la que formo parte, como tantas veces les he repetido a mis hijos, pero que seguramente no harán porque ellos no lo sienten».

Nunca olvidaré la lección de Águeda. Difícilmente se puede amar de manera más intensa como ella lo hizo. Razones profundas le asistían, aunque de nada le sirvieron. Su cuerpo no descansa en el pueblo añorado; sus hijos no trasladaron su cadáver como ella temía.

De las conversaciones de los demás se deducía algo semejante, quizás no tan crudamente expresado. A petición de varios vecinos, el ayuntamiento había dispuesto la construcción de nuevos nichos en el cementerio, con el fin de satisfacer el último deseo de muchos nacidos en el pueblo, que habían decidido ser enterrados en la tierra que les vio nacer. No se les podía defraudar.

Queremos a nuestra tierra porque en ella nacimos y pasamos la infancia, su pan nos alimentó y su aire limpió los pulmones, reconocemos su perfume, su forma de hablar, las costumbres y tradiciones. Pero, además, cada pueblo escribe su pequeña historia. Si la conoces, tendrás otros elementos para amarla y unirte a su destino (he visto lamentarse a muchos hombres ante las edificaciones derruidas de su pueblo: la iglesia, el cementerio, su propia casa, inundados por las aguas de un pantano), y Calzada posee una historia brillante, cubierta de luchas y reivindicaciones, atractiva, digna de conocerse. A los jubilados el tiempo nos permite atender las aficiones, y ya conocéis las mías. Recuperé mis visitas a los archivos del pueblo y de la ciudad con el propósito de completar lo hecho hasta ahora, pues la historia nunca se concluye, siempre existen facetas que permanecen ocultas. Hecho el trabajo, lo divulgaría luego en breves charlas a los vecinos, aprovechando el regreso durante el verano.

Uno de los hijos más gloriosos nacidos del amplio vientre de Calzada fue el abad Rodrigo IV. Atraído por la grandeza de su vida, viajé hasta Nogal de los Huertos, cerca de Carrión, donde aún persisten las ruinas de un priorato dependiente del poderoso Monasterio de san Benito de Sahagún. De camino, me detuve en san Zoilo, antiguo priorato dependiente, como tantos otros, del Monasterio de san Benito, y admiré su claustro, de gran belleza artística, la iglesia, con restos romanos y una portada románica. Ya en Nogal, ante las ruinas de su monasterio —únicamente permanecen el esqueleto exterior, convertido luego en domicilio, primero del médico y después de transeúntes, y parte de su huerta—, me fijé en su estratégica situación, junto al río, rodeado de árboles frutales, con frutos aún, y de campos de hierba, alejado de la población para ayudar en el recogimiento y en la oración, actividades básicas de cualquier monje. En este lugar solitario, vivió Rodrigo de Calzada y Ríos sus últimos días (muere en 1497), retirado de la lucha diaria por mantener las posesiones de su monasterio. De familia rica, llegada a Calzada desde el norte, estudió desde niño en la escuela del monasterio y posteriormente cursó estudios universitarios, ampliados en Oñate. Su formación, unida al reconocimiento generalizado de los demás monjes, propició su elección como abad, buscando poner orden en los constantes problemas del monasterio. Hubo de apaciguar a los burgueses de Sahagún, reivindicativos con los tributos y deseosos de mayor libertad; los enfrentamientos con los judíos, mal vistos por su riqueza y su religión; incluso con levantamientos en los prioratos dependientes, como ocurrió en Medina del Campo, cuyo abad fue destituido y encerrado en san Mancio. Por todas estas disputas se vio envuelto en infinidad de juicios que solía ganar, pues la razón le amparaba, según dicen las fuentes. Gozó de la amistad de los Reyes Católicos, a quienes apoyó económicamente en sus guerras y contempló con dolor la pérdida de la independencia del monasterio, ahora bajo el poder del de Valladolid, aunque consiguió mantener el título de abad para él y para sus sucesores. Cansado de tanta batalla, se retiró al priorato de Nogal, ajeno a tantas intrigas, donde murió. Su cuerpo fue trasladado al Monasterio de Sahagún, colocado en un lugar destacado, bajo una losa en la cual se esculpió su rostro, sepulcro que se mantuvo al menos hasta el siglo XVIII; luego los constantes cambios motivados por los incendios, terremotos y ocupaciones hicieron que desapareciera, probablemente tapado por toneladas de tierra, que esperan la mano del hombre para su descubrimiento.

«¡Cuántos secretos esconde la tierra!», pensé. Y acudió raudo a mi mente un suceso que presencié siendo niño. En una casa cercana a la nuestra, cavando para reparar unos cimientos, encontraron los restos de dos hombres allí enterrados.

La noticia en seguida corrió por el pueblo y un corrillo de gente se formó en torno del extraño descubrimiento. Para algunos se debía a la cercanía de la iglesia, cuyo subsuelo y alrededores se utilizaron como cementerio hasta el siglo XIX; para otros, aquellos cadáveres probaban la existencia de un asesinato no investigado aún. El edificio, grande, con un vivienda deteriorada y un patio cubierto de escombros y maderos, había cobijado a muchos moradores de paso: «gente sospechosa», según opinaban. Los últimos, una familia con muchos hijos, huyó de la noche a la mañana sin abonar la renta. «La Guardia Civil viene con frecuencia a preguntar al alcalde», informaba el alguacil.

Desconozco qué hicieron con los restos, dos esqueletos íntegros, porque mi padre me sacó del lugar; pero sí me sirvió para contemplar otra cara de la muerte, menos serena, aunque no entendiera bien su alcance.

Para los nacidos en Calzada, la figura del abad Rodrigo nos traslada el símbolo del hombre luchador, que tan bien conocemos los habitantes de este pueblo, dominados durante muchos siglos por la mano de hierro del Monasterio de san Benito, controlados en todas sus actividades, vigilados constantemente, sin poder quejarse siquiera. Familias enteras, junto al concejo, lucharon sin desánimo por liberarse de ese pesado yugo por medio de juicios interminables, levantamientos, protestas, inútiles en la mayoría de las ocasiones, pero que prueban el carácter reivindicativo de esta gente, acostumbrados a obedecer, pero no a convertirse en esclavos de un tirano. Contiendas por la leña del monte, por los pastos, por los arrendamientos injustos, por los tributos, abundantes e injustificados, así lo atestiguan, a pesar de su probado catolicismo y de su amor a la Iglesia y a sus representantes.

Probablemente de este abad culto sea un documento encontrado en el archivo de san Zoilo, arrancado de un cuadernillo, sin fecha, cuyo título *Memorias de un abad angustiado*, parece referirse a su persona, pues ya conocemos los graves y continuados problemas de su gobierno y porque en la introducción describe el lugar de su nacimiento: «Habido en Calzada del coto del Monasterio de san Benito de Sahagún, no lejos del valle de Lorenzo». Traduzco el texto, escrito en castellano de la época, siglo XVI, y, por tanto, con múltiples expresiones arcaizantes. «Mis padres vivían en la parte baja del poblado —barrio de Abajo— , cerca de la fuente de la plaza, zona que con frecuencia inundaba el reguero, que atravesaba el valle desde Villarrubia, continuando por el Juncal y los prados hasta desembocar en el Cea. En él pacían los rebaños y animales de mis padres, muchas veces cuidados por mí, con la ayuda de algún pastor a sueldo. Él me enseñó a pescar cangrejos en Moronta, a mirarme en los ojos de los búhos, a comer "avellotas" maduras con el pan del almuerzo, a distinguir los árboles: paleras, chopos, negrillos, de hojas ásperas..., y el canto variado de los pájaros, desafiándose entre los zarzales. Cuando entré en el monasterio, en los ratos libres, pintaba este paisaje que me ha acompañado toda la vida, sobre todo cuando la melancolía o la tristeza me visitaban. Me ayudó en la rebelión de parte de la comunidad, deseosa de aflojar la regla y permitir más salidas de la clausura, y en los enfrentamientos entre los labradores de Calzada y Sahagún por las tierras de pasto. Durante años, los ganaderos saguntinos, poderosos y consentidos, apacentaban sus ganados en los pastos pertenecientes a los vecinos de Calzada, hasta que estos se cansaron de soportar la afrenta y, organizados por el concejo, decidieron armarse e ir a buscar a los usurpadores. Con horcas, hoces, palas y armas de fuego, que escondía el concejo en el salón de reuniones, en filas de dos, detrás del pendón, salieron del Noque con la intención de vengarse de los robos reiterados de los vecinos de la villa. Eufóricos, se asomaron a la Jana, mostrando a voces su cansancio y sus armas. Yo, conocedor de las intenciones de mis paisanos por un familiar, junto a algunos monjes y ganaderos de confianza, salimos a recibirlos al Puente Canto, pidiéndoles calma y ofreciendo a cambio modificaciones en el comportamiento de los ganaderos ilegales. Tal vez movidos por mi presencia, aceptaron la propuesta y se retiraron. Esta negociación no me salió gratis, pues los representantes del concejo de Sahagún acudieron al día siguiente a mi despacho, acusándome de mi connivencia con los ganaderos de mi pueblo. De la boca de estos rudos hombres, portadores de un léxico hiriente, tuve que oír insultos y amenazas, las cuales llevarían a efecto en la próxima entrega de las rentas». Continuaban las memorias algunas páginas más, ajenas a la historia de Calzada, por lo que decidí abandonar en este apartado la adaptación al castellano moderno, carentes de interés.

En el mismo archivo, en una carpeta dedicada a los juicios, encontré un apéndice, cuyo título me llamó la atención: *Juicio y castigo a María Rodríguez*. Me detuve y leí con atención el texto, muy detallado, por cierto. María era una mujer joven, casada en Calzada del Coto con Bernardo Rojo, un labrador rico. El matrimonio no tenía hijos, por lo cual la mujer se dedicaba, en sus ratos libres, a asistir y ayudar a sus convecinos, especialmente a mujeres enfermas. Las visitas reiteradas a la casa de Josefa levantaron sospechas en el pueblo, donde comenzó a correrse la voz de que María, más que ayudar a Josefa, lo que en realidad buscaba era el consuelo de su marido, Fermín, con la intención de conseguir el hijo que no lograba en su matrimonio. El sacerdote, convencido del adulterio de María, la denunció a la autoridad, por lo cual fue detenida y encarcelada en la cárcel de Sahagún. Pasados unos meses, conseguidas las pruebas y los testigos, se celebró el juicio en el que la mujer fue condenada a morir en ajusticiamiento público, por escándalo, a celebrar en la plaza de Villalón de Campos, atada al rollo. La sentencia condenatoria agitó a toda la comarca, fundamentalmente en su pueblo, que protestó con fuerza, incluso el mismo día de su muerte. En honor de su figura, para perpetuar su nombre, la laguna situada en las cercanías de Garabito, llevaría su nombre. Algunos han visto sobre sus aguas, el día de la Inmaculada, el rostro apenado de María. Hoy de la laguna solo quedan vestigios, pero la leyenda se ha encargado de perpetuar la injusta condena de la solidaria mujer, víctima de envidias y de una falsa moralidad.

Gratas son las noches en el pueblo, en cualquier estación, inundados por ese silencio profundo tan habitual, que parece inmovilizar todos los objetos. Después de cenar, mi madre acostumbraba a ver la televisión —lo que echaban en la Primera— o leer alguna de sus revistas atrasadas, que ya sabía de memoria; pero pronto abandonaba la cocina y se dirigía a su cuarto, porque mañana tendría que madrugar. Yo prefería quedarme un rato más para revisar mis notas, contestar las cartas o escribir algunos folios. Con mi cartera escolar de la mano me trasladaba al comedor, mejor acondicionado: buena luz, una mesa de estudio amplia y unas sillas cómodas. Además, de vez en cuando, tomaba una copa sin ojos vigilantes cerca. Allí, entre papel y papel, percibía en mis ojos la agudeza de la mirada de una Virgen, encerrada en una casita de madera repintada. Era la Virgen del Rosario que había traído la vecina al atardecer, según me comentó mi madre. Esta, junto a otra imagen de la Sagrada Familia, viajaban por semanas por el pueblo dentro de su habitáculo portátil, terminado en una manilla metálica para poderlas trasladar con facilidad. Los vecinos encendían velas en su honor e introducían monedas en una cajita interior antes de despedirlas, pasados los siete días, sustento psíquico de unos pobladores que se sentían deudores de la divinidad.

Estas imágenes rudas, de escayola, tenían la misión de proteger las casas de la población de cualquier mal, por lo cual eran acogidas con buenos ojos y hacia ellas las familias volcaban su ternura envuelta en palabras cariñosas: «Ayúdanos, madre buena», o «No te olvides de nosotros». Alguna vez sorprendí a mi madre rezando a su lado, limpiándolas con delicadeza, cambiándolas de sitio para que la luz no las dañe. «¡Cuánto ayuda la religión a esta gente!», pensaba. Viven confiados, no temen nada, poseen a sus hábiles protectores, que acudirían inmediatamente ante el peligro. Para los ojos de un extraño, como puedo ser yo, se trataría de ejemplos de sugestión, de ausencia de raciocinio, incluso de clara ignorancia, lo que queráis; sin embargo, parecen felices viviendo así y defienden este tipo de vida con uñas y dientes. Si alguien se atreviera a quitárselas, les dejaría vacíos, indefensos, perdidos en un mundo ajeno. No todo se debe explicar con el cerebro, ni la ciencia o la matemática lo rigen todo, a veces las personas prefieren no saber ni escuchar a los que saben, porque consideran sus creencias más válidas y menos dañinas: «Prefiero ser feliz aunque no sepa por qué».

Noches hubo en las cuales no extraía siquiera mis papeles de la cartera. Contemplaba y contemplaba la imagen visitadora y sonreía, ganado por la candidez de mi madre y por la sonrisa de las imágenes. Hoy no he escrito nada ni tampoco he revisado los apuntes tomados en el archivo, pero me siento bien, satisfecho, útil, con una vida provechosa. Los aires del pueblo están perfumados y con el tiempo el olor fuerte adormece. Subí las escaleras y me acosté. Probablemente, la limpieza de mi madre en el comedor me avisaría del nuevo día, mientras, en sueños, llevaría de niño la Virgen a la vecina.

Viviendo en el pueblo resulta fácil ejercer de periodista. Son escasas las noticias, pero cuando se producen, las divulgas al instante. Me disponía a salir cuando alguien llamó a mi puerta insistentemente. «Voy», respondí. La sorpresa me inmovilizó: Kart Vogel, un periodista alemán a quien conocía de sus colaboraciones en Radio Nacional, se hallaba al otro lado de la puerta.

—Hola, no sé si me recordarás. —Fueron sus palabras de salutación.

—Perfectamente —le contesté.

—Estoy haciendo el Camino y no he olvidado tu pueblo, como puedes comprobar.

—Gracias, agradezco tu visita, por inesperada y sentida —le respondí apretando su mano ennegrecida por el sol.

Pasamos dentro de casa, le serví un vaso de vino y un trozo de tortilla mientras recordábamos los años en Madrid: él, corresponsal de la televisión pública alemana y yo trabajando en Radio Nacional. En los frecuentes enfrentamientos con equipos alemanes, Solano acostumbraba a invitarle para que comentara el partido desde el lado contrario. Con el tiempo trenzamos una buena amistad, que nos permitió contarnos nuestros secretos personales. De esta manera sabía que se había casado joven con Ingrid, pero que no habían tenido hijos, circunstancia no entendida por su mujer, con habituales depresiones e internamientos en centros especializados.

—Seguro que no lo sabes, pero Ingrid murió. Se arrojó por la ventana del piso —dijo cabizbajo, echándose una culpa que no tenía.

—Lo siento, Kart.

—Hemos vivido muchos años juntos, desde el bachillerato. Nuestro amor parecía eterno, imposible de agotarse, a pesar de las exigentes dificultades y de las crisis, que la inmovilizaban con tantas pastillas.

—Te entiendo, pero no sé qué decirte ni qué consejos darte. Estas enfermedades no se curan desde fuera, sino desde dentro; es el propio interesado quien tiene que encontrar la solución de sus males. El tiempo suele ayudar, aunque no siempre.

—Por recomendación de un periodista jubilado me preparé para realizar el Camino, de gran tradición entre la población alemana desde la Edad Media. «Vete a Santiago —me dijo— y encontrarás la paz». Y eso he hecho junto a otros tres compañeros.

—¿Ya la has encontrado? —le pregunté directamente.

—Hasta ahora, no; sin embargo, reconozco que mi espíritu está más sosegado. Paso mejor las noches, tal vez por el cansancio acumulado o por la fuerza del Camino que, sin duda, la tiene.

—Ojalá la encuentres pronto —le respondí algo alterado.

Acompañé a Kart hasta el albergue donde le esperaban sus compañeros y caminé con ellos un kilómetro por el viejo Camino Francés, en dirección a Bercianos, pueblo bajo la tutela de la Perala, ermita que les recomendé visitar. Con un fuerte apretón de manos y mis deseos de fortuna, regresé a casa convencido de la indudable influencia del Camino que las palabras de Kart habían impregnado en mi espíritu, el cual había vivido una experiencia semejante, pero a la inversa.

Unos meses después recibí una postal desde Alemania: «El Camino cura, lo he comprobado. Gracias por tu acogida. Kart».

A veces me sentaba en el banco situado delante de las escuelas viejas, convertidas hoy en cómodo albergue de peregrinos y, a la vez que orientaba a sus visitantes, quienes preguntaban por el bar o por la iglesia, esperaba con ansiedad la llegada de los niños del pueblo, pues me encontraba cerca de la zona deportiva, adonde acostumbraba a venir. No tardaron en aparecer con sus bicicletas un pequeño pelotón de niños y niñas a toda velocidad, sin miedo, sin precaución alguna. Solo alguno se acercaba con un balón de baloncesto en la mano o una raqueta de pádel. No los conocía, porque no vivían habitualmente en el pueblo. Eran hijos o nietos de personas nacidas en el lugar, con casa todavía abierta durante los fines de semana o las vacaciones. Entre paso y paso de los ciclistas, recordaba mis resbalones en la Urriada, el patinaje en la laguna de san Roque, el juego del castro en la explanada de tierra, la comba, los cartones, la «piuca»... En verdad, los juegos no se parecían nada: la moda había enterrado la tradición; sin embargo, tenían una cualidad común: la alegría de los participantes, contentos, satisfechos, plenamente realizados, que expresaban con gritos, con burlas, con cabriolas. Tampoco estos niños «forasteros», como les decían en el pueblo, olvidarán su infancia, y a ella recurrirán cuando los años cumplidos les lleven lejos, a otros lugares. Esa huella permanecerá en su cerebro, imborrable, como la vacuna de tu brazo izquierdo, y les incitará a regresar.

Ha llegado el momento de narrar algo de la historia del pueblo. Calzada nació como población independiente en el siglo X, según atestiguan documentos probatorios; sin embargo, su entorno estuvo poblado desde la época prehistórica en la zona del Tambrín, y posteriormente por los romanos, con un buen número de villas, entre las que se encontraba «Villa Zacarías», probablemente la de mayor poder y extensión, y los godos, cuyos restos escasean. Con el rey Alfonso III, impulsor de las repoblaciones en la zona, limítrofe entre los reinos cristianos y el Califato, acudieron pobladores del norte de la península (los apellidos Rojo y Herrero, predominantes, tienen este origen), quienes después de realizar costosas roturaciones en un terreno boscoso, se establecieron familias enteras hasta constituir una población, que, con los años, se fue organizando bajo el mandato organizativo del concejo, su auténtico organismo administrativo y reivindicativo.

La historia quiso que en Sahagún, población cercana, importante por la afluencia de peregrinos, se estableciera un Monasterio de san Benito, dedicado a los santos Facundo y Primitivo, cuyo dominio se extendió por toda la comarca, sobre todo bajo el reinado de Alfonso VI, en el siglo XI, impulsor y favorecedor del poder supremo de los monjes negros, introductores del feudalismo francés. Calzada los sufrió durante nueve siglos, pues constituida en cabeza del coto monástico, perdió casi todos sus derechos y libertades, convertidos sus pobladores en arrendatarios de las tierras del monasterio, así como del monte, llamado Grande, de gran importancia para el mantenimiento del monasterio, y de los viñedos y ganados, también abundantes. La población de Calzada podría considerarse en servidumbre, verdaderos siervos, nacidos para trabajar para un amo, que controlaba todo, también la justicia.

No obstante, desde el principio aprendió a defenderse, a rebelarse contra el poderoso, por medios legales unas veces y utilizando artimañas y engaños otras. Los pobladores, humildes, con escasos bienes, necesitaron luchar para sobrevivir, lo cual se convirtió en una de sus principales características definitorias: capacidad de lucha, reivindicativos, esforzados trabajadores, amantes de su pueblo y de su mantenimiento. Y todo en medio de una naturaleza que no resultaba fácil ni productiva: grandes extensiones de terreno de calidad deficiente, que producía cosechas escasas, tanto de cereal como de uva. El ganado ovino, presente en todas las familias, colaboraba en el mantenimiento de la economía. En Calzada, el color pardo de la tierra lo cubría todo, los campos y las casas, de tapial y adobe; solo el cielo, amplio, azul, junto a los montes y dehesas rompían esa monotonía.

A mediados del siglo XIX, con la Desamortización, los monjes fueron expulsados de su monasterio y vendidas en subasta sus posesiones. Se acabó la esclavitud, la dependencia «somos libres y podemos organizarnos como queramos», gritaban los pobladores entusiasmados. Se creó el ayuntamiento y la agricultura y la ganadería comenzaron a ser más productivas, pues muchas tierras se convirtieron en propias. Creció la población y mejoraron las circunstancias vivenciales. Calzada continuó estando asentada en una hondonada, rodeada por el norte y por el sur por cuestas, con un riachuelo pobre, que alimentaba chopos, negrillos y paleras (con la madera de los chopos construían las casas; con las hojas de los negrillos alimentaban a los cerdos; con las ramas de palera fabricaban silbatos), donde las sufridas mujeres dejaban sus uñas y rodillas lavando pesados baldes de ropa, que luego tendían al «verde», pero ha rejuvenecido su cara con la presencia del regadío, la mejora de sus domicilios, desprendidos del adobe, y el florecimiento del barrio de las bodegas y lagares, antros festivos muy concurridos, continuadores de las tradicionales meriendas. Sin duda, ha mejorado la vida de la población, las necesidades han disminuido, sin embargo, no se han olvidado los sacrificios habidos en épocas pasadas, por lo cual siguen peleando por mejorar su tierra, a la que se sienten atados por vínculos irrompibles, heredados de los antepasados. Esta novela, sin grandes pretensiones, explica en buena medida ese amor desinteresado a una tierra sufrida, exigente, pero también gratificante. Madre dura, que acude siempre a taponar las heridas.

Pasados los Santos, como aves migratorias, los jubilados volábamos a otros nidos. El frío, la lluvia, la cortedad de los días nos obligaban a permanecer muchas horas en casa, lo que facilitaba la llegada de la monotonía y el aburrimiento. Ya en León, recuperaba el ambiente cultural de la ciudad y programaba algunos viajes, especialmente a Madrid, ciudad que echaba de menos por el bullicio de sus numerosas actividades culturales. En ella pasaba algunos días visitando a los amigos y presenciando los estrenos cinematográficos y teatrales. En uno de mis recorridos por el rastro vi un libro de aspecto poco atractivo, con las pastas rotas, dobladas las hojas, cuyo título me incitó a cogerlo de la estantería: *Comunidades judía y musulmana en Sahagún y comarca*, por Ismael Lacruz, monje benedictino en el Monasterio de san Benito, de 1795. Doscientas pesetas (tres euros y cincuenta céntimos) pagué por él. De su lectura, he extraído algunas informaciones que creo de interés.

Por Sahagún y pueblos vecinos importantes, Grajal, Cea o Villada, fueron llegando grupos de judíos y musulmanes desde diversos puntos de la península, fundamentalmente de Toledo y Andalucía. Los judíos se dedicaban a los negocios y al comercio; eran banqueros, joyeros, curtidores, y manejaban grandes cantidades de dinero. Vivían en barrios propios, con servicios exclusivos (sinagogas y cementerios) y apenas se relacionaban con el resto de la población. Los musulmanes y los cristianos huidos desde dominios árabes se dedicaban a la agricultura y ganadería, fundamentalmente, y a la construcción (de su influencia nació el estilo románico-mudéjar, predominante en la zona). Gracias al dominio de nuevas artes de cultivo, los huertos de la orilla del Cea se recuperaron ampliando la variedad de especies, e igual hicieron con la ganadería, sobre todo la ovina. También preferían vivir en barrios propios, con servicios exclusivos, motivados por su religión (en Sahagún, tanto la zona judía como la musulmana se establecieron en las cercanías de la iglesia de san Lorenzo).

En Calzada, por razones personales, se asentaron algunos judíos y árabes, importantes para el desarrollo económico del pueblo, como ocurrió con las familias de Alí Bueno y doña Zote, de religión musulmana, convertidos al catolicismo en el siglo XIV, o el judío Rubí Samuel Panigre, en el XV, casado en Calzada.

Las familias árabes, expertas en el cuidado del ganado y el cultivo de la tierra, llegaron a Calzada desde Sahagún, aconsejadas por los monjes, necesitados de trabajadores de confianza para el cuidado de sus posesiones, especialmente en el coto, donde poseían grandes extensiones de cultivo, además de montes, viñedos y molinos. Estas familias se encargaron de atender dichas posesiones, pagando por ello una cantidad de renta acordada. También impulsaron el pastoreo de grandes rebaños de ovejas y cabras, ganado adecuado por la abundancia de pastos. Vendían sus cosechas al monasterio, aunque no evitaban los numerosos mercados existentes en las villas. Quesos, lana, carne, vino, aceite, llenaban las paneras y cocinas del monasterio durante todo el año. A su enseñanza deben los vecinos de Calzada el paulatino aprendizaje en el cultivo de la tierra y la próspera dedicación a la cría de ganado ovino, que poco a poco se va a imponer, organizándose para su cuidado en pequeños rebaños bajo la tutela de pastores profesionales. Con el tiempo, se convertirá en una actividad básica en la economía de la población, hasta el punto de que Calzada llegó a ser centro importante por la enorme cantidad de ganado ovino existente, pastando por los extensos campos y desplazándose por los abundantes caminos y cañadas. No vivía familia en el pueblo que no participara de la explotación del ganado ovino hasta finales del siglo XX. Los enfrentamientos entre ganaderos y agricultores eran habituales por los destrozos en las tierras cercanas a las vías de comunicación, llegando con frecuencia a los tribunales.

En Calzada, la presencia de familias de origen árabe duró varias generaciones, hasta que se identificaron plenamente con el resto de la población. Topónimos como Valdelaceza así lo prueban.

Rubí Samuel Panigre, físico afamado, consiguió la plaza de médico en el Monasterio de san Benito y por extensión en todos los hospitales existentes en la villa. En su domicilio, situado en la calle Real, disponía de una botica constituida por plantas escogidas en el campo, y de un consultorio con dos camas. Por su consulta pasaban multitud de peregrinos lastimados por la dureza extrema del Camino: curaba heridas, aplicaba bálsamos, preparaba brebajes, etcétera. Uno de sus clientes era Fabio, un falso sacerdote italiano, que peregrinaba todos los años a Santiago con la intención de recibir la bendición del santo, pero, sobre todo, de vender reliquias, estampas, telas, medallas, colonias... Pasó varios meses preso en la cárcel de Calzada por una venta engañosa en la feria de Sahagún. Además don Samuel —así lo llamaban— asistía a los frailes en sus enfermedades y a los personajes importantes que se hospedaban en el monasterio. El pueblo destacaba su buen hacer en la ejecución de las sangrías y en la curación de dolores intestinales y estomacales. Con su presencia, Calzada se benefició de la abundante presencia de peregrinos enfermos, los cuales consumían productos en las tiendas y bares del pueblo antes de continuar el Camino, por el Camino Francés, atravesando Bercianos, o por la Vía Trajana, a través de Calzadilla.

Estas digresiones, ajenas a la línea argumental del libro, no son inútiles, pues sirven para ensalzar las pequeñas historias de esta población, elementos imprescindibles en el fomento del estudio y el respeto por estas gentes, ignoradas por los grandes proyectos de investigación; sin embargo, igual de dignas que los pobladores de las grandes urbes. En muchas de ellas, la supervivencia hasta nuestros días tiene un enorme mérito, porque han soportado infinidad de humillaciones y de abusos tributarios, unidos a los olvidos acostumbrados de los gobiernos de turno. Los pobladores humildes, anónimos sustentan los pilares patrios y no los ensalzados monarcas, más interesados por su bienestar que por el progreso del pueblo. En verdad, cada población se debe a su historia, relevante siempre, sin el conocimiento de la cual casi nada tiene sentido. Ella justifica las posteriores evoluciones. Además nutren el contexto, ayudan a entender mejor a sus pobladores, sus reacciones, el porqué de su amor, de su fidelidad inquebrantable. A mí me han endulzado el ánimo y han limpiado mis ojos.

Hacía años que no habitaba el pueblo en primavera, y aproveché la ocasión para dar una vuelta por el campo e inundar mis ojos del verde intenso y brillante de los valles, de los viñedos, ya brotados, de los trigales, mostrando al viento su tierna figura, de los montes... No es la primavera más bella ni variada, pero posee la autenticidad de lo verdadero, de lo que define un paisaje sin falsa apariencia: apenas tropiezas con flores, ni con árboles sembrados de llamativos colores, no rugen los saltos de agua, porque únicamente corren regueros pobres, sin gritar su presencia; predominan los chopos, los negrillos, las encinas y robles, representantes de tierras áridas, escasas, poco productivas; zarzales y paleras completan el cuadro de un tipo de naturaleza monocromática, en la cual no resalta la belleza exterior, sino una imagen de sosiego que domina tu espíritu, alterado por los cantos acelerados de los pájaros contemplándote desde la lejanía. Andando lentamente, como tal vez no lo hubiera hecho nunca, sorprendí los primeros brotes de las viñas, ya podadas y alumbradas, en el camino de Codornillos; la frescura de la hierbas de los valles, ya «cotados» en Valdelaceza; los juncos en los prados, jugando a la comba con el viento en la orilla de la carretera; las orgullosas encinas mostrando su eterno vestido, preparadas para la fiesta de cada temporada. Sonaban los timbales de la vida anunciando el final del invierno bajo un cielo, claro, azul, y un sol centrado que colaboraba con la alegría de la nueva convocatoria cuando regresaba a casa repleto, revitalizado.

En uno de esos paseos de reconocimiento me detuve ante la Laguna del tío Tejero, lugar señalado con algunas historias singulares. En este momento apenas se distinguía el agua entre tanta maleza; pero hasta hace unos años de ella se extraía la tierra que alimentaba los hornos de cocción de los tejeros, abundantes, por la arquitectura de tierra predominante en la zona. La laguna, grande y profunda, bordeada de mazorcas, tentaba a los pájaros que anidaban en los alrededores. Al mismo tiempo libraba del polvo a los niños y chicos mayores, quienes se bañaban en sus aguas, alejados de los ojos acusadores de los adultos. Estos baños colectivos, sin bañador, ofrecían la primera clase de anatomía al comprobar los progresos de los años en los cuerpos ajenos, a la vez que alimentaban el placer de la ruptura de las normas y los deseos de imitación de los pobladores con río en muchos de los pueblos limítrofes.

Una tarde de domingo, después de haber jugado un partido en el valle cercano a la laguna, fuimos a bañarnos como de costumbre. Fernandín, un niño amante de los pájaros, persiguió, andando por el agua, el baño de unos patos hasta que encontró su nido. Permaneció allí varios minutos y de pronto regresó muy acelerado, pálido, respirando con dificultad. «Está ahí, lo he visto». Según una leyenda, en el fondo de la laguna habitaba el guarda del barro, muy temido, encargado de perseguir a los ladrones. Fue mi último baño. Hoy supongo que el guarda ya no estará, pero por si acaso no me he acercado.

Pero ni la primavera rompe la estricta maquinaria de la vida, que continúa cumpliendo sus ciclos. Hoy enterramos a Antonio, un hombre a quien el corazón detuvo sus pasos en medio de la calle. Tenía mi edad, vivía en Santander, pero también había decidido entregar su cuerpo a la tierra donde nació y de la que nunca se separó, aunque no permaneciera de manera continuada en el pueblo. En la misa de funeral, con los primeros cantos, distinguí con claridad una voz aguda, penetrante, proveniente de uno de los lados del coro. Resultaba novedosa, desde luego, pero conocida a la vez. La insistencia en toda la celebración, me obligó a mirar, tratando de identificar a su propietaria. La sorpresa me paralizó cuando distinguí a Elsa cantando una de las canciones finales de despedida. Era familiar lejano del fallecido y, quizás, esta fuera la razón de su inesperada venida. A la terminación de la misa, formadas las filas para acompañar a Antonio al cementerio, observé a Elsa al salir de la iglesia. No había cambiado mucho: la misma cara, el pelo negro y corto, el cuerpo delgado, vistiendo un traje pantalón gris. «Intentaré saludarla al final —me decía—. El acompañamiento de una prima, con quien tenía confianza me ayudará». En efecto, ya cerca del bar, me acerqué para comprobar su reacción. Me conoció sin vacilar y me tendió su mano de forma inmediata.

—Hola, Elsa, qué agradable sorpresa.

—Vengo tan poco que nadie me espera, pero te aseguro que no me olvido del pueblo —me contestó iniciando una leve sonrisa.

—¿Queréis tomar un café?

—Yo debo preparar la comida —dijo la prima—. Quédate tú, hasta las dos no comemos.

Entramos en el bar. Ella pidió un mosto y yo un vino, sentados en una mesa.

—Cuánto tiempo. Creí que te habías olvidado de todo y de todos.

—No, nunca. Las circunstancias mandan siempre y estas no han sido favorables. Además vivo lejos y no conduzco —me respondió con cierta amargura.

—Yo me acuerdo mucho de ti, de los ensayos en el coro, de aquellas canciones tradicionales que conseguimos aprender con la ayuda de las cantoras. Éramos casi unos niños —le dije dejando traslucir mi entusiasmo.

—Sí, claro que me acuerdo. Alguna vez repaso el cuaderno de cantos y trato de recordarlas, porque no las he olvidado. En mi parroquia he seguido participando, aunque las canciones sean otras y en catalán.

—¿Vives en Cataluña?

—Sí, en Barcelona, no lejos del centro. Me casé allí y tengo dos hijos mayores.

—Claro, vives lejos y esto ha dificultado tus venidas al pueblo, ahora lo entiendo.

—Además colaboré muchos años con Médicos del Mundo, por lo cual estuve en muchos países de África y América, a veces con riesgo para mi integridad, en una ocasión me secuestraron, hasta que me casé y nació mi primer hijo; después he ejercido de enfermera.

—Algo me ha comentado tu prima cuando le preguntaba por ti, pues me extrañaban tus ausencias tan continuadas, teniendo aquí familia y casa. Suponía que si no te acercabas al pueblo sería por alguna razón importante, por supuesto respetable —argumenté.

Me miró, bebió lo que restaba del mosto, se rio con malicia...

—¿Y tú, qué has hecho? Porque tampoco vives en el pueblo de continuo.

—No, he vivido en León, en Oviedo, en Madrid, dedicado al periodismo deportivo.

—De deportes no tengo ni idea. Quizá por eso no he oído tu nombre en la radio. Alguien me comentó que escribías poesía y que habías publicado un libro de la historia del pueblo.

—Sí, en efecto, he publicado algunos libros, los cuales me han salvado la vida, me han sacado de un pozo donde estuve a punto de ahogarme.

—¿Cómo, cómo? —me dijo nerviosa.

—No quiero alarmarte ni exagerar, pero sufrí una crisis profunda y necesité pedir ayuda. Gracias a Dios ha pasado todo y ahora me siento bien, preparado para seguir viviendo y escribiendo.

—¿Te has casado?

—No, como dices tú, las circunstancias no han sido favorables. El amor me esquiva, no se lleva bien conmigo. Yo le busco, salgo a su encuentro, pero no consigo atraparlo —le contesté sonriendo.

Paró la conversación, se quedó pensativa, movió las manos, miró varias veces el reloj.

—Debe ser difícil vivir así, solo, sin hijos, aunque tengas buenos amigos.

—No lo creas; el hombre se acostumbra a todo. A mí la poesía, fundamentalmente, me sirve de amante, con ella al lado soy capaz de cambiar cualquier cosa.

—Tengo que leer algún libro tuyo. La poesía no me gusta mucho, la verdad. Bueno, tendremos que irnos, ya se acerca la hora.

—Sí, vamos, y espero verte pronto. Guardo la imagen de la despedida antes de regresar al colegio en mi cerebro y no he logrado borrarla del todo.

Volvió a detenerse, se quedó pensativa, vacilante...

—¿Qué imagen? No recuerdo nada especial.

—Sí, Elsa, al acabar el ensayo, tomamos algo en el bar y me despedí a la puerta de tu casa —le dije tratando de comprobar si aquella despedida, para mí trascendente en el devenir de mi vida, ella la había olvidado, como ocurre con las situaciones superficiales, rutinarias.

—No, verdaderamente no recuerdo nada distinto. Haré memoria, te lo prometo. Sin embargo, te aseguro que volveré, sola o con mis hijos. Dame tu teléfono.

—No te preocupes por lo que te he dicho, ni pienses que estás perdiendo memoria. Nos pasa a todos; unos hechos los recordamos, por alguna razón dejan huella y otros los olvidamos, los consideramos inútiles. Adiós, Elsa. Si vienes, aquí nos veremos —me despedí escribiendo mi teléfono en una servilleta de papel.

Después de la extensa conversación con Elsa pasé un rato pensativo, intentando encontrar razones a mis falsas e ingenuas creencias que habían marcado mi existencia, convirtiéndome en un espacio ocupado, imposible de vaciar. Me sentía como el buscador de tesoros que gasta su vida tratando de hallar un tesoro escondido, al cual han buscado todos sus antecesores, y, cuando por fin lo encuentra, al abrir el cofre, solo unos papeles, sin mérito, aparecen. En numerosas ocasiones me habían acusado de utópico, de actuar de espaldas a la realidad, y yo me ofendía presentando pruebas de mis actuaciones; sin embargo, después de esta engañosa creencia, probablemente tuvieran razón quienes así opinaban y yo, sin darme cuenta, analizara las cosas desde una perspectiva falsa, la cual no me permitía ver más allá de mi nariz. Abandoné el bar y me dirigí a casa donde mi madre me esperaba para comer. Aquella noche, en sueños, hablé con Rosita, el personaje de Lorca, y con Fidel, un joven de catorce años, enamorado de una chica por Internet, huido de casa desde hacía nueve años. No recuerdo bien lo que me contestaron.

Uno de mis paseos favoritos consistía en ir a saludar al Roble Mirador, junto a la dehesa Mahudes, andando o en coche, más en verano, con un libro en la mano. Sentado, bajo su reparadora sombra, o apoyado en su tronco, leía o recordaba mis meriendas infantiles durante las agotadoras campañas de siega, en torno a un mantel extendido sobre la hierba, junto a mis padres.

Es el árbol más conocido de la comarca, al que fotografían y estudian, apreciado su valor simbólico y sus muchos años de reinado. Cerca de la carretera nacional, observa desde su trono dominante hectáreas y hectáreas de tierra de labranza, de color marrón o rojizo, sembradas de trigo o lentejas; las poblaciones de Sahagún y Calzada, a lo lejos, de las que conoce como nadie su historia reciente, salpicada por un basurero, de olores desagradables y humos espesos, cegando sus ojos verdes. Rodeado de encinas, motas repetidas a su lado, lamenta que las cigüeñas no emigren, empadronadas en el basurero; vigila el vuelo amenazante de los pájaros cazadores; y soporta las madrigueras de miles de conejos escarbando bajo su lecho de hierbas de viento.

Mis frecuentes visitas llamaron la atención de Mila, una mujer de unos treinta años, que hacía deporte por las sendas y caminos cercanos. Uno de los días, después del saludo rutinario, se detuvo y comenzamos a hablar.

—Me he informado de quién eres y tengo tu libro en casa. Si viviera mi abuela te contaría algo de esta dehesa —me dijo sin titubeos.

—Y yo la escucharía encantado, porque busco donde sea noticias de estos lugares para completar mis estudios.

—Hoy, la casa ha sido reformada; nada queda de la anterior. Bueno sí, una bodega grande y profunda debajo de un pasillo, cuya puerta de entrada cubre una alfombra de esparto. En la restauración de la vivienda lo tiraron casi todo: arcas, armarios, alacenas, baúles, papeles, libros..., pues heredaron el caserío muchos tíos, la mayoría poco amantes de lo inútil, según su teoría.

—Suele ocurrir —le contesté—. La falta de sensibilidad nos lleva a cometer graves errores con la historia. En un pueblo cercano han aparecido todos los libros del archivo en el muladar. Otros los han quemado, y la mayoría han desaparecido víctima de los ratones o de la humedad.

—Mi abuela guardaba cuadernos y papeles sueltos, algunos en árabe, y de vez en cuando, al final de su vida, relataba la leyenda de Mariem, una joven árabe a quien su padre escondió en la bodega.

—Cuéntame esa leyenda, por favor —le supliqué.

Mila no la recordaba bien, pero sí las escenas más dramáticas. Mariem era hija de una familia musulmana afincada en Mahudes, pueblo cuyo nombre nos incita a pensar que fue fundado hacia el siglo X, con las repoblaciones, por un grupo de familias de origen árabe, llegadas del sur de la península. Estas familias pronto desarrollaron una importante actividad agrícola y ganadera, traficando con otros propietarios de la comarca en la venta de productos y ganados. Hasta aquí venían señores de las villas próximas, deseosos de establecer relaciones comerciales con estos ricos agricultores y ganaderos. Uno de esos poderosos señores era el hijo de los condes de Saldaña, quien, al ver a Mariem se enamoró de ella y le pidió su mano al padre, el cual no aprobó el matrimonio por la edad de la chica, catorce años. García no aceptó la negativa y prometió venir con un grupo de criados a raptar a la joven. El padre para evitarlo la encerró en la bodega, junto a algunas ropas, cuadernos y libros. Cuando García regresó, acompañado de gente armada, en carros y caballos, el padre le comunicó que la muchacha había huido a Toledo, a casa de unos familiares. García prometió vengarse, dejando en el pueblo dos servidores para vigilar a la familia. Tres años estuvo encerrada en la bodega Mariem, sin salir ni hablar con nadie, recibiendo agua y comida por la noche, hasta que, por fin, García se convenció y abandonó el pueblo. Una mañana del mes de mayo, clara, la madre invitó a su hija a salir de la bodega, convenciéndola de que no existía peligro. Apareció la chica sucia, repleta de contusiones, descalza, los ojos tristes, llorosos, cubierto su cuerpo por una larga melena de pelo negro, que ocultaba su rostro, con pies y manos hinchados, nido de sabañones. La madre la lavó, la peinó, le puso ropas nuevas, le echó colonia, le calzó zapatos de piel y la colocó delante de un espejo. Al comprobar Mariem las modificaciones sufridas en su cuerpo, comenzó a llorar.

—¿Dónde está mi hermosura, madre? Era la más guapa del pueblo y ahora ni siquiera me reconozco —protestó con amargura la chica.

—Espera —le contestó la madre—. Dale tiempo a la naturaleza, ella sabrá recuperar para ti la belleza anterior.

Transcurrieron meses, años, pero la muchacha jamás volvió a ser lo que era. Harta, asqueada de la vida, pidió regresar a la bodega, y allí murió. Mi abuela aseguraba que los poemas, escritos en árabe, que ella guardaba como oro en paño, pertenecen a Mariem.

—¿Sabes árabe? Te hago unas fotocopias.

—No, pero conozco a un amigo que sí lo domina. Hazme fotocopias de los poemas más breves.

Seguí viendo a Mila, quien acabó invitándome a su casa para enseñarme la bodega de Mariem —así la llamaban—, todavía llena de cántaras y otros recipientes de barro. Agradecido, le regalé la traducción de dos poemas:

Dices que soy fea,
mentira, no sabes
mirar dentro.
¿Dónde se fue la belleza?
Se la llevó el viento
que nunca la devuelve.

Ya noviembre había mostrado su cara hosca cuando decidí viajar a Gijón para visitar a Javier, aposentada mi madre en los cuarteles de invierno. Sentado en un banco, frente a la escalera diez de la playa de san Lorenzo, contemplando el trasiego de paseantes y deportistas, recibí a Javier, quien en seguida me puso al corriente de la situación del fútbol asturiano, en estos momentos claramente decadente si lo comparamos con periodos anteriores, muy brillantes. Con él recorrí el paseo marítimo, escuchando el griterío de las gaviotas, que volaban en torno a las mesas de los restaurantes; el murmullo rítmico de las olas, suaves, tranquilas; y el paso lento de las nubes en la lejanía, rozando el agua. Después de comer (en Gijón sirven tres platos) y de recordar entre risas alguna aventura pasada, marché para Oviedo, donde pretendía contemplar las estatuas de Botero recientemente colocadas, y el museo de Bellas Artes de Asturias, del cual había oído hablar bien, lo que comprobé con creces: muestra algunas piezas de gran belleza, también de pintura moderna. Al finalizar el día pasé por la emisora de Radio Nacional y saludé a los compañeros, quienes me comentaron el preocupante bajón de audiencia sufrido con el descenso a segunda del Oviedo y el Sporting, y algunos chistes novedosos, habituales en centros de trabajo dirigidos por jefes quisquillosos, como parecía ser el actual. Después de llamar a Bea por teléfono para saber novedades, me despedí de Asturias sabiendo que probablemente no volvería.

De nuevo en León, continué mi labor investigadora en el Archivo Provincial con la ayuda inestimable de un conserje al que conocía de la Biblioteca Pública. «¡Cuánto se avanzaría en la investigación si los documentos estuvieran clasificados y leídos con anterioridad», comentaba el trabajador, decepcionado con tanto esfuerzo, poco productivo según su criterio.

Finalizaba enero cuando recibí una llamada de Elsa:

—He leído tu libro de poesía. No sé si lo he entendido pero, sin duda, desprende tristeza, frustración, como si lo hubieras escrito con una herida sangrando abundantemente —me soltó sin tapujos.

—Sí, puede ser. La poesía, habitualmente, se nutre del dolor, de las carencias, de las denuncias; de la alegría apenas escribes, porque te resulta difícil encontrarle la lengua adecuada. Cualquier escritor es capaz de convertir el sufrimiento en arte, pues la belleza se alimenta de las formas de destrucción. En el amor jamás escogemos lo que nos conviene, si así fuera la vida resultaría bastante fácil, y tú también conoces que no lo es, por eso nos pasamos la vida eligiendo constantemente. Por otra parte, en este mundo que nos hemos dado los problemas casi nunca hallan soluciones, de ahí que permanezca su amenaza, pues no puedes evitar enfrentarte con ellos. Aunque mucha gente lo piense, la poesía no es un género inútil; puede denunciar y salvarte del precipicio, como ha hecho conmigo: gracias a ella he superado fases trágicas, que estuvieron a punto de derribarme con estrépito —le repliqué.

—Lo siento, desconocía los vaivenes de tu vida, es más, la consideraba afortunada, envidiable.

—Tal vez exagere y sea un egoísta sensible, centro del mundo —le dije con ironía.

—Me gusta hablar contigo, ¿sabes? Este verano nos veremos en el pueblo. Quiero arreglar la casa y pasaré una temporada allí. Has despertado en mí deseos de recuperar mis años de niñez en el pueblo: la infancia, tan movida, entre la escuela, la iglesia y la calle; la adolescencia, cubierta de incertidumbre, de miradas escondidas y pasos inciertos; el abandono y las anheladas venidas, que el tiempo, cruel, cada año espaciaba más. El otro día me reía sola viendo a través de la ventana las partidas de tabas junto al pozo de la iglesia.

—Ya... podrás vivir lejos, transformar los moldes de tu existencia, echar raíces profundas en otro lugar, pero jamás se cegarán los manantiales de la infancia, continuarán manando y cualquier día volverás a beber de esa agua. Elsa, a la infancia no la ocultan toneladas de tierra; siempre encuentra cómo sobrevivir, por dónde florecer. No lo olvides, Elsa, ni intentes desoírla.

—Es probable. Yo, que he viajado por muchos países en guerra, que he visto niños abandonados, heridos, también los he visto reír, jugar al corro, al escondite. En cierta ocasión, llevamos a una niña al hospital de campaña para operarla de ambas piernas. Recuperada, le pregunté si quería venir conmigo a España. «No —me contestó— llévame a mi pueblo con mi mamá». La infancia, aunque parezca dolorosa, injusta, te vincula a una tierra que llevarás siempre contigo —aseguró, sirviéndose de su experiencia de voluntaria en Médicos del Mundo—. Bueno, poeta. Adiós, me debes otro libro. Estaré mejor preparada.

—Adiós, en el pueblo nos veremos. No me falles. Un año puede ser muy largo o muy corto. Como siempre, los acontecimientos mandarán.

Antes de regresar al pueblo, en marzo, pasé unos días en Madrid —para ponerme al día de las nuevas modas, como comentaba Julio—. Además de visitar las exposiciones temporales programadas en los distintos museos, asistir a varias conferencias en la Casa de León en Madrid en torno a la figura de D. Antonio por alguien que le conocía muy poco, busqué a D. Juan en la biblioteca de la Asociación de Periodistas Madrileños, a quien encontré más delgado, envejecido, «tirando por los años como un titán», decía. Le comenté alguna noticia y le recordé la comida pendiente:

—¿No habrá olvidado la comida que tenemos esperándonos?

—No, pero ahora tengo algún problema digestivo y preferiría dejarlo para otro momento, sin demorarla demasiado porque igual no llego, pues últimamente este cuerpo mío me exige demasiados cuidados —me dijo con su humor habitual.

—Cuando quiera. Ya sabe que buscaré tiempo donde sea con tal de pasar un rato con usted.

—Y dime, ¿qué haces? ¿Escribes o te has tumbado a la bartola, como la mayoría?

—No, sigo con la poesía, con la investigación, y me dispongo a probar con una novela. Ya sé: quien mucho abarca... Por probar solamente.

—Bueno, tú verás, pero no abandones la poesía. Has comprobado sus beneficios, espirituales y sanitarios. Es como la aspirina que lo cura todo.

—A ver si consigo terminarlo. Adiós, cuídese, volveré pronto.

—Adiós, «majadero». Aquí te espero entre libros y periódicos; mi vida, en una palabra.

También visité la galería de Irene, ahora dirigida por su hija, quien me informó del traslado de la vivienda a Benidorm. «A mi madre Madrid le agobia, buscaba una mayor tranquilidad y sol, porque, a pesar de los años, sigue siendo muy presumida», me comentó la chica. «Salúdala de mi parte», le contesté. En este momento desconocía que esta sería mi última visita a Madrid. El tiempo me ha ido privando de alicientes y haciéndome cada año más cómodo.

Había hallado entre la documentación referida al Monasterio de san Benito de Sahagún un texto en el cual «Diego y

Esteban, vicarios del presbítero Bera, conceden tres tierras al Monasterio de Santa Columba de Ripa Rubia, dependiente del Monasterio de Sahagún en el año 875» (tal vez fecha equivocada). Con la intención de ampliar dicho documento me trasladé a Calzada, a finales de marzo, con la primavera iniciada, aunque aún los campos olían a humo de las chimeneas invernales. Consultando aquí y allí, había llegado a la conclusión de que dicho monasterio, de una duración corta en el tiempo, albergaba una comunidad de frailes menores, es decir, los llamados legos, dedicados a tareas agrícolas y a cuidar de un pequeño hospital de peregrinos. En el altar de su iglesia brillaba con luz propia una Virgen, de cara escasamente maternal, morena de color, pequeña de tamaño, a la que los vecinos rendían devoción. Cuando se cerró el monasterio, la Virgen fue objeto de disputa entre los vecinos de Calzadilla y Bercianos, solucionada con la colocación de la imagen en un carro, siendo del pueblo hacia el cual los bueyes la condujeran. Para otros, dicha Virgen pasó luego a la ermita de Villarrubia, donde habitó hasta mediados del siglo XIX. El P. Guardiola, en uno de sus escritos dedicados a la compleja historia del Monasterio de san Benito, narra que una Virgen apareció dentro de la hendidura de una encina, oscura de piel, con una llave en la mano derecha, siendo recogida por unos pastores, quienes la llevaron al monasterio. El abad, impresionado por la aparición, la nombró patrona de Villarrubia y pueblos cercanos, encargando a los frailes menores de su cuidado, en la iglesia de su convento o en una ermita dedicada a su figura. Dicha Virgen ha pasado por distintos lugares a lo largo de la historia, pero su poder aún sigue vigente en la comarca, que le rinde homenaje y le pide protección para los moradores. El monje escritor cita algunos milagros: amansar a los lobos, convertir el agua de la fuente en pan, detener el fuego en el monte... Del antiguo Monasterio de santa Columba nada queda y su importancia no resultó trascendente para la zona; no obstante, dio el apellido al pueblo limítrofe de Calzadilla de los Hermanillos, tomado de los frailes menores que lo poblaron.

En verdad, poco queda del pasado esplendoroso de Villarrubia salvo algunas tradiciones y un especial misterio que envuelve a sus visitantes. Sentado, bajo la amplia tutela de una de las encinas centenarias, acompañado por un silencio aterrador, escarbaba con un palo en un hoyo del que iba saliendo tierra rubia, mezclada con otra de color sangre, fruto de la trágica historia de este pueblo desaparecido. «Es la sangre de los pobladores diezmados por la peste —pensaba—, de los peregrinos, heridos o muertos por las fieras del monte; de los vecinos de Calzada castigados o encarcelados por los monjes por atreverse a robar algunas ramas de encina para calentar sus casas; la de los soldados en lucha frente a la invasión francesa; la de Maritocha, ahogada en el charco, atemorizada por la persecución lasciva de Pascual...». Donde hubo un vergel, con agua abundante, casas, molinos, iglesias, un monte cuidado, vigilados sus frutos por un guarda profesional, hoy únicamente hay sequía (la fuente de aguas curativas apenas mana), soledad, abandono, ni siquiera los pájaros la visitan, ni los rebaños, ni los jatos del Bardo, permanece el espíritu, el misterio de unas tierras con un pasado acusador, del cual nadie se hace cargo.

En el siglo XI, bajo el reinado de Alfonso VI, llegó al Monasterio de san Benito Roberto, un monje francés proveniente de Cluny, el rico monasterio benedictino, modelo de una acertada política feudal. Este monje trató de trasladar a Sahagún los métodos de Cluny para convertir al Monasterio de san Benito en una gran fuente de dominio. Para ello compró heredades y logró ayudas de los monarcas y de las familias nobles. En pocos años el Monasterio de Sahagún adquirió gran poder, convirtiendo a la zona en deudora de sus posesiones, sobre todo el coto, al que pertenecía Villarrubia. Allí, en uno de los bordes del valle crecían unas encinas, origen del futuro Monte Grande, que el monje Roberto mandó sembrar para alimentar el monasterio y los muchos hornos de pan del mismo. Pronto se desarrolló un extenso monte, con gran cantidad de encinas, que eran custodiadas por un guarda, habitante de la Casa del monte, cercana al lugar. Todos los días, armados de hachas, hoces y horcas, un grupo de criados cortaban y amontonaban la leña que dos carros de bueyes transportarían hasta los lugares de consumo: cocinas, braseros, hornos, etcétera. Los vecinos de Calzada veían pasar los carros surcando la tierra de la calle Real sin poder participar de esa riqueza, tan necesaria para sus domicilios; únicamente los niños robaban algunas bellotas o cortaban pequeñas ramas. Y así siglos y siglos, sin conseguir siquiera los despojos, la hornija, para sus chimeneas, a pesar de las protestas del concejo y los levantamientos de algunos vecinos. La leña era imprescindible para el gran Monasterio de san Benito, convertido en lugar de hospedaje de peregrinos y nobles, y por tanto con grandes necesidades para mantener el estatus que sus visitantes requerían.

A partir del siglo XV la situación económica del gran monasterio comenzó a sufrir las acechanzas de pobladores, de los burgueses, de los nobles, de los monarcas, con lo que su poder se fue debilitando, aunque se mantuvo hasta la Desamortización, en la década de los treinta del siglo XIX. A pesar de todo, continuaron vigilando los cortes de leña, ahora también vendiéndola a los vecinos ricos a través de subastas públicas. Mientras, el monte fue creciendo hasta ocupar las tierras limítrofes, separadas por la antigua Vía Trajana, calzada todavía visible en alguna parte. Disminuyeron los peregrinos y el monte convirtió la zona en peligrosa por los lobos que allí se alimentaban, cerca de los corrales donde se guardaban las ovejas durante la noche. Derribado el sometimiento de los monjes, el gran monte salió a subasta, que un rico médico de Madrid ganó, colocando en él a un arrendatario que se encargaría de cultivar las tierras más que del monte, pues ya su leña no se necesitaba. Para festejar este triunfo tardío, los vecinos de Calzada queman todos los años, en su fiesta principal, una morena de leña, cuyo simbolismo traslada la lucha del pueblo por subsistir y el desprecio a unos dueños insensibles ante las necesidades de unos pobladores a quienes les negaban el alimento imprescindible de sus hogares. Hoy nada queda de este pasado conflictivo, ni los lobos (la última matanza fue noticia en el Diario de León); en su lugar pacen ciervos que, a primeras horas de la mañana, bajan al valle para beber del agua del mermado charco de Maritocha.

Abandoné Villarrubia triste, derrotado por la extrema decadencia de un lugar especialmente activo siglos pasados, poblado por hombres y animales, convertido en silencio y soledad, que no rompe el agua, porque apenas corre en el valle. Pequeños restos de tejas cerca del camino, testigos únicos de la derruida ermita, atestiguan la precaria realidad presente. Caminé en dirección al pueblo recordando a los primeros turistas romanos, a la comitiva real hospedada en el Burgo, a los peregrinos, escuálidos, temiendo cruzar el monte. Al llegar a casa, desplegué el mapa de Valdelocajos, nombre de origen confuso, probablemente ligado a la compra y venta de madera, y comprobé las características de la zona, muy detalladas.

Alguna tarde se acercaba por casa Matías, un vecino del pueblo algo mayor que yo, de vida semejante a la mía, el cual con veintitrés años había abandonado el cultivo de la tierra para trasladarse al País Vasco a trabajar en una fundición. Coincidía con él en verano, atraído por los libros que guardaba en mi biblioteca y que él leía con enfermiza voracidad. Terminado el libro, me buscaba para comentar aspectos de su argumento, del tipo de lengua o de su organización, para Matías, en ocasiones, difícil de comprender. El último libro seleccionado había sido *Un viejo que leía novelas de amor*, de Luis Sepúlveda, un novelista chileno, afincado en Gijón. La novela, de tamaño reducido, había logrado gran éxito, con múltiples ediciones y hasta una película.

—Si te digo la verdad, me ha impresionado este librito —comentó antes de sentarse a la mesa, en la cual había dispuesto una botella de vino y un poco de jamón.

—Suele ocurrir. Su humanidad y ternura le añaden un atractivo especial —repliqué.

Matías también estaba soltero —solterón, como decían en el pueblo—. Había marchado del pueblo en edad de noviazgo y mientras se adaptó a la nueva situación vivencial en la ciudad pasaron unos años. Aunque él lo achacaba al hecho de haber encontrado una pandilla de amigos en el trabajo, con quienes repartía el tiempo de descanso y diversión. Salían a comer, sobre todo de «chiquitos», a andar en bici, a disfrutar de algunos viajes por el extranjero... Vida saludable, plena, sin lagunas aparentes. «La soledad nos tenía miedo y huía a nuestro paso», acostumbraba a comentar convencido. Hasta que llegó la edad de jubilación y el grupo del trabajo se deshizo, además de la visita de alguna enfermedad grave entre los componentes, por lo que todo se vino abajo como castillo en la arena. A pesar de su total autonomía en las labores domésticas —presumía de ser un buen cocinero—, la soledad comenzó a llamar a su puerta de vez en cuando, y aunque no la abría, decidió pasar temporadas en Calzada, «para recuperar los años de la infancia y primera juventud, tan dulces, ¿sabes?», afirmaba disculpándose.

—¿Y qué es lo que tanto te ha impresionado del libro? —insistí.

—Pues mira, en el libro se describen distintos tipos de relación amorosa: existen amores pasajeros que no dejan huella, aventuras ocasionales, disfrute sexual y un amor que causa dolor entre sus servidores porque ambos temen que no llegue a su término, sino que se pierda en cualquier recoveco de los muchos que esconden las relaciones humanas.

—Cierto, así es. Sin embargo, no olvides que lo valioso cuesta, y el tipo de amor al que te refieres es el verdadero, al cual debemos aspirar si pretendemos alcanzar la felicidad, compartiendo nuestra vida con otra persona —le aclaré desde mi posición ventajosa.

—No obstante, no todos están dispuestos a sufrir por algo que, en esencia, es disfrute, satisfacción —protestó.

—Por esa razón tantos fracasan. Un poco de aire, una tormenta resultan motivo suficiente para derribar la tienda donde se cobijan —remaché.

—Te cuento esto porque estoy viviendo una experiencia novedosa, que no sé a dónde me conducirá. Conoces mi afición a entrar en Internet, arrastrado por la curiosidad o por el deseo de conocer las noticias, los vídeos más atrevidos, etcétera. Hace unos meses entré en una página de relaciones personales y allí he conocido a una chica, Angelita, muy joven, a quien aún no le he confesado mi edad. Nos conectamos a diario y, como la repetición añade confianza, nos hemos citado para el veinte de septiembre, en Madrid.

—Cuidado, Matías. La diferencia de edad puede resultar un problema fundamental, de difícil solución, aunque no imposible, por supuesto. Antonio Machado se casó con Leonor, una joven de dieciséis años, y la amó con todas sus fuerzas, pero eran otros tiempos. Hoy las mujeres han conseguido autonomía económica y buscan casarse por amor, con chicos cercanos a su edad, claro está. Yo hablaría con la chica y trataría de conocer sus verdaderas intenciones. No obstante, también flores hermosas y lozanas crecen en terrenos sin cultivar —afirmé con cierta ironía.

—Ya... Todos los días espero la hora de conexión con ansiedad y he notado que mi vida ha renacido. No me duele la espalda, ni las piernas, incluso he vuelto a misa. Sin embargo, temo el engaño, me dolería mucho, y de esos dolores, a los casi setenta años, no resultaría fácil recuperarse —concluyó despidiéndose.

Le acompañé hasta la puerta, desde la cual contemplaba el cuerpo encorvado de Matías, andando con lentitud, con una ligera cojera en la cadera derecha. «El amor puede llamar a cualquier edad y puerta —pensaba—. Quizás no lo haga a gritos, como ocurre con los jóvenes, sino calladamente, casi sin notarlo, pero puede ser auténtico, aunque a ti te parezca imposible».

Mi instinto periodístico, todavía activo, me incitaba a volver a Villarrubia a la búsqueda de restos antiguos y a hacerlo por la Vía Trajana, con la pretensión de hallar vestigios de la misma: piedras, trozos de cal, zonas sin vegetación, etcétera, cuando encontré a Nicolás a la entrada del caserío, donde vivía desde hacía dos años.

—Hola, ¿qué haces por aquí? —me saludó amablemente.

—En realidad, nada, contemplar, escuchar, me han contado tantas leyendas que no puedo por menos que acercarme hasta esta zona tan intrigante —le contesté.

—Es verdad, yo también he oído lo mismo: desde las penalidades de los pobres peregrinos amenazados por el miedo, hasta el terror del panadero, de regreso a casa, después de dejar el pan en los pueblos vecinos. El aislamiento, la falta de luz propician esas leyendas que, luego, el tiempo divulga y da formas concretas. Te contaré la última, si tienes tiempo.

Entramos en la casa, nos sentamos a la mesa y, mientras buscaba unos vasos en la alacena, comenzó este relato: «Esta casa que ves, grande, rodeada de árboles frutales y cuadras, ha cumplido cien años. Por ella han pasado varios caseros, cazadores, buenos agricultores y ganaderos (luego te enseño la sala de trofeos, con numerosas cabezas de lobos y zorros). Uno de ellos, amigo de probar innovaciones en el campo, sembró varias hectáreas de tabaco, producto desconocido en la zona, con escaso éxito. Yo, sin embargo, me conformo con hacer bien lo heredado y ayudar a mi amo en la curación de su hijo Ignacio, un joven delicado, muy sensible, en poder de las drogas y de la melancolía. Sin avisar viene al caserío y pasa temporadas en la habitación reservada para él. Durante el día duerme —apenas come nada— y durante la noche actúa: canta, ayudado de la guitarra, sube a la mesa, que ha colocado delante de la ventana, para representar obras escritas por él; escucha el clamor de las encinas, penetrante; contempla el resplandor de los relámpagos las noches de tormenta... Cuando se cansa, huye de nuevo, sin anunciarlo, hasta la próxima venida. Con los años, su figura, tan distinta, espectral, alimentará una leyenda más».

—Me gustaría conocerlo —le dije.

—Es invisible. Yo apenas le veo, no solo por su delgadez extrema, sino porque huye de la gente a la cual considera torpe e ignorante.

—La locura y la creatividad, con frecuencia, son vecinas e intercambian sus domicilios —le aseguré con cierta malicia.

—Me da mucha pena. Me parece que he conseguido entenderlo, a pesar de su extraño comportamiento, incluso cruel, a veces. La sociedad ha creado estos seres y se ha desentendido de ellos. Allá sus familiares —apostilló con tristeza.

—Es probable, no obstante, los genios participan de muchas de esas características. Espera y tal vez hayas conocido a uno de ellos —razoné basándome en alguna biografía leída.

Estreché la mano de Nicolás y volví sobre mis pasos, por el sendero de la derecha, adecuado para caminar sin tropiezos.

Una de las visitas obligadas la constituía la villa de Sahagún, centro comercial y cultural de la comarca, a la cual seguía considerando una fuente inacabable de información histórica, aunque el deterioro de muchos de sus monumentos reclamara atención a las sordas autoridades. En la librería de Loly, encontré a Samuel Baños, un aventurero con quien pasé toda una mañana. Sentados bajo los soportales de la plaza, me relató su vida, la cual a grandes rasgos os contaré. Había nacido en un pueblo de la comarca —no quiso decirme el nombre, aunque por su apellido se deduce con facilidad—, siendo el hermano mayor de una familia de ocho miembros, de padres agricultores y ganaderos, con escasas posesiones. Apenas asistió a la escuela porque hubo de atender a sus hermanos menores y colaborar en la economía familiar realizando pequeños trabajos para otros vecinos más pudientes.

«Mi padre, a quien gustaba más el vino que el trabajo, me castigaba porque no dejaba de ser un niño que prefería jugar antes que quedarse en casa o ir al campo. Mi madre, mujer sufrida donde las haya, y mi abuela me salvaron más de una vez de la ira incontrolable de mi padre. Muchas veces le amenacé con mi huida de casa y, días después de cumplir dieciséis años, muy temprano, tomé el tren y di con mis huesos en el puerto de Gijón, ofreciéndome como auxiliar de marinero a los barcos mercantes que allí estaban atracados. Finalmente un barco de bandera holandesa me permitió formar parte de la tripulación como ayudante del cocinero —algo sabía de cocina gracias a mi abuela—, iniciando mi larga vida en el mar, con descansos mensuales en la mayoría de los puertos del mundo. Un joven nacido en el interior, en tierra seca, trabajando como marinero, parece imposible, y hasta cómico, sin embargo, así fue: cincuenta años llenando mis ojos de azul, temiendo las amenazas del señor más poderoso del mundo o durmiendo al son de la orquesta más dulce.

Mi carácter irreflexivo, inquieto, en seguida se identificó con la vida desordenada de los marineros, hombres sin familia, comportándose como presos a quienes soltaban por un breve tiempo. Me enamoré varias veces y viví en distintos lugares; te citaré Marsella, un puerto febril, refugio de todas las razas del mundo, o Palermo, ciudad preciosa, mezcla de culturas, por donde pasaron los romanos, los griegos, los españoles, los bizantinos, los árabes. Me atrevería a decirte que puedo tener varios hijos, aunque no lo sé con seguridad. Con estas informaciones, seguramente, entenderás mejor cómo ha sido mi vida: la de un demente sin sentimientos; no obstante, te diré que cada vez que embarcaba por un largo periodo sentía una profunda desazón, se me secaba la boca, me gritaba la conciencia y durante días la tentación de arrojarme al mar me acompañaba regularmente. Con la ayuda de los compañeros lo superaba y empezaba de nuevo, borrando mi vida anterior.

De esta manera he vivido hasta que me han jubilado, con una buena pensión, que cobro en dólares, pero sin una casa adonde ir ni una familia a la que llamar. Pasé un año reflexionando, colocando en mi mesa pros y contras hasta que, por fin, me decidí y escogí regresar al pueblo donde había nacido. Compré una casa vieja, la reparé y allí me he quedado a esperar el final. ¿Por qué? También yo me lo he preguntado muchas veces. Lo cierto es que algo me hablaba todos los días referido a mi infancia: del sabor del pan blanco de hogaza, del aire soplando cada tarde, a la hora de la cena, de los cielos infinitos, azules, claros, del sabor único de las moras y andrinos, de los juegos por las calles del pueblo, de las horas cuidando del ganado... y me veía solo. ¡Qué feliz era! Deseaba recuperar ese mundo. Quizás te parezca absurdo, sentimental, contradictorio...», concluyó.

—No, amigo, te entiendo perfectamente —le dije, citándome con él para el sábado próximo.

Vi alejarse a Samuel con su sombrero de ala ancha, su camisa de flores, pañuelo al cuello, pantalón negro y chaqueta de pana, moviéndose con gracia, como un gran actor a quien han ofrecido el papel principal de la obra soñada. Al final, cuando los años aprietan, todos hacemos lo mismo: beber del agua primera, la única que quita la sed de felicidad que todos añoramos.

Aquel verano había comenzado a diseñar el esquema argumental de mi primera novela, a escoger la estructura organizativa, a preparar la documentación requerida, cuando un conserje de la Asociación de Periodistas Madrileños me comunicó que D. Juan había muerto hacía unos días: «En silencio, sin escándalos. Se cayó en la calle, probablemente víctima de un infarto, y en un instante se acabó todo. No me preguntes más, porque lo desconozco». Me hubiera gustado asistir a su funeral, pero nadie me avisó a tiempo y ya solo podía recordarlo como el gran maestro que fue. La inesperada noticia me alteró durante un periodo: no debe ser fácil morir solo, sin sentir cerca el aliento de un familiar o un amigo, hasta que una tarde, camino del bar, encontré a Elsa, que había venido al pueblo para concertar con un albañil el arreglo de su casa.

—Te espero mañana por la tarde en mi casa —me dijo después de saludarme.

—Vale, hacia la seis iré —le contesté.

A la hora acordada me encontraba en la cocina de Elsa tras de una taza de café y un vaso de agua. Antes, en casa, había pensado en la cita y repasado aspectos que podían estar presentes en la conversación. No estaba nervioso, pues consideraba la situación ya superada, sin embargo, alguna sorpresa podría aparecer.

—¿Qué tal el año? —preguntó Elsa.

—Bien, ya conoces mis rutinas, y a cumplirlas me he dedicado —respondí.

—Yo tampoco he sufrido alteraciones significativas, sigo con mis colaboraciones, cada día más espaciadas, con la parroquia y con la ONG.

—Valoro esos trabajos, dignos y satisfactorios. No los dejes mientras puedas desempeñarlos; satisface ayudar a construir un mundo mejor.

—Eso creo también. ¿Y tú? Si pienso bien, y lo he hecho, en lo que dices en tu libro de poesía lo has debido pasar mal, te noto herido, con una herida sangrante que aún continúa supurando. De verdad, me preocupa tu estado anímico y quisiera que me lo explicaras, a no ser que todo sea pura literatura —argumentó mirándome con fijeza desde el otro lado de la mesa.

—Hay mucho de literatura, para qué te voy a engañar, pero no todo. Siempre que escribes juega un papel importante la biografía del escritor y el contexto en el cual se mueve, existencial y social, de esta manera consigue dar vida a sus escritos, emocionar, buscar la identificación del lector. En mi caso, mi situación personal ha resultado fundamental; hay mucha verdad en mis textos, pero no te lo creas todo. La literatura parece verdad, pero es mentira —le dije con convencimiento.

—Ya... no leo mucha literatura, me parece que es la primera vez que lo hago con un libro de un autor conocido, de quien conozco mucho, y mi experiencia la calificaría de extraña. Por una parte, me parece encontrar justificación a lo que dice, pero por otra creo que me está engañando. Me resulta atrayente la literatura, como si escuchara escondida una confesión.

—Tal vez. En los libros siguientes he encontrado mayor equilibrio; sigue pesando la biografía, sin embargo, las ideas neutralizan, en gran medida, los sentimientos, observo más a la gente, al grupo, al menos eso he intentado. Luego te regalo alguno.

—Gracias. ¿Vas a seguir viviendo en el pueblo?

—Claro, tengo que cortar la última flor de mi jardín, tal vez la más hermosa —le contesté entre suaves risas.

Me miró fijamente, se levantó de la silla, se acercó a mí, me cogió de las manos y me dio dos besos.

—Hasta el próximo año que vendré al menos un mes —aclaró.

—Adiós, Elsa, aquí te espero. Las casas nunca se cansan de esperar. Entre tú y yo podrá haber lejanía, pero nunca ausencia —le dije cerrando la puerta.

Marché para casa satisfecho, como un preso que acaba de conseguir la libertad. Desconozco lo que pasa por su cabeza, quizás se arrepienta de algo o no, pero yo me siento liberado, un hombre distinto, a quien la vida le marcó un camino que no conducía a ninguna parte. No obstante, de cada paso quedan huellas sobre las que seguir andando, porque nada se borra definitivamente, aunque no me hayan servido de mucho. A veces el amor se nutre de productos de laboratorio. ¿Me arrepiento ahora de haber esperado tanto? ¿De no haber abierto mi corazón a otras puertas? No, se puede ser feliz con una idea, con la esperanza de conseguirlo.

Entonces me acordé de los versos de Cernuda:

Tú justificas mi existencia:
si no te conozco, no he vivido;
si muero sin conocerte, no muero,
porque no he vivido.

Cuyo mensaje fundamental traslada la necesidad de amar para vivir de verdad. El poeta se refiere al amor físico entre seres de distinto o igual sexo, que él buscó con insistencia, pero que rara vez encontró. Si redujéramos la presencia del amor a este único tipo, muchos se sentirían frustrados al no haberlo conseguido; sin embargo, existen otras formas de amar igual de satisfactorias, las cuales han hecho felices a mucha gente. Las religiosas llevan en su dedo un anillo, recordatorio de su matrimonio con Cristo; san Juan de la Cruz escribió algunos de los poemas amorosos más intensos, fuego desatado, siguiendo la búsqueda decidida de la amada a su amado hasta la culminación de ese amor por medio de una experiencia íntima; y así otros muchos poetas y artistas, enamorados de sus obras o de su profesión. El hombre busca el amor desde su nacimiento, porque se sabe incompleto, necesitado, y convierte su existencia en un viaje continuado hacia la consecución de la felicidad. Se detiene en muchas estaciones, hasta hallar la definitiva, en la cual deja las maletas y construye su casa; pero ese domicilio puede estar habitado por una mujer, por otro hombre, por la música, por la poesía, por la figura de Cristo, e incluso por el dinero. Yo tengo por vecina a una musa, Erató, a la que alguna vez he pedido sal.

Termino este libro en Calzada, a 24 de julio de 2020, fecha de mi cumpleaños. Como tantos otros he decidido esperar y no moverme de aquí. Para facilitar mi estancia definitiva, he arreglado la casa, he traído un montón de libros y me he propuesto acabar con algunos trabajos de investigación programados. De vez en cuando extraigo de mi cerebro los fotogramas de la infancia, los contemplo con detenimiento, los lleno de contenido y disfruto como el niño que todavía soy. Al final de la vida, cuando echamos cuentas, borramos periodos, con circunstancias favorables y desfavorables, pero intrascendentes, sin marcas imborrables. Únicamente la infancia triunfa, jamás se olvida; en ella, la satisfacción, las ganas de disfrutar, la alegría lo dominan todo, orillando los momentos de incertidumbre, muy duros. Un niño llora, pero en un instante le ves reír satisfecho, porque no conoce el rencor; en su corazón no hay un sitio reservado para el dolor insistente, y si lo hubiera sería tan pasajero que no dejaría huella. El hombre, sabedor de esto, trata de regresar a esa etapa, por eso vuelve, una y otra vez, para recuperar la felicidad que la vida a veces le ha negado. Insisto: nada tiene tanto poder que anule la infancia o rompa su espejo.

Nacemos un día, en una tierra cualquiera que puede ser la más rica, productiva y hermosa, o la más pobre, exigente y monótona, pero este esquema resulta indiferente. El niño en seguida acostumbra sus ojos a una luz, los llena de los colores de un paisaje, bebe su agua, respira su aire y se alimenta con su pan, elementos que le van formando hasta unirse plenamente a su cuerpo, para no desprenderse jamás. Por eso los ama, como a los brazos o la nariz, y cuidará de su mantenimiento durante el resto de su vida. La infancia le va diciendo cómo llenar su corazón, para qué sirven los juegos, qué se esconde detrás de un libro, dónde acudir si tu alma se resiente, qué función desempeña el amor entre los hombres. Es decir, la infancia desarrolla un mundo completo, en el cual no falta de nada y, si algo precisara, la imaginación del niño lo reemplazaría sin dificultad. Puedes vivir cien años, pero de ellos te sobran noventa, más o menos; al final, con diez te bastan. Somos capaces de borrar el resto, y a ellos acudes siempre, sobre todo cuando las sombras se amplían, porque ese niño duerme dentro de ti, permanece detrás de tus ojos, ya cansados y viejos.

Cuesta cerrar un libro, y yo lo intentaba (no lo creáis todo, tal vez alguna cosa suelta) cuando recibo una llamada de Javier:

—Mañana estaré en el pueblo.

—Aquí te espero —le contesté. Volveremos a tocar durante la siesta, a perseguir ilusiones por el plantío, a jugar al escondite entre los negrillos de la iglesia, a soñar camino de la estación, a saludar al amor en domingo...

Aquella noche soñé que habían desaparecido todas las colmenas del pueblo porque los árboles no florecían y, por tanto, no crecían las flores, alimento imprescindible para las abejas, las cuales habían huido o habían muerto. De esta destrucción, los sulfatos eran los culpables, junto a la sequía persistente, según la opinión mayoritaria. Esta desaparición causaría graves problemas entre la población, algunos inmediatos, como la pérdida de la miel, y otros lejanos, pero ciertos. A la mañana siguiente, pregunté a Paquito, buen conocedor de estos temas, si era verdad que no había colmenas en Calzada.

—En las casas del pueblo, no; pero sí en el campo. Hoy la miel se consigue en grandes extensiones, donde han llevado las colmenas, perfectamente organizadas. No peligra el consumo de miel en el pueblo, si es lo que te preocupa, aunque me parece bastante peor que la de épocas pasadas —me contestó entre risas, quizás conociendo mi dependencia del dulce alimento.

—Mira, Paquito, en casa del abuelo siempre hubo una colmena, la cual en invierno dormía aparentemente, porque si te acercabas a su aposento oías un bullicio penetrante, mientras que en verano mantenían una actividad febril, con salidas y entradas constantes. Tal vez el calor o el trabajo agotador convertía la colmena en un lugar propicio para sublevaciones frecuentes. Una de ellas motivó el abandono de una parte de la colmena, que se posó en una tenada próxima. Un compañero del abuelo, aficionado al cuidado de las abejas, se desplazó desde Villanueva y mediante un procedimiento rutinario barrió las abejas rebeldes y las introdujo dentro de un cesto, cubriéndolas con un saco. En menos de un mes, en la misma tenada, apareció una colmena. No lo puedo asegurar, pero creo que se trataba de la llevada al otro pueblo, que sus miembros no aceptaron. Las abejas extrañaron la floración hallada y decidieron regresar al lugar donde habían nacido y en el cual realizaron sus primeros viajes alrededor de las flores. Como ves de alguna manera imitan a los hombres.

—Probablemente te lo hayas inventado, pero me gustaría que fuera cierto —replicó el hombre sorprendido.

Pasado algún tiempo, compuse estos versos, en forma de último deseo:

Búscame aquí

Me convocas junto al mar
para que contemple cómo el sol
sale del agua al tiempo
que la luna se retira.

«En esta orilla, Dios ha pintado
el cuadro más hermoso», dices.

O me citas en la montaña
para que observe cómo el río
arrastra todos los colores,
el revolotear del viento sobre la cima.

«De este lado, reproduce la naturaleza
el cuadro más bello», insistes.

Búscame aquí,
en este páramo inmenso,
sin agua ni colores,
donde la vida dibuja
un boceto secular:
rostros esculpidos por el Cierzo,
hombres de manos grandes y pies firmes,
de miradas tiernas y almas solidarias.
Búscame aquí, en esta tierra
seca y dulce, pobre y caliente,
que no se pinta los labios,
pero sí te gana el corazón.
Búscame aquí,
porque en ella esperaré el final.

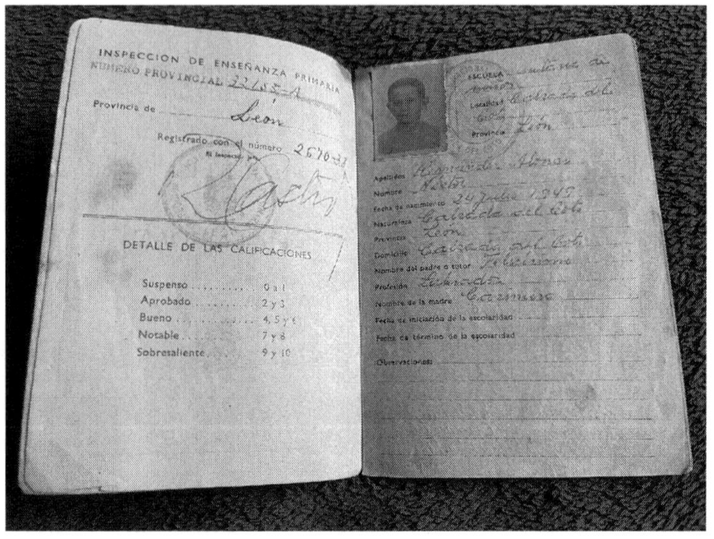

Somos de un lugar: el que señala nuestra infancia. Productos de un paisaje, de unas costumbres, de unas tradiciones, de una cultura que aprendemos de niños y que nos acompañarán siempre. Durante la vigencia de esa etapa somos felices, a pesar de la escasez y las dificultades, y por ello tratamos de recuperarla siempre. Detrás de cada hombre se esconde un niño, que juega y ríe, pidiéndote que regreses a ese lugar donde disfrutó plenamente, aunque te encuentres lejos, incluso en otro país. No lo olvides: jamás se corta el hilo de la infancia. Con él lo atamos todo, también el final.

Índice

Este libro se terminó de editar en Granada
en julio de 2024 por

Aliarediciones

www.aliarediciones.es
info@aliarediciones.es